Discurso de Ódio e Redes Sociais

Discurso de Ódio e Redes Sociais

2023

João Pedro Favaretto Salvador
Líder de Projetos do Centro de Ensino e Pesquisa em Inovação da FGV Direito SP
(CEPI FGV Direito SP)

ALMEDINA

DISCURSO DE ÓDIO E REDES SOCIAIS
© Almedina, 2023
AUTOR: João Pedro Favaretto Salvador

DIRETOR ALMEDINA BRASIL: Rodrigo Mentz
EDITORA JURÍDICA: Manuella Santos de Castro
EDITOR DE DESENVOLVIMENTO: Aurélio Cesar Nogueira
ASSISTENTES EDITORIAIS: Letícia Gabriella Batista e Laura Roberti
ESTAGIÁRIA DE PRODUÇÃO: Natasha Oliveira

DIAGRAMAÇÃO: Almedina
DESIGN DE CAPA: FBA

ISBN: 9786556279558
Outubro, 2023

Dados Internacionais de Catalogação na Publicação (CIP)
(Câmara Brasileira do Livro, SP, Brasil)

Salvador, João Pedro Favaretto
Discurso de ódio e redes sociais / João Pedro Favaretto Salvador. -- São Paulo : Almedina, 2023.

ISBN 978-65-5627-955-8

1. Direito 2. Discurso de ódio na Internet - Legislação 3. Redes sociais 4. Liberdade de expressão 5. Responsabilidade penal - Brasil I. Título.

23-166003 CDU-34:007

Índices para catálogo sistemático:

1. Discurso de ódio : Redes sociais : Sociedade da Informação : Direito 34:007

Eliane de Freitas Leite - Bibliotecária - CRB 8/8415

Este livro segue as regras do novo Acordo Ortográfico da Língua Portuguesa (1990).

EDITORA: Almedina Brasil
Rua José Maria Lisboa, 860, Conj.131 e 132, Jardim Paulista | 01423-001 São Paulo | Brasil
www.almedina.com.br

PREFÁCIO

A regulação do discurso nas redes sociais é, sem dúvida alguma, das questões mais intrincadas do mundo contemporâneo. Se, de um lado, é fundamental garantir e promover a liberdade de expressão, de outro, combater o discurso de ódio é absolutamente essencial para evitar danos a direitos fundamentais, sobretudo de grupos vulneráveis da população.

Ao longo de muitos anos, as redes foram espaços de regulação jurídica pautada quase que exclusivamente em medidas criminais. O discurso, em regra, desenvolvia-se de forma livre e havia alguma possibilidade de sancionamento *a posteriori*, por meio de ferramentas tradicionais do direito penal, como os crimes contra a honra, o crime de ameaça, dentre outros. Aos poucos, alguns ajustes foram sendo feitos na legislação, mas sempre mantendo a lógica de sancionamento penal. Embora, à primeira vista, tal forma de regulação pudesse parecer mais harmônica com os direitos fundamentais (especialmente a liberdade de expressão), já que não impede a manifestação de ideias, sancionando-as quando indevidas somente após sua veiculação, a experiência foi demonstrando que a equação não é tão simples.

O questionamento a essa lógica de sancionamento penal surge a partir de muitos fatores: as dificuldades do sistema penal em investigar e processar tais crimes, sobretudo em casos de criminalidade transnacional; a quantidade considerável de casos de discurso de ódio, que praticamente impossibilita um enfrentamento significativo pelo sistema jurídico-penal; e as consequências gravíssimas de tais discursos, que causam danos profundos em grupos geralmente já vulnerabilizados.

Os fatos mais recentemente ocorridos no Brasil, em meio a uma profunda polarização política, que acabou por abrir uma verdadeira caixa de

Pandora de ofensas e afirmações mentirosas, demonstram o poder dos discursos – multiplicados e disseminados pela capacidade das redes sociais – de atacar e ferir direitos fundamentais, políticos e, até mesmo, nossa democracia.

Diante desse quadro complexo e desafiador, o trabalho de João Pedro Favaretto Salvador examina a questão a partir do vetor da eficácia, ou seja, buscando encontrar os meios de regulação que apresentem maior capacidade preventiva face aos discursos de ódio. Antes de enfrentar esse ponto, a obra estabelece pressupostos relevantes e esclarece conceitos necessários ao desenvolvimento da análise proposta.

Assim, o primeiro capítulo dedica-se ao pressuposto de que a liberdade de expressão pode e deve ser regulada pelo Estado, bem como à difícil conceituação do que deve ser considerado discurso de ódio. A seguir, a partir de suas características, discute as possibilidades de sua regulação. Muito interessante, ainda, é a reconstrução feita pelo autor do surgimento e do desenvolvimento das redes sociais, demonstrando as razões pelas quais os discursos de ódio se proliferaram de modo tão marcante nesses espaços.

O segundo capítulo busca examinar as possibilidades de resposta aos discursos de ódio via direito penal, sob o olhar da eficácia. Após o estudo de como deve ser compreendida a eficácia da norma penal, o trabalho chega ao estabelecimento de três desafios fundamentais – e, talvez, intransponíveis – ao emprego eficaz do direito penal nessa matéria: a dificuldade de se atender com rigor aos ditames do princípio da taxatividade penal, a inafastável necessidade de contar com os dados oriundos das plataformas para investigar e processar tais crimes, e o denominado desafio de escala, decorrente da imensa quantidade de casos.

A grande riqueza do trabalho consiste em não se deixar paralisar pelo diagnóstico da falta de eficácia estrutural do direito penal para lidar com tais questões, buscando outros caminhos para a regulação do tema. Nessa linha, o terceiro capítulo apresenta a moderação de conteúdo como possibilidade mais eficiente, sob o ponto de vista da prevenção, de tratamento jurídico do tema. A obra, contudo, não se deixa levar por uma ideia romântica de que a autorregulação resolveria a questão, trazendo argumentos muito contundentes no sentido da necessária intervenção estatal nessa matéria.

Esse breve panorama já demonstra a robustez do trabalho, escrito, inicialmente, como dissertação de mestrado apresentada perante a Faculdade de Direito da Universidade de São Paulo, sob minha orientação, e aprovada com muitos elogios. Devidamente atualizada para publicação, já que o tema tem enfrentado mudanças diuturnas, trata-se de uma reflexão feita em seu devido tempo, fundada em profunda pesquisa bibliográfica, que incluiu o estudo de muitas obras nacionais e estrangeiras, e a partir do olhar de um pesquisador que, embora jovem, vem se dedicando com afinco ao tema já há certo tempo.

E é exatamente isso que o tema exige: um exame livre de paixões e polaridades, voltado a encontrar meios, para além do simbolismo penal, que busquem prevenir a prática tão perniciosa dos discursos de ódio, porém com o mínimo de interferência na liberdade de expressão.

João Pedro Favaretto Salvador, com seu texto apurado e preciso, consegue conduzir o leitor por esse caminho que, apesar de percorrer espaços complexos e cheios de dificuldades, se revela seguro, porque construído sob bases teóricas sólidas e com uma visão claramente voltada à sua aplicação prática. Trata-se de uma importante contribuição para o debate de um assunto que exige, do Brasil contemporâneo, a um só tempo, maturidade e contundência.

São Paulo, julho de 2023.

HELENA REGINA LOBO DA COSTA
Professora Associada da Faculdade de Direito da Universidade de São Paulo. Advogada.

NOTA DO AUTOR

Este livro nasceu de minha dissertação de mestrado, de título "Combatendo o discurso de ódio em redes sociais: eficácia preventiva, repressão penal e moderação de conteúdo", defendida em meados de 2022. Normalmente, uma obra jurídica publicada entre um e dois anos após sua elaboração carece de poucas atualizações, visto que o mundo das leis costuma operar em uma velocidade reduzida. Não foi o caso deste livro, que teve que ser revisado algumas vezes e que, possívelmente, mesmo assim chegará às prateleiras com alguns dados desatualizados.

Isso é inevitável porque o período entre 2018 e 2023 talvez tenha sido um dos mais significativos para a regulação da livre expressão no Brasil. Impulsionado pelo impacto que as plataformas digitais tiveram no exercício dos direitos fundamentais e da democracia por nossos cidadãos, o tema (que sempre foi polêmico) se tornou novamente central no debate público, midiático, judiciário e legislativo.

Entre eleições profundamente conturbadas, casos de discriminação de alta repercussão e tentativas de subversão da ordem democrática, assistimos o judiciário e o legislativo buscarem ativamente por soluções para os novos problemas discursivos que resultaram da evolução dos meios de comunicação. Muitos novos julgados, projetos de lei, resoluções e políticas públicas surgiram nesse meio tempo, criando um verdadeiro caldeirão de abordagens públicas e privadas para o combate ao discurso problemático.

Como o leitor notará, este livro visa justamente fazer sentido desse caldeirão, discutindo como algumas abordagens mais tradicionais de combate a discursos problemáticos (em particular, a abordagem penal) têm, justificadamente, perdido espaço para abordagens interdisciplinares que envolvem a regulação das próprias plataformas digitais que difundem esses discursos.

O livro também recorta o problema para um tipo de discurso danoso em particular: os discursos de ódio. Não trata, portanto, de desinformação, *fake news* e crimes contra a honra (exceto, é claro, quando estes configuram discursos de ódio, o que é perfeitamente possível e até comum). Seu enfoque são aqueles discursos que são capazes de erodir a reputação de grupos vulneráveis, fazendo com que seus membros sejam alvo de atos de discriminação e violência.

Entre 2018 e 2020, quando iniciei a elaboração da obra, havia no debate legislativo e judiciário brasileiro um apego muito mais claro ao tradicionalismo regulatório para o combate aos discursos de ódio. A tendência, à época, era o poder público tentar lidar com o problema por vias penais, criminalizando mais tipos de discurso ou ampliando a punibilidade de discursos que já eram criminalizados. Em 2023, o cenário já é bastante diverso, indicando que a postura defendida por mim e por outros autores aqui citados acabou ganhando fôlego. A discussão sobre o combate aos discursos de ódio na internet, hoje, é muito mais voltada para a definição de deveres de moderação para as plataformas de redes sociais do que para a criação de novos tipos penais (ainda que esta abordagem persista).

Dito isso, acredito que este livro tenha muito a contribuir para o debate que se forma sobre como regular as plataformas para que o combate aos discursos de ódio seja eficaz, efetivo e eficiente. Nos próximos anos, provavelmente veremos novas propostas, novos modelos de negócio e novos problemas discursivos a serem solucionados. O caminho para a solução desses problemas nunca mudará: devemos, primeiro, entendê-los, decifra-los em suas peculiaridades. Depois, e só depois, devemos identificar, avaliar e implementar as soluções disponíveis. É este o caminho seguido por mim nesta obra.

João Pedro Favaretto Salvador
Junho de 2023

SUMÁRIO

INTRODUÇÃO

Já em 1988, a Constituição Federal havia estabelecido, em seu artigo 5º, XLII, que "a prática do racismo constitui crime inafiançável e imprescritível". Assim, preparou o ordenamento jurídico brasileiro para três décadas de protagonismo da repressão penal como instrumento público de combate aos discursos e atos discriminatórios, apesar do grande custo para as liberdades individuais que é inerente ao uso da pena como meio de regulação. Em decorrência dessa iniciativa, diversas modalidades de discursos de ódio são criminalizadas no Brasil desde, pelo menos, 1997, quando a Lei 7.716/1989 (ou Lei Caó), que prevê os crimes resultantes de preconceito, foi atualizada para prever a pena de um a três anos para aquele que "pratica, induz ou incita a discriminação ou preconceito de raça, cor, etnia, religião ou procedência nacional" (MACHADO; LIMA; NERIS, 2016, p. 13).

Os discursos de ódio, porém, continuam muito presentes no dia a dia dos brasileiros, principalmente daqueles que acessam plataformas de redes sociais para interagir com amigos, família, colegas e suas comunidades em geral. Espaços de comunicação digital se tornaram terreno fértil para a propagação de ideais discriminatórios, principalmente por ampliarem as possibilidades do exercício da livre expressão e da propagação de ideias em geral.

Isso não significa que o aparato legal se deu por vencido na luta pela proteção dos direitos de indivíduos membros de grupos vulneráveis. A presença expansiva de manifestações problemáticas e danosas em redes sociais é apontada frequentemente como justificativa para tentativas de expansão da legislação penal que trata do tema, tanto pelo judiciário quanto pelo legislativo, mais de trinta anos após a criminalização da propagação de ideias racistas[1]. A pena segue como ferramenta de destaque no arsenal de combate aos discursos de ódio do Estado brasileiro, independentemente de seus resultados até então.

Este trabalho pretende discutir essa estratégia de política criminal especialmente pelo ponto de vista de sua eficácia. Em outras palavras, se propõe a responder à seguinte questão: a repressão penal pode ser eficaz como instrumento de prevenção da ocorrência de discursos de ódio em redes sociais?

A busca por uma resposta a essa pergunta abre espaço para tantas outras, mas invoca principalmente questionamentos sobre a existência de abordagens alternativas que possam equiparar ou superar a repressão penal no campo da eficácia, sem consequências tão nocivas às liberdades individuais. No debate sobre as possibilidades de combate aos discursos de ódio em redes sociais, muitos autores sugerem que as medidas tradicionais de regulação do debate público (aquelas em que o Estado sanciona diretamente os oradores das manifestações ilícitas) foram enfraquecidas pelo advento da internet e que as próprias plataformas de redes sociais podem oferecer, em sua atividade diária de moderação de conteúdo, oportunidades para a superação dos obstáculos que causaram essa derrocada[2]. Por essa razão, este trabalho também se propõe a responder a uma segunda questão: a atividade de moderação de conteúdo praticada pelas plataformas pode ser uma alternativa eficaz à repressão penal dos discursos de ódio em redes sociais?

Naturalmente, antes da estrutura deste trabalho ser explicada, é importante esclarecer brevemente algumas questões conceituais e de ordem metodológica que serão trabalhadas com mais detalhes em seu decorrer. É essencial para compreender o debate proposto um acordo prévio sobre o que são discursos de ódio e sobre o que são plataformas de redes sociais. Respostas para essas questões estabelecem os limites do campo temático aqui explorado: as possibilidades de combate a discursos de ódio propagados em plataformas de redes sociais.

[1] Conforme demonstrado no panorama da legislação e das propostas em tramitação durante a elaboração deste trabalho, consolidado no início do Capítulo 2.

[2] Essa literatura é explorada de forma aprofundada nas seções 1.2 e nos Capítulos 2 e 3 deste trabalho.

O conceito de discurso de ódio é muito disputado na literatura jurídica porque as manifestações que ele denota são frequentemente apontadas como danosas, o que justificaria a restrição à liberdade de expressão de seus oradores. Por essa razão, definir que manifestações são discursos de ódio tem como consequência, para muitos, a definição quais manifestações são ilícitas ou, no mínimo, problemas sociais relevantes para os operadores e formadores do Direito. Como o poder de definir os limites da liberdade de expressão também é o poder de controlar o que é dito e o que não é, é natural que tópicos dessa espécie sejam controversos.

Por razões que serão expostas no primeiro capítulo deste trabalho, serão considerados discursos de ódio aquelas manifestações que podem causar, em maior ou menor grau, danos à reputação social básica de grupos vulneráveis, levando seus membros a não serem reconhecidos como iguais, dignos de respeito e portadores dos mesmos direitos que outros cidadãos. São discursos que podem aumentar a propensão de membros de grupos vulneráveis a sofrer atos de violência e discriminação[3].

Esses discursos, hoje em dia, são muito comuns em plataformas de redes sociais, como o Facebook, o Youtube, o Twitter e o Instagram. É importante destacar, porém, que nem todos os espaços de comunicação digitais são plataformas de redes sociais, apesar dessas plataformas concentrarem uma quantidade enorme de usuários. Na verdade, essas plataformas são apenas uma parte da internet, que em si é rede de redes composta pelos mais diversos tipos de aplicações e intermediários que permitem o exercício da expressão das mais diversas formas.

Como explica GILLESPIE, plataformas são aquelas aplicações que hospedam, organizam, moderam e circulam conteúdo compartilhado por usuários, visando o sucesso comercial, geralmente, mediante processamento de dados pessoais para a construção de espaço para empresas anunciantes (2018a, p. 21). Redes sociais, em particular, são as plataformas que, conforme explicam OBAR e WILDMAN: (i) inserem o consu-

[3] Essa definição e as consequências de sua adoção serão exploradas e justificadas na seção 1.1 deste trabalho, mas partem principalmente dos resultados da pesquisa "A Construção do Conceito Jurídico de Discurso de Ódio no Brasil", realizada entre 2018 e 2020 pelo Centro de Ensino e Pesquisa em Inovação da FGV Direito SP (NÓBREGA LUCCAS; SALVADOR; GOMES, 2020).

midor como participante de interações sociais; (ii) têm conteúdo gerado por usuários como principal enfoque; (iii) permitem que seus usuários criem perfis individuais com informações pessoais acessíveis a outros usuários e (iv) facilitam o desenvolvimento de conexões sociais conectando de diversas formas os perfis de diferentes usuários (2015, p. 6-9).

O importante a ser destacado dessas explicações é que as plataformas de redes sociais como principal atividade a mediação e facilitação da conexão e da troca de informação e conteúdo entre seus usuários. Elas são plataformas porque propagam a voz de seus usuários e são redes sociais porque mediam, promovem e geram interações sociais.

São algumas as razões pelas quais este trabalho se debruça especificamente sobre a propagação de discursos de ódio em redes sociais e não sobre sua propagação em qualquer outra aplicação de internet que permita a expressão dos usuários, como blogs, fóruns e sites de notícias.

A primeira razão é que, apesar de serem apenas um entre diversos tipos de aplicações de internet, as redes sociais concentram em poucos sites uma quantidade extraordinária de usuários espalhados pelo mundo todo, de forma que as decisões tomadas pelas empresas que as controlam afetam uma parcela considerável do debate público contemporâneo. Além disso, as características distintivas das redes sociais, em particular seu objetivo de promover ao máximo a interação entre usuários, pode intensificar o potencial lesivo dos discursos de ódio, o que as tornar merecedoras de atenção especial. Por fim, a terceira razão é que a moderação, o controle e a manipulação do conteúdo publicado por usuários são parte fundamental da atuação das plataformas de redes sociais, o que cria diversas oportunidades para a regulação de discursos de ódio. Assim, as plataformas de redes sociais são, ao mesmo tempo, veículo e agente regulador dos discursos de ódio, o que as torna dignas de enfoque.

Esclarecidos esses pontos, as perguntas propostas nesta introdução serão enfrentadas conforme a seguinte estrutura.

No Capítulo 1, são colocados alguns dos pressupostos teóricos adotados pelo trabalho e é descrito o contexto que circunda seu objeto de estudo. Isso significa, essencialmente, que na seção 1.1 são estabelecidos e justificados posicionamentos (i) sobre as possibilidades e razões da regulação da liberdade de expressão; (ii) sobre os contornos da categoria "discurso de ódio", historicamente disputada pela literatura e pela jurisprudência e (iii) sobre o que é uma estratégia eficaz de regulação desse tipo de manifestação. Em seguida, na seção 1.2, explica-se como o surgimento das plataformas de redes sociais influenciou tanto a proliferação de discursos de ódio quanto a disponibilidade de instrumentos voltados à sua regulação.

O Capítulo 2 enfrenta a primeira pergunta deste trabalho, ou seja, discute a eficácia da repressão penal como instrumento de combate aos discursos de ódio em redes sociais. Antes, porém, de adentrar essa questão específica, o Capítulo traça um panorama da regulação penal dos discursos de ódio no ordenamento jurídico brasileiro e da produção legislativa recente sobre o tema. Identifica e analisa, na legislação posta e nas propostas ainda em discussão, uma expectativa subjacente de que a norma penal atingirá seus fins pretendidos e confirmará sua eficácia.

A seção 2.1 estabelece pressupostos teóricos sobre o juízo de eficácia da norma penal. Estabelece, portanto, quando uma norma penal tem o potencial de atingir seus fins pretendidos e quais critérios podem ser verificados para confirmar ou descartar esse potencial.

A seção 2.2 constrói o principal argumento deste trabalho a partir desses ensinamentos, identificando três principais desafios que limitam a eficácia da repressão penal no objetivo de prevenção dos discursos de ódio em redes sociais: (i) a dificuldade de tipificar de forma taxativa os discursos de ódio (desafio da tipificação taxativa), (ii) o fato de que os órgãos de persecução penal são dependentes da colaboração das plataformas para solucionar crimes (desafio da dependência) e (iii) a enorme quantidade de conteúdo potencialmente ilícito que circula nas redes sociais diariamente (desafio da escala). Conclui-se que há um déficit de eficácia preventiva decorrente desses desafios, ou seja, que intensificar a repressão penal pode não ser o melhor caminho para o combate aos discursos de ódio. Ainda que a repressão penal tenha um papel fundamental e não possa ser descartada, seus limites devem ser remediados pela busca de instrumentos alternativos de prevenção.

Partindo dessa conclusão, o Capítulo 3 explora a atividade de moderação de conteúdo exercida pelas plataformas como uma alternativa potencialmente eficaz à repressão penal dos discursos de ódio que nelas circulam, enfrentando a segunda questão que motiva este trabalho. Para isso, a seção 3.1 identifica as oportunidades de prevenção contidas na atividade de moderação de conteúdo e discute como elas podem superar os desafios que limitam a eficácia da repressão penal. Em seguida, a seção 3.2 questiona o papel do Estado no direcionamento da moderação de conteúdo, abordando de forma breve algumas das possibilidades de intervenção do poder público nessa atividade privada.

Ao fim, sugere-se que o déficit identificado na prevenção pela repressão penal pode ser solucionado pelo direcionamento estratégico e aprimoramento da atividade de moderação de conteúdo exercida pelas próprias plataformas de redes sociais. O papel do Direito nessa abordagem proposta é o de servir como guia, utilizando-se da sanção e de outros instrumentos para monitorar e orientar o aperfeiçoamento de todos os aspectos da moderação de conteúdo, alinhando seus interesses aos interesses das plataformas e viabilizando a construção de uma internet mais livre e segura.

1. DISCURSOS DE ÓDIO E A NOVA REGULAÇÃO DA EXPRESSÃO

Apesar de seus objetivos, este trabalho se insere em debates controversos, mais amplos, que precisam ser endereçados. Discutir a regulação de discursos de ódio exige posicionamentos, mesmo que sintéticos, sobre os contornos do direito à liberdade de expressão, sobre as possibilidades legítimas de sua limitação e sobre os contornos dos "discursos de ódio" como uma categoria de manifestação problemática.

Além disso, este trabalho visa a discussão dessas questões em um contexto específico, contemporâneo, com características peculiares. A regulação da liberdade de expressão, hoje, é bastante diversa daquela praticada algumas décadas atrás, principalmente em razão do advento das plataformas digitais de comunicação. Se antes os limites à liberdade de expressão eram traçados principalmente por Estados, hoje participam muito mais desse exercício de regulação os controladores desses novos espaços de comunicação, que trazem consigo novas regras, limites e instrumentos.

Portanto, para esclarecer os pressupostos teóricos e o contexto em que esta pesquisa se apoia, este primeiro capítulo tem dois objetivos. Na seção 1.1, objetiva posicionar este trabalho nos debates (i) sobre as possibilidades e razões da regulação da liberdade de expressão; (ii) sobre os contornos da categoria "discurso de ódio", historicamente disputada pela literatura e pela jurisprudência e (iii) sobre o que é uma estratégia adequada de regulação desse tipo de manifestação. A seção 1.2 objetiva descrever as principais características do cenário contemporâneo que fundamenta grande parte das perguntas que o trabalho busca responder: a maior parte dos discursos de ódio passou a circular em plataformas de redes sociais, que ao mesmo tempo impulsionam sua gravidade e alteram significativamente a gama de instrumentos disponíveis para uma regulação eficaz. Sua conclusão, portanto, estabelecerá diversas definições e critérios de análise que serão aplicados nos capítulos seguintes.

1.1. O que são discursos de ódio e como devemos regulá-los?

O debate sobre quando e como Estados democráticos podem interferir (ou deixar que outros agentes reguladores interfiram) na livre expressão de seus governados é carregado de controvérsias. Isso é compreensível, visto que, na ausência de uma legislação que trace critérios de controle bem definidos, o poder de decidir que discursos são protegidos pelo Direito pode ser exercido de forma arbitrária, seja para o silenciamento de opositores, seja para a total supressão de determinadas ideologias, culturas ou tradições consideradas indesejáveis por seu detentor. É esperado que ao redor da definição desses critérios se forme um debate borbulhante.

Ainda assim, em meio a esse turbilhão, dois pilares teóricos são raramente questionados. O primeiro é a noção de que o poder de se expressar livremente é de enorme importância por diversas razões que perpassam tanto a preservação da autodeterminação individual quanto o controle político das instituições democráticas pelos governados. Essa importância fundamenta a garantia da liberdade de expressão pelo Estado, contra seu próprio poder e contra o de terceiros, entendida como fundamental no âmbito dos principais tratados internacionais e como digna de status constitucional nos mais diversos ordenamentos jurídicos[4].

O segundo pilar é a noção de que certos atos discursivos podem ser excluídos da proteção atribuída por essa garantia. Embora haja grande divergência sobre como distinguir as manifestações protegidas das não protegidas, a ideia de que a liberdade de expressão não protege a toda e

[4] Para um panorama comparado sobre o tratamento dado à expressão individual por diversos países democráticos, remete-se aqui ao trabalho do Relator Especial da Promoção e Proteção ao Direito à Liberdade de Opinião e Expressão da ONU, posição que rende relatórios anuais abrangentes sobre a temática. Cf. OHCHR | Freedom of Opinion and Expression – Annual reports. Disponível em: <https://www.ohchr.org/EN/Issues/FreedomOpinion/Pages/Annual.aspx>. Acesso em: 30 ago. 2022.

qualquer forma de discurso não só encontra guarida nos mesmos tratados internacionais que a preveem, como também costuma ser adotada por teóricos que atribuem especial valor a esse direito. Assim, a ideia de que a livre expressão é importante não exclui a ideia de que ela tem limites.

As ideias de Edwin C. BAKER, um defensor de uma concepção de liberdade de expressão quase absoluta, ilustram bem essa relação teórica. O estudioso acredita que não só o caráter democrático, mas também a própria legitimidade do Estado depende do respeito pela autonomia formal dos cidadãos. Para ele, esse respeito só se confirma quando esses cidadãos podem expressar seus valores de forma livre de interferências, que não podem ser justificadas apenas pelo conteúdo de seus discursos e pelo dano que pode ser causado por ele a outros indivíduos ou à capacidade do governo de atingir seus fins (1996, p. 981; 2008, p. 4).

Mesmo assim, ele reconhece o escopo de proteção da liberdade de expressão não abrange a todo ato discursivo, mas apenas aquele que expressa ideias e que apela ao convencimento. Assim, reconhece a existência de situações em que atos discursivos podem ser restritos pelo Estado. O discurso que, por uma combinação entre conteúdo e contexto, instrumentaliza ou interfere na autonomia do outro (e.g. uma fala enganosa que leve alguém a ingerir veneno pensando ser remédio, ou que leve um cego a se acidentar intencionalmente), não seria protegido[5]. O teórico reconhece, também, que existem contextos com finalidades diversas ao debate público de ideias, como o ambiente de trabalho e o ambiente educacional, em que é legítimo fazer restrições ao discurso que se mostra incompatível com essas finalidades (1996, p. 988).

[5] Nas palavras do autor: "*Contrary to the literalists, some verbal behavior receives no protection. Speech can be a means of committing or attempting to commit a crime defined in nonspeech terms. If I tell another, 'drink that medicine,' knowing that the liquid is a deadly poison, or tell the blind man, 'step to your left,' knowing that he will fall down a shaft to his death, principles of free speech do not prevent my conviction for murder*" (BAKER, 1996, p. 982). Em tradução livre: "*Ao contrário do que propõem os literalistas, alguns comportamentos verbais não recebem proteção. O discurso também pode ser uma forma de cometer ou tentar cometer um crime definido de forma não-discursiva. Se eu disser para alguém 'beba esse remédio', sabendo que o líquido é um veneno letal, ou disser a um homem cego, 'ande para sua esquerda', sabendo que ele cairá em um buraco e morrerá, os princípios da livre expressão não impedem minha condenação por homicídio'.*

Já Jeremy WALDRON, crítico da postura quase absolutista de Baker, defende que determinadas manifestações, por sua capacidade de causar danos graves a indivíduos e, consequentemente, a valores essenciais em uma sociedade democrática, podem justificar a restrição da liberdade de expressão. Essa restrição legitima seria resultado de sua ponderação com outros valores relevantes, que tornaria possível a intervenção do Estado nesses casos como forma de proteger as vítimas desses ataques (2014, p. 146). Ele adota essa postura favorável à lógica da ponderação, contudo, justamente porque para ele essa seria a melhor forma de atribuir à liberdade de expressão o valor que lhe é devido, reconhecendo que prevenir o dano traz um custo verdadeiro, relevante e indesejável de liberdade e de autonomia para aquele que teve sua expressão limitada (2014, p. 150).

Esses dois autores não sintetizam todas as posições possíveis sobre a temática, mas seus ideais divergentes ilustram bem a existência de pelo menos alguns consensos universais (importância da livre expressão e existência de exceções). Para além disso, porém, o debate sobre a regulação da expressão contém sérias divergências quanto aos critérios que devem ser utilizados para se separar atos discursivos protegidos de atos discursivos desprotegidos. Enquanto Waldron, por exemplo, argumenta por identificar exceções a partir da ponderação entre valores, Baker o faz desenvolvendo uma concepção de liberdade de expressão que, por sua finalidade, não abrange discursos em determinados contextos que indicam finalidades diversas. Enquanto Baker menciona a não-interferência na autonomia de terceiros como um critério de proteção, Waldron argumenta que, a depender da gravidade do dano que causam, determinados discursos não deveriam ser protegidos.

Essas posições, entre tantas outras, se refletem em resultados práticos quando assimiladas por ordenamentos jurídicos. A predominância de certas posturas teóricas sobre liberdade de expressão na tradição de um Estado se torna observável em seu texto Constitucional, em sua legislação e em sua jurisprudência. Ela estará presente, assim, na concepção de livre expressão positivada e interpretada pelas cortes constitucionais, nos atos discursivos que serão considerados ilícitos pelos legisladores e nos critérios que os juízes vão utilizar no caso concreto para identificar, avaliar e sancionar esses atos.

É comum, nesse sentido, a referência aos Estados Unidos da América (EUA) e à Alemanha como exemplos de como podem divergir os modelos de regulação da expressão internacionalmente. Um primeiro modelo, representado pelos EUA, é visto como mais permissivo a diversos discursos potencialmente danosos, por se ancorar em um ideal de que o Estado deve conservar uma postura neutra quanto ao conteúdo da expressão individual, ainda que possa proibir discursos em determinados contextos que reduzem o valor da expressão[6]. Um segundo modelo, representado pela Alemanha, mas presente também em diversos outros países[7], é considerado mais restritivo, pois vê como legítima a repressão a determinados discursos quando seu conteúdo evoca ideias que violam ou podem levar à violação de outras garantias individuais, como a dignidade, a igualdade e a honra, ou à violação de princípios do processo democrático[8], ainda que esse conteúdo expresse os valores de seu orador[9]. Como ressalta Kevin BOYLE, essas divergências não significam necessariamente que as culturas jurídicas desses países discordem sobre os possíveis efeitos nocivos de um mesmo discurso, ou até sobre seu prejuízo para o debate público, mas sim que elas discordam quanto aos meios legítimos e eficazes para preservar os direitos das pessoas prejudicadas (2001, p. 3).

[6] Sobre as principais razões de ser e características do modelo americano de regulação da liberdade de expressão, especialmente quanto à rejeição da ponderação como método de interpretação constitucional, cf. (MACEDO JUNIOR, 2017).

[7] Em seus estudos, Bhikhu PAREKH considera a proibição de discursos que disseminam ideias discriminatórias contra determinados grupos sociais uma tendência quase universal em países que se apoiam em normativas internacionais como a Convenção Internacional de Direitos Civis e Políticos e a Convenção Internacional sobre a Eliminação de Todas as Formas de Discriminação Racial (2012, p. 37). Como lembra WALDRON, esse tipo de proibição se baseia no conteúdo do discurso e, portanto, é normalmente rejeitada pela tradição jurídica norte americana por ser considerado uma violação da ideia de neutralidade nela predominante (2014, p. 151).

[8] Sobre regulações de discurso fundadas na ideia de proteção ativa da democracia (ou "democracia militante"), cf. (ISSACHAROFF, 2015, p. 93).

[9] Como explica Winfried BRUGGER, a Corte Constitucional Federal da Alemanha admite proibições a determinados discursos com base em previsões no texto Constitucional que limitam expressamente os direitos de comunicação dos cidadãos. Ainda, o autor demonstra como a Corte se utilizou da lógica da ponderação para determinar que a liberdade de expressão nem sempre tem preferência frente a outros direitos constitucionalmente protegidos com que pode entrar em conflito, podendo, por exemplo, ser limitada em prol de direitos de personalidade no caso dos crimes de insulto e difamação. (2007, p. 122).

No Direito brasileiro, exceções à liberdade de expressão normalmente são explicadas pela tese de que esta não seria absoluta, podendo sofrer restrições quando seu exercício viola outros direitos igualmente relevantes de forma intolerável. De forma similar ao que propõe Waldron, na tradição jurídica brasileira, o que fundamentaria a restrição de um discurso seria sua capacidade de entrar em conflito com outros direitos, mais do que seu valor em relação às supostas finalidades da liberdade de expressão.

Essa postura se reflete no texto constitucional, nas leis e na prática judicial brasileira, além de ser recorrentemente reafirmada pela literatura nacional[10]. Aponta-se, por exemplo, que a liberdade de expressão sofre uma limitação já no texto que a positiva na Constituição Federal de 1988 (artigo 5º, IV), que exclui do âmbito de sua proteção manifestações anônimas como forma de garantir a responsabilização de um orador por danos decorrentes do exercício de sua expressão[11]. A própria estrutura da Constituição, que prevê a proteção de diversos outros direitos, é recorrentemente apresentada como fonte de limites ao exercício da expressão, algumas vezes explícitos, como a garantia de indenização por danos contra a intimidade, a vida privada, a honra e a imagem[12].

A legislação infraconstitucional também descreve e busca solucionar conflitos entre a liberdade de expressão e outros direitos, o que resulta, inclusive, em proibições expressas a determinados atos discursivos. É o caso da criminalização da calúnia, da difamação e da injúria (artigos 138, 139 e 140 do Código Penal, respectivamente), que pune a emissão de discursos que violam a reputação e a autoestima de suas vítimas, englo-

[10] Afastando desde já a pretensão de esgotar esse grupo, alguns autores brasileiros que trazem a ponderabilidade da liberdade de expressão como justificativa para sua restrição frente à violação de outros direitos são (SILVA, 2015), (SARMENTO, 2006), (BADARÓ, 2018), (MEYER-PFLUG, 2009) e (BARROS, 2019).

[11] CF, Artigo 5º, Inciso IV: é livre a manifestação do pensamento, sendo vedado o anonimato.

[12] Pode-se argumentar que a Constituição, nesse caso, não prevê uma hipótese de limitação da liberdade de expressão, mas sim que garante meramente a reparação posterior de danos eventualmente causados. Contudo, acreditamos que a possibilidade de responsabilização por manifestações de pensamento exerce efeito regulatório que, ainda que menos significativo que aquele exercido pela sanção penal ou administrativa, pode dissuadir pessoas a manifestarem seus pensamentos, interferindo em sua autonomia, ainda que por razões defensáveis.

bados pelo valor constitucional "honra", ainda que esses discursos possam expressar valores individuais em seu conteúdo. Também o instituto da indenização por dano moral é frequentemente aplicado como ferramenta de responsabilização civil de pessoas que, através do exercício de sua expressão, violam direitos individuais ou coletivos[13].

O próprio Supremo Tribunal Federal (STF) contribuiu diversas vezes para a consolidação do conflito entre direitos como explicação para as exceções à liberdade de expressão no Direito brasileiro. Um exemplo paradigmático é o julgamento do HC 82.424/RS[14] (o "caso Ellwanger", que será retomado posteriormente), em que o Ministro Celso de Mello afirmou que "nenhum direito ou garantia pode ser exercido em detrimento da ordem pública ou com desrespeito aos direitos e garantias de terceiros" e que "os postulados da igualdade e da dignidade pessoal dos seres humanos constituem limitações externas à liberdade de expressão". No mesmo julgado, o ministro Gilmar Mendes apontou em seu voto que "não se pode atribuir primazia absoluta à liberdade de expressão, no contexto de uma sociedade pluralista, em face de valores outros como os da igualdade e da dignidade humana".

Não é exagero afirmar, portanto, que de acordo com sua tradição jurídica, o Estado brasileiro pode interferir legitimamente na livre expressão para coibir determinados discursos, ainda que não livremente. Essas interferências, porém, não podem ser arbitrárias. Elas têm que ser justificadas: afirmar que uma determinada manifestação não deve ser protegida pela liberdade de expressão exige demonstrar que essa manifestação causa danos a outros valores constitucionalmente protegidos, danos intoleráveis que justificam o sacrifício de valores igualmente importantes para o Estado Democrático de Direito.

A despeito das críticas que podem ser tecidas a essa postura[15], é difícil negar que ela é predominante. Este trabalho, por seus limites de

[13] CF, Artigo 5º, Inciso X: são invioláveis a intimidade, a vida privada, a honra e a imagem das pessoas, assegurado o direito a indenização pelo dano material ou moral decorrente de sua violação.

[14] Cf. STF. HABEAS CORPUS: HC 82.424/2003 RS Relator: Ministro Moreira Alves. DJ: 17/09/2003. Disponível em: https://jurisprudencia.stf.jus.br/pages/search/sjur96610/false. Acesso em 14 jan. 2022.

[15] É importante anotar, aqui, a postura crítica de Ronaldo Porto MACEDO JUNIOR à aplicação da lógica da ponderação e dos conflitos entre direitos aos casos que envolvem definir

objeto, a tratará como pressuposto teórico, e tratará a violação intolerável de um direito como pressuposto de uma regulação legítima da liberdade de expressão. Por isso, defende-se aqui que a regulação que interfere no livre debate de ideias em regra deverá ter como fim a prevenção ou a reparação de um dano, prejuízo ou violação de direito causado pelo discurso que é alvo da intervenção. A escolha de como deverá ser essa intervenção, ou seja, de quais medidas são adequadas para lidar com uma manifestação danosa, deverá, por consequência, se fundar em uma avaliação de sua capacidade de prevenir ou reparar esses danos sem que a liberdade de expressão seja prejudicada de forma desnecessária ou desproporcional. Se uma estratégia de regulação não se apresenta como capaz de cumprir esses objetivos, ela deve ser objeto de questionamento.

1.1.1. Definições essenciais

Em debates teóricos que discutem os limites da liberdade de expressão, o termo "discurso de ódio" é frequentemente mencionado. Seu uso, contudo, também se popularizou em casos concretos. Em setembro de 2018, o Ministro do Supremo Tribunal Federal Alexandre de Moraes votou pela rejeição de denúncia que imputava ao então Deputado Federal Jair Bolsonaro o crime previsto pelo art. 20 da Lei 7.716/89[16]. De acordo com a denúncia, Bolsonaro teria praticado ou incitado a discriminação racial ao afirmar, após visitar uma aldeia Quilombola, que "o afrodescendente mais leve lá pesava sete arrobas". E que "não fazem nada, eu acho que nem pra procriador servem mais". Em um de seus argumentos, o Ministro afirmou que a conduta do denunciado:

os limites da liberdade de expressão, pela imprevisibilidade e instabilidade de seus resultados. O autor defende que a tradição jurídica brasileira deveria se aproximar da americana no que diz respeito à interpretação dos direitos fundamentais e, especialmente, no que diz respeito aos critérios de distinção entre discursos protegidos e desprotegidos (2017). Em razão do caráter minoritário desse posicionamento, tanto na literatura brasileira quanto na prática jurídica nacional, e em razão do pouco espaço disponível para aprofundamento neste debate, nota-se sua existência, mas não se adentra em seus detalhes, sem realizar um juízo sobre seus méritos e deméritos.

[16] Art. 20. Praticar, induzir ou incitar a discriminação ou preconceito de raça, cor, etnia, religião ou procedência nacional. Pena: reclusão de um a três anos e multa.

apesar da grosseria, da vulgaridade, não me parece ter extrapolado limites da sua liberdade de expressão qualificada. Essas palavras devem analisadas pelo eleitor, pelo cidadão. Está claro que foram críticas a políticas do governo e não um discurso de ódio (grifos nossos)[17]

Esse tipo de afirmação causa certa estranheza, visto que na legislação brasileira não há dispositivo que aponte que uma determinada manifestação deve ter tratamento especial por ser um discurso de ódio. Não há sequer uma referência explicita a essa categoria em nosso ordenamento. Mesmo assim, a menção a ela é cada vez mais frequente em decisões judiciais, possivelmente por sua crescente popularidade no debate público e acadêmico.

Por toda a hierarquia do judiciário brasileiro, a identificação de uma manifestação como discurso de ódio já chegou a ser apresentada como critério para a verificação de sua ilicitude, como no caso acima, mesmo não havendo regulação prévia que explicite essa relação[18]. Decisões que chegam a esse ponto, inclusive, raramente oferecem regras claras para a identificação dessa categoria, apesar de vincularem a ela consequências jurídicas potencialmente custosas à liberdade de expressão (NÓBREGA LUCCAS; SALVADOR; GOMES, 2020). Trata-se de um cenário pro-

[17] Cf. STF rejeita denúncia contra Bolsonaro após voto de Moraes. Consultor Jurídico, 11 set. 2018. Disponível em: https://www.conjur.com.br/2018-set-11/voto-moraes-stf-rejeita-denuncia-bolsonaro. Acesso em: 03 mar. 2022.

[18] O STF participou mais de uma vez desse fenômeno: no caso da "Criminalização da Homotransfobia" (ADO 26/DF, julgada em 2019), a corte decidiu que o discurso homofóbico deveria ser equiparado ao discurso racista como prática discriminatória criminalizada nos termos da Lei nº 7.716/89 (que define os crimes resultantes de diversas modalidades de preconceito). A decisão da corte a obrigou a responder se a conduta recém criminalizada também abrangia discursos de cunho religioso, protegidos pelos direitos constitucionais da liberdade de expressão e da liberdade de culto. Para definir os contornos do que seria considerado crime e, portanto, não protegido pela liberdade de expressão religiosa, os Ministros recorreram precisamente a uma concepção de discurso de ódio. Como ficou registrado no extrato da ata, que resume a decisão tomada coletivamente pela maioria dos Ministros: "A repressão penal à prática da homotransfobia não alcança nem restringe ou limita o exercício da liberdade religiosa (...) desde que tais manifestações não configurem discurso de ódio, assim entendidas aquelas exteriorizações que incitem a discriminação, a hostilidade ou a violência contra pessoas em razão de sua orientação sexual ou de sua identidade de gênero".

blemático de insegurança, visto que a capacidade de diferenciação é essencial para uma regulação que não interfere no debate público legítimo.

Em geral, quem utiliza essa expressão no debate público quer se referir a manifestações que, por sua capacidade de fomentar a discriminação ou a violência contra os membros de determinados grupos sociais vulneráveis, violando sua igualdade ou dignidade, poderiam (ou deveriam) ensejar uma resposta do Estado ou de outros agentes reguladores. Justamente por seu uso cada vez mais frequente como um conceito que traz consequências jurídicas, assim como a ausência de amparo em uma definição posta na legislação nacional ou internacional, a literatura foi motivada a disputar os contornos do discurso de ódio como um conceito jurídico[19] em busca de segurança, suscitando o surgimento de diferentes posicionamentos sobre como identificá-lo, sobre como avaliar sua gravidade e sobre quais deveriam ser as consequências de sua identificação em um caso concreto.

Naturalmente, muitos divergem sobre o conteúdo, sobre os alvos, sobre a intenção dos oradores e sobre a extensão dos efeitos lesivos dos discursos de ódio que são relevantes para o Direito[20]. Divergem, também, sobre qual é a melhor fora de organizar suas características definidoras em um conceito operacional que sirva de fundamento para decisões de regulação. Como explica Tatiana BADARÓ (2018, p. 535), autores geralmente definem discursos de ódio por seu conteúdo (i.e. manifestações que expressam antipatia, desprezo ou intolerância por um grupo)[21], por seus usos típicos (i.e. manifestações usadas para difa-

[19] Aqui utiliza-se a expressão "conceito jurídico" pois não se trata do significado coloquial de discurso de ódio, predominante no debate público, mas sim de um conceito que seja útil para informar uma regulação que valorize tanto a liberdade de expressão quanto os direitos violados pela propagação de discursos de ódio.

[20] Andrew SELLARS (2016), nesse sentido, mapeou as principais definições adotadas na literatura e na legislação internacional, destacando principalmente pontos que costumam estar presentes na maioria.

[21] Nesse sentido, é bastante comum na literatura brasileira sobre o tema a referência à definição adotada por Roseane Leal SILVA (2011, p. 447). A autora e seus colegas definem o discurso de ódio como manifestações de conteúdo discriminatório, ou seja, que defendem uma dicotomia baseada em superior e inferior, e que são externalizadas por seus oradores, passando a gerar efeitos quando alcançam uma audiência.

mar, propagar ou justificar o ódio contra um grupo) e/ou por suas consequências deletérias (i.e. discursos que provocam medo, ansiedade ou violam a dignidade dos membros de um grupo). Não há, enfim, um consenso sobre quais os critérios que devem pautar a identificação de discursos de ódio para fins regulatórios, ainda que um conceito legal seja pressuposto para a elaboração de uma resposta adequada e segura.

A adoção de uma definição, ainda que passível de contestação, é essencial para o prosseguimento deste trabalho. Isso porque se o objeto deste estudo são os diferentes instrumentos de regulação (legais ou extralegais) que buscam lidar com os problemas sociais decorrentes da proliferação de discursos de ódio, a definição aqui adotada deve descrever esses problemas da forma mais precisa possível, evitando ao máximo uma preferência prévia por uma ou outra estratégia. Por isso, um conceito jurídico de discurso de ódio deve ser definido a partir das consequências nocivas que o tornam um problema social relevante para o Direito.

A definição adotada deverá, assim, incluir apenas condutas com efeitos lesivos semelhantes e cuja regulação seja, ainda que incerta, ao menos defensável em face da tradição jurídica brasileira de adotar o dano causado pelo discurso como seu fundamento. O resultado desse raciocínio é que a determinação dos efeitos do discurso de ódio trará conclusões sobre seu conteúdo e sobre seus usos típicos.

Nesse sentido, compreender os prejuízos sociais que são atribuídos aos discursos de ódio é o primeiro passo para identificação de seus elementos essenciais e para a construção e adoção de uma definição operacional. Esse foi o caminho traçado pela pesquisa "A construção do conceito jurídico de discurso de ódio no Brasil", realizada entre 2018 e 2020 pelo Centro de Ensino e Pesquisa em Inovação da Escola de Direito de São Paulo da Fundação Getúlio Vargas (CEPI-FGV, centro em que o autor deste trabalho atua). A pesquisa consistiu no mapeamento e leitura sistematizada da literatura e jurisprudência nacionais que tratam do tema, com o objetivo de organizar os principais elementos que permitem a identificação e avaliação de discursos de ódio, e seu resultado será replicado na seção 1.1.2. (NÓBREGA LUCCAS; SALVADOR; GOMES, 2020).

Seguir esse percurso evita a adoção de uma definição abrangente demais, que, por não oferecer critérios distintivos que separem discursos de ódio de outros tipos de manifestação lesiva, engloba discursos com efeitos diferentes que não devem ser tratados como uma única categoria problemática[22]. Também evita o outro extremo, ou seja, definições restritivas demais, que excluem manifestações cujos mecanismos lesivos são equiparáveis e que, portanto, justificam uma mesma estratégia regulatória[23]. Objetiva-se, portanto, uma definição que trace os limites de um problema social, permitindo o estudo de suas dinâmicas e o debate informado sobre as possibilidades de resposta.

1.1.1.1. Os efeitos nocivos dos discursos de ódio

A regulação dos discursos de ódio tem o fim específico de combater alguns efeitos nocivos desses discursos. WALDRON descreve esses efeitos ao identificar os mecanismos de funcionamento dos discursos de ódio e apontar como esses mecanismos confrontam valores fundamentais das sociedades democráticas. Ele defende que a regulação de discursos de ódio deve ter como fim a proteção do membros de grupos vulneráveis (entendidos por ele como aqueles que são ou já foram, num passado recente, alvos comuns de discriminação e violência) contra discursos que ataquem sua dignidade, entendida como sua posição ou

[22] Definições que não distinguem incitações e promoções de ódio de discursos que afetam apenas os sentimentos e a autoestima do alvo (comumente tratadas como "ofensas" ou "insultos") são especialmente problemáticas. Como explica WALDRON, o que justifica a regulação do discurso de ódio é sua capacidade de causar danos a reputação social dos membros de um grupo, um aspecto objetivo, enquanto a ofensa e o insulto causam danos exclusivamente a aspectos subjetivos de um indivíduo, como os sentimentos ou a autoestima. Para o autor, a regulação do discurso de ódio não encontra justificação no objetivo de proteger as pessoas de se sentirem ofendidas, mas sim de um dano objetivo à sua reputação, ainda que pessoas possam se sentir ofendidas por discursos de ódio (2014, p. 106). Na mesma linha, na literatura brasileira, Júlio César Casarin Barroso SILVA (2015, p. 53) aponta que a mágoa não pode ser suficiente para justificar regulação, até porque existem discussões políticas acaloradas que podem causar ressentimento nos envolvidos, como questões sobre ações afirmativas e política criminal.

[23] Alexander BROWN aponta que esse é o caso de definições que se limitam a considerar discursos de ódio os atos de incitação direta à discriminação ou violência contra grupos vulneráveis, não abarcando outras condutas que, discutidas a seguir, que podem produzir resultados lesivos muito semelhantes (2017, p. 423). São definições sub-inclusivas, pois ainda que se concorde que atos de incitação direta sejam discursos de ódio, não faz sentido considerá-los os únicos capazes de gerar danos relevantes a reputação social desses grupos (característica justificadora da existência da categoria).

reputação social básica[24], ou seja, o reconhecimento de que são socialmente iguais e dignos de respeito e proteção pelo Estado e de respeito por seus pares (2014, p. 59). Para o autor, essa reputação social básica é um status legal e social de cada indivíduo cuja sociedade e o Direito têm o dever de manter e proteger de ataques.

Esses ataques podem ocorrer de diversas formas. Uma pessoa pode, por exemplo, atribuir características indesejáveis ou fatos falsos ao grupo. É o caso daquele que propaga que "todo muçulmano é terrorista" ou que "os imigrantes estão roubando empregos". Quando essas atribuições são tomadas como fato por uma parte significativa da sociedade, tanto o Estado quanto outros cidadãos podem ser motivados a tratar esses indivíduos de forma diferenciada, injusta ou derrogatória, intimidando-os e restringindo seu acesso a recursos, direitos e oportunidades.

De forma semelhante, mas mais virulenta, o orador de um discurso de ódio pode defender explicitamente que um determinado grupo não deve ter acesso às mesmas oportunidades e recursos que a maioria dos cidadãos, desumanizando seus membros. É o caso da pessoa que associa membros de um grupo com insetos, vermes ou animais e afirma que, por isso, eles não merecem tratamento igualitário (WALDRON, 2014, pp. 55-59). De toda forma, o discurso de ódio promove uma imagem negativa do grupo vulnerável e, dessa forma, contribui para que seus membros se sintam socialmente excluídos e sofram discriminação concreta[25].

Um aspecto importante da teoria de Waldron é que ela não considera que todo discurso de ódio é perigoso o suficiente para ensejar, sozinho,

[24] Devido ao uso pouco cuidadoso do conceito de dignidade na prática jurídica brasileira, será evitada sua referência para não causar confusão e, quando possível, serão utilizadas as expressões alternativas "posição social básica" ou "reputação social básica" (tradução livre de *basic social standing*), para se referir ao mesmo conceito.

[25] Ao contrário do que muitas vezes é afirmado, o "ódio" em "discurso de ódio" não indica que essas manifestações são necessariamente motivadas pelo ódio, ou que expressam o ódio do orador, mas sim que promovem o ódio contra um grupo vulnerável, tanto entre sua audiência quanto entre seus integrantes. Isso distingue discursos de ódio de crimes de ódio, atos motivados por sentimentos negativos do autor contra o grupo a que a vítima pertence. Justamente por essa razão, WALDRON defende que faria mais sentido se referir à categoria como "difamação de grupos", conceito que evitaria certas confusões e explicitaria que o que justifica a regulação é a promoção do ódio e não a expressão de um sentimento de ódio (2014, p. 35).

atos discriminatórios. Na verdade, são raras as situações em que é possível determinar um nexo causal direto e irrefutável entre um discurso de ódio e um ato de discriminação ou violência[26]. Na maior parte das vezes, os efeitos negativos concretos dos discursos de ódio surgem com sua expressão reiterada e com a progressiva transformação da sociedade em um ambiente hostil aos membros de um grupo vulnerável. Os atos de discriminação e violência, então, são muitas vezes repercussões indiretas, catalisadas por um processo de deterioramento da imagem social do grupo alvo e que podem estar distantes do discurso de ódio na cadeia causal (WALDRON, 2014, p. 54).

Ou seja, ainda que a audiência de uma instância específica de discurso de ódio possa não ser convencida por ela de que deve discriminar um indivíduo ou um grupo, essa manifestação não deixa de ser potencialmente lesiva. A proliferação de discursos como esse no debate público, de forma organizada ou não, tem o condão de popularizar narrativas que naturalizam esses atos (o que pode, inclusive, levar a discriminação, e não seu combate, a ser adotada como política de Estado). Nessa linha, a forma pela qual os discursos de ódio causam danos pode ser comparável àquela da poluição ambiental: a poluição gerada por um único carro não é capaz de piorar os indicadores de qualidade do ar de uma cidade e, assim, causar danos à saúde humana. Esses danos decorrem do somatório da poluição gerada por vários carros, atividades e indústrias que contribuem em diferentes graus para o resultado (Idem, p. 97).

Um problema regulatório fundamental reside no fato de que, tanto no caso da poluição ambiental quanto no do discurso de ódio, a evitação do resultado lesivo que está no final da cadeia causal passa muitas vezes pela intervenção nos casos individuais que coletivamente contribuem para sua ocorrência, ainda que de forma indireta e limitada. Em outras palavras, não há como impedir a poluição total sem que haja intervenção sobre os carros, ainda que, individualmente, eles não sejam capazes causar a poluição total. É precisamente a dificuldade em demonstrar

[26] Geralmente são os casos em que o discurso de ódio assume a forma de uma incitação direta ao cometimento de um ato de violência que efetivamente ocorre pouco tempo depois. Também há nexo demonstrável, por exemplo, quando autor de um crime de ódio é explicito quanto ao seu ato ter sido inspirado ou incitado por um discurso de ódio em específico, ou casos em que é observado um crescimento acelerado de atos de violência contra determinado grupo logo após palavras de ordem serem emitidas por um orador influente.

um nexo causal direto entre os casos individuais de discursos de ódio e os atos concretos de discriminação e violência (quiçá ainda mais difícil do que a demonstração do nexo causal entre a emissão de poluentes e o dano à saúde humana, tendo em vista a maior possibilidade técnica de sua mensuração empírica) que torna tão desafiador justificar a regulação legítima de discursos de ódio por instrumentos legais que demandam uma relação clara entre ato e resultado lesivo, como, por exemplo, é o caso da repressão penal, um dos objetos deste trabalho[27].

A despeito desses entraves regulatórios, outros estudiosos do tema adotam posições compatíveis com as de Waldron sobre os mecanismos de causação de dano dos discursos de ódio, indicando que sua explicação, ainda que reveladora de certas dificuldades, descreve de forma clara e convincente o problema social. Para PAREKH, por exemplo, discursos de ódio atribuem qualidades indesejáveis a grupos (ou indivíduos por seu pertencimento a grupos) definidos por uma característica arbitraria ou normativamente irrelevante, estigmatizando-os e fazendo com que sejam vistos como indesejáveis e um objeto legítimo de hostilidade (2012, p. 44). No curto prazo, o autor entende que os discursos motivam incidentes isolados, dando suporte e encorajamento àqueles inclinados a discriminar. No longo prazo, eles contribuem para a construção um ambiente em que o tratamento discriminatório contra alguns grupos é naturalizado[28].

No limite, autores reconhecem que discursos de ódio podem fazer parte de estratégias calculadas para a legitimação de atrocidades de grande escala. Susan BENESCH, estudiosa dedicada à prevenção de genocídios, vê perigo em discursos de ódio capazes de convencer sua audiência de que pessoas devem ser vistas como menos humanas ou como ameaças, o que, no longo prazo, faz parecer que atrocidades são aceitáveis ou até necessárias (2014, p. 6). Para ela, modalidades extremas de discursos de ódio em que as características do orador, do meio de comunicação, do contexto histórico e da audiência potencializam

[27] Esse problema regulatório será discutido com maior enfoque na seção 2.2.1 deste trabalho.

[28] Para o autor, essa percepção de que o discurso de ódio pode levar a consequências gravíssimas ao longo prazo é o que explica por que os Europeus, que assistiram de perto ao lento crescimento de movimentos como o Fascismo e o Nazismo, são geralmente os principais defensores da regulação de discursos de ódio (PAREKH, 2012, p. 45).

seus efeitos nocivos (discursos que ela chama de perigosos, ou "*dangerous speech*") teriam sido, no mínimo, catalisadoras da ocorrência dos grandes atrocidades, como o Holocausto judeu e o genocídio de Ruanda, na medida em que só um processo de condicionamento social seria capaz de afastar a aversão moral do ser humano a agir de forma tão violenta contra seus pares. No Holocausto, a propaganda antissemita teria sido central na instauração do ódio por judeus no povo alemão. Em Ruanda, a desumanização do outro teria sido essencial para que ações consideradas horrendas passassem a ser vistas como não só legitimas, mas necessárias (2008, p. 14).

Pesquisas que buscaram identificar os principais prejuízos causados por discursos de ódio a partir da experiência empírica de seus alvos e de sua audiência também parecem sustentar esse modelo. Entrevistados por GELBER e MCNAMARA demonstraram que os oradores de discursos de ódio persuadem sua audiência a acreditar em estereótipos negativos e a imitar seu comportamento, contribuindo para normalização do racismo e de outras formas de discriminação no ambiente social (2016, p. 13). Em outro exemplo, HASLAM e STRATEMEYER, ao mapearem pesquisas sobre o comportamento daqueles persuadidos por discursos desumanizadores (uma variedade especialmente virulenta do discurso de ódio), demonstram vínculos causais entre a presença de discurso de desumanização de um grupo e seu tratamento discriminatório tanto pelo Estado quanto pelo resto da população (2016, p. 11).

Assim, é seguro afirmar que discursos de ódio são um problema social relevante para o Direito pois têm a capacidade de causar, em maior ou menor grau, danos à reputação social básica de um grupo, fazendo com que seus membros não sejam reconhecidos como iguais e portadores dos mesmos direitos que outros cidadãos e, consequentemente, aumentando sua propensão a sofrer atos de violência e discriminação em razão das características que os definem. Na linguagem da violação de interesses constitucionais, pode-se inclusive dizer que os discursos de ódio são capazes de violar a dignidade dos membros desse grupo, entendida como seu direito ao tratamento igualitário e à proteção e respeito do Estado e de seus pares[29]. Indiretamente, atos de dis-

[29] Nesse sentido, a perspectiva de Ingo SARLET sobre a dignidade como direito fundamental é bastante esclarecedora. Nas palavras do autor, "[A] dignidade da pessoa humana

criminação e violência decorrentes da proliferação de discursos de ódio podem violar, também, inúmeros outros direitos dos membros do grupo alvo, como seu direito ao tratamento igualitário, seu patrimônio, sua integridade física e sua vida.

1.1.1.2. As características distintivas dos discursos de ódio

Adotada uma teoria sobre os efeitos nocivos dos discursos de ódio, o próximo passo para a formulação de uma definição é determinar quais são as principais características distintivas desses discursos que os tornam capazes de causar esses efeitos. São elas, portanto, que permitem a identificação de um determinado ato discursivo (uma mensagem, uma publicação, uma declaração em espaço público etc.) como um discurso de ódio.

São três as características que viabilizam esses efeitos nocivos, distinguindo os discursos de ódio de outros tipos de discurso: (i) eles têm como alvo um grupo vulnerável ou um indivíduo por ser membro de um grupo vulnerável; (ii) eles transmitem para sua audiência uma mensagem que contém uma avaliação negativa de seu alvo e, por fim, (iii) seu contexto permite perceber a intenção do orador de avaliar negativamente o alvo para estabelecer que ele é menos digno de direitos, oportunidades ou recursos. Anota-se, para fins de esclarecimento, que todo discurso de ódio envolve necessariamente um mínimo de três atores: aquele que profere o discurso de ódio é denominado o orador, aqueles que entram em contato com o discurso de ódio são a audiência e aqueles que são negativamente avaliados pelo discurso de ódio são o alvo (que pode, ou não, compor a audiência). Essas três características, ou critérios de identificação, merecem olhar mais cuidadoso.

[é] a qualidade intrínseca e distintiva reconhecida em cada ser humano que o faz merecedor do mesmo respeito e consideração por parte do Estado e da comunidade, implicando, neste sentido, um complexo de direitos e deveres fundamentais que assegurem a pessoa tanto contra todo e qualquer ato de cunho degradante e desumano, como venham a lhe garantir as condições existenciais mínimas para uma vida saudável, além de propiciar e promover sua participação ativa e corresponsável nos destinos da própria existência e da vida em comunhão com os demais seres humanos, mediante o devido respeito aos demais seres que integram a rede da vida." (2015, p. 73).

1.1.1.2.1. Alvo: grupos vulneráveis

Grupos vulneráveis aqui são entendidos como aqueles que possuem uma propensão significativa a sofrer discriminação e violência em razão das características que o definem no contexto histórico-social em que se inserem[30]. A vulnerabilidade é uma questão de fato, uma característica dos grupos atacados que justifica a sua proteção especial contra os discursos que os avaliam negativamente, proteção essa que não é necessária para grupos cuja reputação social é muito mais consolidada[31]. Quando o discurso de ódio ataca a reputação social de um grupo vulnerável, ele contribui para o agravamento dessa vulnerabilidade, o que é outra forma de dizer que ele promove um cenário em que esse grupo é ainda mais propenso a sofrer discriminação ou violência do que já era.

A vulnerabilidade pode ser verificada de diversas formas. Pesquisas quantitativas podem demonstrar a ocorrência de discriminação contra o grupo ou fortes indícios de sua existência. É o caso, por exemplo, de estudos que apontam para a disparidade salarial entre homens e mulheres com o mesmo cargo, mesma formação e mesma experiencia profissional. Pesquisas qualitativas podem descrever mecanismos de discriminação, como a predominância de determinados grupos em posições de poder as barreiras decorrentes para o acesso a essas posições por outros grupos. A análise histórica também pode revelar um passado de discriminação e violência que permanece impactando a posição de grupos vulneráveis na sociedade até o presente, como é o caso da escravidão

[30] A expressão "grupos vulneráveis" geralmente divide espaços com outras, como "minorias", em debates sobre que grupos são merecedores de proteção especial contra discriminação. Essa última costuma identificar grupos que são pouco representados ou marginalizados na arena política, seja por razões estruturais de discriminação, seja por ação deliberada da maioria política. A sub-representação política, porém, é apenas um de vários critérios que podem ser verificados para atestar a propensão de um grupo a sofrer discriminação e violência, de forma este trabalho prefere a noção mais abrangente. Sobre seu uso pela Corte Europeia de Direitos Humanos para delimitar grupos merecedores de proteção especial, cf. (MACIOCE, 2018) e (PERONI; TIMMER, 2013).

[31] A ideia de que a proteção contra algumas formas injustas de discriminação deve ser reservada a determinados grupos socialmente vulneráveis é comum em debates sobre como o direito deve combater a discriminação. Como explica Sandra FREDMAN, a depender do contexto histórico e social em que uma norma está inserida, diferentes grupos serão mais vulneráveis a atos de violência ou que visam a sua exclusão e, consequentemente, justificarão maior proteção estatal (2011, p. 110).

para os negros ou do Holocausto para os judeus. Por fim, a própria análise jurídica pode revelar regras discriminatórias ou problemas estruturais que impedem que certos grupos tenham acesso a direitos ou faculdades jurídicas ou que criam óbices para seu exercício. Até decisão do STF em 2011, por exemplo, a legislação brasileira não permitia sequer a união estável entre pessoas de mesmo gênero.

O discurso de ódio exterioriza uma avaliação negativa de um grupo vulnerável ou de um indivíduo por seu pertencimento a um grupo vulnerável. Ele pode, portanto, ter um indivíduo como alvo, desde que a avaliação negativa esteja associada ao pertencimento do indivíduo a um grupo vulnerável e seja transmitida perante uma audiência. Do contrário, trata-se de uma manifestação que ataca apenas a reputação ou a autoestima do indivíduo, incapaz de prejudicar o grupo vulnerável como um todo e, portanto, excluída pelo critério de identificação adotado (ainda que possa ser reconhecida como uma ofensa ou um ataque à honra do indivíduo, que pode ser relevante para o Direito por outras razões).

Como já foi mencionado, a exigência de que o alvo seja um grupo vulnerável ou um membro de grupo vulnerável também exclui da categoria "discursos de ódio" as avaliações negativas dirigidas a grupos dominantes, majoritários politicamente ou que não tenham sofrido feridas históricas, como homens, brancos e heterossexuais, justamente porque a ausência de vulnerabilidade social minimiza significativamente o efeito nocivo do discurso à sua reputação.

1.1.1.2.2. Conteúdo: mensagem de avaliação negativa

Tal como foi tratado por Waldron, a avaliação negativa pode assumir diversas formas, mas deve sugerir, de forma direta ou indireta[32], que o alvo seja menos digno de direitos, oportunidades ou recursos do que outros grupos ou indivíduos membros de outros grupos, legitimando a discriminação e a violência. Podem ser consideradas avaliações negati-

[32] Quando direta, a mensagem diz explicitamente que o alvo é menos digno de direitos, oportunidades e recursos. Quando indireta, a mensagem apenas avalia negativamente o alvo, sem explicitar a conclusão de que o alvo é menos digno de direitos, oportunidades e recursos. No entanto, apesar dessa conclusão não ser explícita, a avaliação negativa recebida pela audiência pode se tornar um argumento para justificar atitudes discriminatórias ou violentas.

vas, por exemplo, as generalizações e os estereótipos (e.g. "índios são preguiçosos"); as tentativas de convencer a audiência de que o alvo é uma ameaça (e.g. "os imigrantes estão roubando nossos empregos"); as imputações falsas da autoria de fatos (e.g. "os chineses inventaram o coronavírus"); as referências positivas e o endosso a personalidades e obras que atacam a reputação do alvo (e.g. "o *mein Kampf* é uma obra prima", "Hitler estava certo"); a propagação de teorias conspiratórias ou a negação fatos notórios que qualificam o alvo como mentiroso (e.g. "o holocausto foi uma invenção dos judeus"); entre diversas outras[33].

A incitação direta de discriminação ou violência contra o alvo (e.g. "mate um homossexual", "não empregue um deficiente físico") também é uma forma de avaliação negativa, na medida que sugere que o grupo merece, por alguma razão, esse tratamento discriminatório. Destaca-se, também, que o discurso de ódio pode assumir uma forma não-discursiva, pelo uso de símbolos associados à vulnerabilidade histórica do alvo, como a utilização da suástica nazista ou da cruz em chamas da Ku Klux Klan. Justamente pela grande diversidade de formas de se transmitir a ideia de que um grupo é de alguma forma menos digno que outros, não é interessante definir discursos de ódio por uma lista exaustiva de condutas.

Dito isso, certas avaliações negativas são mais intensas do que outras, contribuindo para uma maior violação da reputação social do alvo e justificando uma regulação mais contundente. É o caso, por exemplo, das mensagens desumanizadoras (i.e., desassociar o grupo alvo de sua humanidade perante a audiência, mediante comparações com animais) e das incitações diretas à violência. Do outro lado, também é possível defender que as avaliações negativas precisam alcançar um patamar mínimo de intensidade para que haja discurso de ódio, pois em alguns casos podem ser consideradas toleráveis por externarem meras preconcepções errôneas sobre o grupo (ainda que não seja tarefa simples determinar esse patamar com exatidão). Dizer, por exemplo, que "judeus não gostam de praticar esportes", o que pode ser considerado como uma característica negativa por alguns, não contribuirá de forma

[33] Para um compendio de tipos comuns de avaliação negativa, ver (NÓBREGA LUCCAS; SALVADOR; GOMES, 2020, pp. 136-141).

relevante para a erosão da reputação social básica desse grupo mesmo que estejam presentes as condições favoráveis para tal.

1.1.1.2.3. Contexto: intenção do orador

Por fim, a terceira característica distintiva dos discursos de ódio é a intenção percebida de seu orador. No discurso de ódio, a audiência deve perceber a intenção do orador de avaliar negativamente o grupo vulnerável a fim de estabelecer que ele é menos digno de direitos, oportunidades ou recursos. Essa intenção deve ser perceptível através do contexto em que a mensagem se insere, tendo em vista que, não havendo essa percepção, a mensagem será incapaz de persuadir a audiência. Em outras palavras, se a audiência não interpreta a mensagem como tendo objetivo de ataque, não se deixando convencer por seu conteúdo, essa mensagem perde seu potencial significativo de causar danos à reputação do alvo, descaracterizando-se o discurso de ódio.

Alguns contextos, nesse sentido, apresentam características que indicam uma intenção diversa. Um exemplo é o debate acadêmico e científico, em que um autor pode associar uma característica negativa a um grupo sem a intenção de atacar o alvo, visando genuinamente a contribuição para o avanço do conhecimento humano a partir de um argumento construído de forma intelectualmente honesta. Outra hipótese em que a intenção pode ser percebida como diversa é o contexto de exemplificação, quando o orador replica ou profere uma avaliação negativa para comentá-la, criticá-la ou para educar sobre seus perigos (e.g. a produção de documentários e obras de ficção que retratem oradores de discursos de ódio e a replicação de documentos históricos que contenham avaliações negativas).

Apesar dessa intenção ser identificada a partir de critérios objetivos, isso raramente é uma tarefa simples e, portanto, demanda grande atenção daquele que identifica um discurso de ódio no caso concreto. Nesse sentido, um debate acadêmico também pode conter avaliações negativas maliciosas mascaradas de pretensões científicas, baseadas em dados manipulados ou em inferências desonestas[34]. A replicação de uma ava-

[34] Um autor pode inferir que negros tem maior propensão a cometer crimes com base em uma interpretação desonesta e obsoleta de dados do sistema carcerário, sem levar em consideração a seletividade do sistema penal. A dificuldade, aqui, será a de identificar se há real

liação negativa também pode ser feita para fins de apologia ou endosso. Discussões sobre os limites da possibilidade da intenção humorística, irônica ou artística de afastarem a identificação do discurso de ódio também se inserem nesse espaço.

Mesmo havendo tal dificuldade, uma definição que não leve esse requisito em consideração não será capaz de separar os discursos relevantes daqueles irrelevantes ao informar uma regulação que objetiva proteger grupos vulneráveis. Reconhecer que determinados contextos podem reduzir ou até eliminar o potencial lesivo de uma mensagem de ódio é essencial para uma resposta adequada e proporcional, podendo até justificar exceções explicitas a proibições que impliquem sanções graves[35].

1.1.1.3. A definição adotada

Descritas essas características distintivas dos discursos de ódio, elas podem ser organizadas na forma de um conceito operacional: para fins deste trabalho, discursos de ódio são aquelas manifestações que contribuem para o agravamento da vulnerabilidade de um grupo social. Elas têm esse efeito pois são manifestações que avaliam negativamente um grupo vulnerável, ou um indivíduo por ser membro de um grupo vulnerável, a fim de estabelecer que ele é menos digno de direitos, oportunidades ou recursos do que outros grupos ou indivíduos membros de outros grupos, e, consequentemente, legitimar a prática de discrimina-

intenção em debater academicamente (ainda que de forma não intencionalmente falha) ou se se trata de uma avaliação negativa mascarada, principalmente quando o debate deixa de versar apenas sobre fatos (e.g. taxas de criminalidade) e possui maior componente avaliativo ou normativo.

[35] A título de exemplo, o § 319(2) do Código Criminal Canadense pune aquele que intencionalmente promove ódio contra qualquer grupo identificável (*"willfully promotes hatred against any identifable group"*), mas exclui explicitamente dessa proibição aquele discurso que é feito de boa-fé (*"offered in good faith"*), que expressa uma opinião sobre um tópico religioso (*"an opinion on a religious subject"*), que é relevante para o interesse público (*"relevante to the public interest"*), que o orador pode demonstrar que é verdadeiro *(if he establishes that the statements communicated were true)* ou que é apenas replicado para apontar a necessidade de remoção *("for the purpose of removal"*). Cf. Consolidated federal laws of canada, Criminal Code. Disponível em: https://laws-lois.justice.gc.ca/eng/acts/c-46/page-68.html#docCont Acesso em: 6 mar. 2022.

ção e violência (NÓBREGA LUCCAS; SALVADOR; GOMES, 2020, p. 116).

Nota-se, desde já, que essa definição pode ser entendida como um "conceito guarda-chuva", ou seja, um conceito que compreende diferentes tipos de manifestações (e.g. incitações, ameaças, promoção de estereótipos, propagação de fatos falsos, manifestações mais ou menos agressivas, manifestações espontâneas e planejadas), aproximadas por algumas características (BROWN, 2017, p. 422). Todas, portanto, podem ser identificadas como discursos de ódio, desde que atendam aos critérios de identificação. A justificativa para abordá-las de maneira unificada, como já foi dito, está no fato de que elas causam um mesmo efeito lesivo, ainda que em diferentes graus, e de que, por isso, seu enfrentamento possui uma mesma finalidade: a proteção da reputação de grupos vulneráveis.

1.1.2. Consequências das definições para a regulação

A adoção da definição acima descrita tem consequências importantes quando informa a construção de uma estratégia regulatória eficaz. A primeira é que o uso dessa definição para a identificação de uma manifestação como discurso de ódio não será suficiente para determinar sua ilicitude, sua intolerabilidade ou para determinar que ela pode ser sancionada de qualquer forma ou com qualquer intensidade. Em outras palavras, de acordo com este modelo teórico: nem todo discurso de ódio é necessariamente ilícito.

Na verdade, a identificação de uma manifestação como discurso de ódio significa apenas o reconhecimento de que ela tem o potencial de, se presentes as condições favoráveis, contribuir de forma significativa para a produção dos efeitos nocivos que foram discutidos. Para que seja tomada uma decisão quanto a necessidade de regulação ou quanto à melhor forma de regular essa manifestação, diversas outras questões deverão ser consideradas, já que, como será demonstrado, existem inclusive circunstâncias em que esse potencial de dano pode ser considerado tolerável em prol da preservação de outros interesses.

De qualquer forma, existem vantagens e desvantagens para uma definição ampla como a adotada. A principal vantagem é que ela permite a construção de uma estratégia regulatória de combate aos discursos de ódio que se utiliza de diferentes ramos do Direito e até instrumentos extralegais. Nesse primeiro momento, quando se busca compreender um problema social para então pensar a melhor forma de regulá-lo, restringir a definição de discursos de ódio apenas àquelas manifestações que podem legitimamente ser reguladas por um determinado ramo do Direito pode impedir que sejam consideradas outras opções capazes de conter seus efeitos nocivos e preservar a liberdade de expressão de forma mais eficaz.

Por outro lado, deve ser reconhecido que uma definição ampla é insuficiente quando a discussão regulatória atinge um momento posterior, que é o de decidir como um instrumento jurídico específico deverá tratar certos discursos de ódio. Os diferentes tipos de discurso de ódio serão tratados por diferentes instrumentos de regulação, cada qual com seus próprios critérios de eficácia e legitimação.

A definição aqui adotada não pode, por exemplo, ser convertida diretamente em um tipo penal, justamente por sua excessiva abrangência. Uma legislação que tipifica o crime de "manifestar discurso de ódio", literalmente, seria inadequada, já que a definição não abarca apenas condutas relevantes para o Direito Penal. Pelo contrário: para criminalizar, o legislador precisaria escolher e definir na lei penal modalidades de discurso de ódio (como formas de incitação, insultos) que possam ser descritas por critérios precisos e que sejam compatíveis com as pretensões punitivas do Direito.

Mesmo que o legislador traga no texto legal uma definição penal de discurso de ódio, mais restritiva que aquela aqui adotada (e.g. "incitar publicamente discriminação ou violência por razão de raça, cor, etnia etc."), é provável que essa definição cause confusão ao ser comparada com outras, diversas, trazidas por normas não penais. Assim, um esforço nesse sentido seria contraproducente, visto que dificilmente haverá uma legislação que define uma consequência legal única para tudo aquilo que se considera discurso de ódio. Mais comum e operacional é a construção de diversas previsões legais, muitas vezes esparsas no texto legal, que se referem a instâncias de discurso de ódio específicas[36]. É isso que

[36] No Brasil, por exemplo, são proibidas separadamente, entre outras, as incitações à atos de discriminação (criminalmente, pelo art. 20 da Lei 7.716/89), as incitações ao genocídio (criminalmente, pelo art. 3º da Lei 2.889/56), as injúrias baseadas em características protegidas (art. 140, § 3º do Código Penal) e a propaganda eleitoral que expressa precon-

se espera, também, de um Direito Penal pautado pela ideia de fragmentariedade, ou seja, a ideia de que este ramo não deve atuar sobre todas as condutas reguláveis, mas sim só sobre aquelas que justifiquem a gravidade da repressão penal (GOMES, 2003, p. 86).

Em síntese, pela definição aqui adotada, nem todo discurso de ódio deve ou pode ser criminalizado, assim como nem todo discurso de ódio deve ser considerado ilícito civil ou deve ser sujeito a sanções administrativas. A definição é apenas uma moldura, um ponto de partida que busca informar uma discussão regulatória interdisciplinar ao agrupar condutas por seus efeitos nocivos semelhantes.

Dito isso, a busca por uma melhor resposta aos discursos de ódio deverá se pautar na análise específica dos instrumentos regulatórios disponíveis e de sua adequação a cada uma das condutas contidas nessa definição. Ou seja, caberá a cada ordenamento a identificação de que tipos de discurso de ódio serão considerados ilícitos e a decisão sobre que instrumentos são capazes de atingir os fins necessários para o combate a seus efeitos nocivos. Para isso deve-se levar em consideração que (i) discursos de ódio podem ser avaliados e distinguidos por sua gravidade e que (ii) diferentes instrumentos regulam melhor diferentes tipos de discurso de ódio.

1.1.2.1. Discursos de ódio podem ser avaliados e distinguidos por sua gravidade

Nem todo discurso de ódio é perigoso o suficiente para ensejar, sozinho, atos discriminatórios concretos. Por outro lado, quanto mais evidente e presumível é sua contribuição para o agravamento da vulnerabilidade de um grupo, mais grave é um discurso de ódio. Afirmar que um discurso de ódio é mais grave, nesse sentido, significa afirmar que ele tem uma probabilidade maior de levar a atos de discriminação e violência contra o grupo vulnerável (BENESCH, 2014, p. 7), o que pode ser verificado a partir de determinadas características de seu conteúdo e do contexto em que se insere.

ceitos de raça ou de classe (de forma não penal, pelo art. 243, I, da Lei das Eleições, Lei 4.737/1965). Sobre as diversas formas de se classificar regulações de discurso de ódio, cf. (BROWN, 2015).

A verificação da gravidade vai além do quão virulenta é a avaliação negativa contida no discurso. Como os discursos de ódio precisam mudar a mentalidade e o comportamento de uma audiência para gerar danos concretos, sua gravidade é definida também por seu alcance (sua capacidade de atingir muitas pessoas) e por seu impacto persuasivo (sua capacidade de persuadir essas pessoas a ponto de mudar sua mentalidade ou comportamento). Quanto maior o alcance e o impacto persuasivo de um discurso, mais pessoas serão convencidas a se voltar contra o grupo vulnerável e, consequentemente, maior será o dano à reputação de seus membros e mais provável será a ocorrência de atos concretos. Assim, o discurso de ódio mais grave é aquele que contribui mais, de forma mais intensa e, consequentemente, de forma mais evidente, para a ocorrência de danos concretos aos membros de grupos vulneráveis. São esses os discursos cuja regulação é mais justificável.

Vários aspectos contextuais do discurso de ódio influenciam sua intensidade, seu alcance e seu impacto persuasivo, incluindo as características da mensagem, do orador, da audiência, do meio de comunicação e do contexto histórico-social. Uma incitação direta ou um discurso desumanizador podem, por exemplo, influenciar comportamentos mais agressivos da audiência do que um discurso que meramente atribui uma característica indesejável aos membros do grupo vulnerável. Se o orador do discurso é uma pessoa influente ou que tem uma relação de poder sobre uma audiência, seu discurso será mais persuasivo e, portanto, mais perigoso. Se o meio de comunicação em que o discurso se propaga tem maior alcance, ele pode atingir uma maior audiência. Ainda, se há um histórico de disputa entre a audiência e o grupo alvo, essa audiência será persuadida mais facilmente a agir de forma discriminatória contra esse grupo[37]. Daí surge a ideia de que o potencial lesivo do discurso de ódio depende de condições favoráveis para sua propagação e persuasão.

A noção de que discursos de ódio têm diferentes gravidades se relaciona, também, com a ideia aqui defendida de que nem todo discurso de ódio é necessariamente ilícito, somente aquele cujos efeitos nocivos são intoleráveis. Assim como é o caso das outras manifestações noci-

[37] Sobre essas e outras variáveis que podem ser utilizadas para avaliar a gravidade de um discurso com maior segurança, ver (NÓBREGA LUCCAS; SALVADOR; GOMES, 2020, pp. 156-183).

vas, a afirmação de que o discurso de ódio não deve ser protegido pela liberdade de expressão pressupõe demonstrar que ele causa danos intoleráveis a outros valores constitucionalmente protegidos. Se qualquer dano, não só o intolerável, for suficiente para atestar essa ilicitude, então a liberdade de expressão será excessivamente sacrificada[38].

É claro que delimitar exatamente a linha entre o dano tolerável e o dano intolerável é um esforço complexo de construção teórica que não pode ser realizado inteiramente neste trabalho. Inclusive, essa dificuldade pode ser apontada como uma crítica ao posicionamento aqui descrito, na medida em que criaria insegurança em decisões que envolvam decidir se um discurso de ódio é ou não ilícito. Contudo, critérios de avaliação da gravidade dos discursos de ódio podem informar discussões sobre sua tolerabilidade. Se construída ao redor de variáveis operacionais orientadas pelo alcance e impacto persuasivo do discurso, essa perspectiva pode fundamentar argumentos consistentes.

Um discurso mais grave, mais perigoso, nesse sentido, é menos tolerável, e por isso pode justificar a previsão de uma sanção mais grave em abstrato ou a aplicação de uma sanção mais contundente no caso concreto. De outro lado, a pouca gravidade do discurso pode conservar sua licitude apesar de seu potencial lesivo. Em algumas situações, a necessidade de se levar em consideração outros direitos para além da liberdade de expressão pode, também, tornar um discurso de ódio mais tolerável, afastando a proibição ou impedindo o sancionamento de seu orador no caso concreto[39]. Trata-se, evidentemente, de um argumento de ponderação.

[38] Esta postura é minoritária no Brasil, pois decorre da opção deste trabalho por separar a identificação da avaliação da tolerabilidade dos discursos de ódio. Como mencionado anteriormente, a literatura e a jurisprudência brasileiras costumam entender que a identificação de uma manifestação como um discurso de ódio é suficiente para atestar sua exclusão do âmbito de proteção da liberdade de expressão e, portanto, consideram discursos de ódio somente aquelas manifestações cuja lesividade é intolerável (ver mapeamento da literatura e da jurisprudência em NÓBREGA LUCCAS; SALVADOR; GOMES, 2020).

[39] Esse raciocínio pode justificar a imunidade concedida pelo artigo 53 da Constituição Federal aos parlamentares brasileiros mesmo nos casos em que proferem discursos de ódio: "Art. 53. Os Deputados e Senadores são invioláveis, civil e penalmente, por quaisquer de suas opiniões, palavras e votos".

Seria aceitável, por exemplo, defender que discursos de ódio pouco graves sejam permitidos no contexto de um debate em uma universidade pública, em que a construção do conhecimento fundamenta a liberdade acadêmica e em que está presente a possibilidade de contraposição de igual alcance e impacto persuasivo. Também plausível seria defender a licitude de discursos de ódio pouco graves proferidos no contexto da pregação religiosa. A ponderação, aqui, priorizaria a liberdade de culto e a ideia de que não cabe ao Estado definir o que são e o que não são dogmas religiosos legítimos. Nenhuma dessas posições é imune a sérias críticas, já que significam a tolerabilidade de discursos bastante problemáticos, mas é importante reconhecer que existem situações em que esse exercício de ponderação é necessário para a construção de consensos operacionalizáveis que tragam segurança jurídica.

Assim, mesmo que todos os discursos de ódio contribuam de alguma forma para que um grupo vulnerável tenha maior propensão a sofrer discriminação e violência, essa contribuição será mais intensa e mais evidente em alguns discursos do que em outros, o que deve ser levado em consideração para que sejam tomadas decisões regulatórias legítimas. Tendo em vista que diferentes formas de regulação representam diferentes custos para a liberdade de expressão e para outros direitos fundamentais, aquelas mais custosas deveriam ser reservadas apenas aos discursos de ódio mais graves, em respeito a um ideal de proporcionalidade. Discursos de ódio pouco graves ou proferidos em contextos em que a liberdade de expressão é especialmente valorizada podem ser respondidos por instrumentos menos custosos ou, no limite, até considerados lícitos.

1.1.2.2. Diferentes instrumentos regulam melhor diferentes discursos de ódio

Se o que torna o discurso de ódio um problema social é seu efeito nocivo à reputação de grupos vulneráveis, seu combate inevitavelmente passa pela tentativa de impedir que esses efeitos ocorram, seja pela intervenção na liberdade dos oradores e dos potenciais oradores, seja pela intervenção no caminho percorrido pelo discurso (seu alcance) ou em sua recepção pela audiência (seu impacto persuasivo). É a busca pela evitação do dano aos grupos vulneráveis que justifica a interferência do

Estado no debate público. Uma regulação que não se apresenta como eficaz para atingir esse fim viola esse requisito.

Por isso, por mais diversas que possam ser, as possibilidades de regulação dos discursos de ódio geralmente se orientam (e devem se orientar) por pelo menos um de dois objetivos: (i) a prevenção da ocorrência discursos de ódio e/ou (ii) a mitigação ou reparação dos efeitos de sua difusão. Buscam, portanto, evitar que o discurso sequer ocorra ou reduzir sua gravidade, tornando seus efeitos inofensivos ou, no mínimo, toleráveis.

Dito isso, são diversas as medidas que podem impedir a manifestação de discursos de ódio ou reduzir seu alcance e impacto persuasivo, com diferentes graus de restrição da liberdade de expressão dos envolvidos, ainda que nenhuma seja capaz de responder ao problema como um todo sozinha. Algumas medidas podem ser brandas, mas eficazes no longo prazo: (i) políticas públicas de prevenção que limitam o alcance ou o impacto persuasivo dos discursos de ódio no longo prazo podem ser elaboradas, antecipando sua ocorrência, empoderando grupos vulneráveis e construindo um ambiente menos propicio à sua proliferação, com pouca ou nenhuma limitação à liberdade de expressão[40]. (ii) De forma igualmente protetiva da livre expressão, uma resposta pública que conteste um caso específico de discurso de ódio pode ser divulgada como forma de disputar a persuasão da audiência sem necessariamente remover a mensagem contestada do debate público[41].

[40] BENESCH descreve algumas experiências bem-sucedidas na implementação de políticas de prevenção, como a veiculação de programas de rádio voltados a aumentar a resistência da audiência à discursos de ódio, promovendo a capacidade crítica e a empatia com grupos vulneráveis (BENESCH, 2014, p. 15). Em Ruanda, a Radio la Benevolencia (RLB), baseada em Amsterdam e com atuação em diversos países africanos, veiculou uma radionovela cujos elementos foram calculados para ajudar a tornar os ouvintes menos suscetíveis à promoção de ideias discriminatórias. Foram realizados estudos de avaliação do impacto dessa radionovela (PALUCK, 2009), em que ficou demonstrado que seus ouvintes eram mais propensos a pensar por si próprios e exprimir visões que fossem divergentes das autoridades, no contexto dos conflitos entre etnias.

[41] Em exemplo trazido por ARUN e NAYAK (2016. p. 13), autoridades indianas anteciparam com sucesso conflitos entre grupos religiosos em 2013 e 2015 a partir do monitoramento de rumores em circulação. Ao invés de restringir a propagação desses rumores, as autoridades enviaram mensagens de texto àqueles que habitavam a região do conflito, evi-

Outras medidas são mais restritivas. (iii) Um discurso de ódio pode ser retirado de circulação como forma de conter seu alcance. Em casos específicos, os oradores de discursos de ódio podem ser alvo de sanções do Estado, sendo elas cíveis, administrativas ou penais. O Judiciário pode determinar que o orador (iv) indenize os alvos de discursos de ódio, buscando a reparação de seus danos e o desencorajamento de comportamentos semelhantes. O Estado também pode repreender o orador pelo uso do (v) Direito Administrativo Sancionador ou do (vi) Direito Penal, buscando a prevenção da ocorrência de novos discursos ou até a reafirmação da dignidade do grupo vulnerável[42]. Nota-se, contudo, que quanto mais intensa a resposta regulatória, mais intensa será a restrição à liberdade de expressão (e, em alguns casos, de outros direitos fundamentais), o que deve desencorajar o uso de respostas intensas quando elas não se mostram particularmente eficazes e necessárias em face das alternativas.

De outro lado, discursos de ódio podem ser (vii) regulados por instituições privadas que detenham controle sobre espaços de comunicação, deixando ao Estado um papel de maior ou menor coordenação desses esforços. É o caso das empresas que controlam plataformas de redes sociais, que serão tópico da próxima seção.

Algumas dessas opções só podem ser implementadas diretamente pelo Estado (como sanções penais e cíveis), enquanto outras podem ser implementadas por outros agentes regulatórios (como empresas e entidades do terceiro setor). Essencial é compreender que cada um desses instrumentos pode contribuir para a proteção da reputação de grupos vulneráveis em alguns casos, mas, ao mesmo tempo, não obter esses resultados em outros, com maiores ou menores custos à liberdade de expressão. Isso porque, dada a diversidade dos discursos de ódio e

denciando a falsidade do conteúdo que circulava e alertando para a propagação de novos rumores.

[42] Autores como PAREKH (2012, p. 46) argumentam que uma proibição legal pode ser valiosa por comunicar a mensagem de que o Estado vê valor na dignidade do grupo-alvo e está comprometido a proteger seus interesses fundamentais mantendo um debate público saudável. De acordo com o autor, a proibição, aqui, tem valor simbólico e educativo, afirmando valores e ajudando a moldar costumes e hábitos coletivos. Quando propício, será discutido neste trabalho se esse valor é suficiente para justificar a repressão penal a modalidades de discurso de ódio.

de contextos em que eles podem ser manifestados, nem todos os instrumentos disponíveis serão eficazes em todos os casos.

Ocorre, por exemplo, que alguns discursos acontecem em contextos que justificam, por razões práticas, seu tratamento por abordagens específicas. É o caso do discurso de ódio que toma forma de propaganda eleitoral (o que atrai e justifica sua regulação pelo Direito Eleitoral, que busca proteger prioritariamente o equilíbrio do pleito democrático), do discurso de ódio que é propagado por uma concessionária de radiodifusão (que pode ter suas atividades reguladas pelo Direito Administrativo, que determina as regras de atuação dessas empresas[43]) ou, ainda, do discurso de ódio que ocorre no espaço de uma instituição privada com regramento próprio[44] (e que, assim, poderá ser regulado nos termos desse regramento, que é pautado também nas responsabilidades da própria instituição). Em todos esses casos, as instituições reguladoras detêm maior proximidade e controle sobre o discurso que é propagado em seus âmbitos de atuação, o que permite uma análise mais cuidadosa do contexto em que o discurso é manifestado e, consequentemente, que os objetivos da regulação sejam atingidos de forma eficaz[45].

[43] No direito brasileiro, por exemplo, encontra-se no Código Brasileiro de Telecomunicações (Lei 4.117/1962) a definição de uma série de condutas que configurariam abuso da liberdade de radiodifusão (art. 53) e que, se praticadas, levam à penalização das concessionárias de serviços de radiodifusão. Entre elas, temos prevista a conduta de "promover campanha discriminatória de classe, cor, raça ou religião" (art. 53, d), que pode abranger manifestações identificáveis como discursos de ódio.

[44] As instituições de ensino superior, por exemplo, podem criar seus próprios códigos de conduta em que podem ser previstas sanções disciplinares para condutas indesejáveis. Algumas destas condutas podem abranger certas formas de discurso de ódio. Por exemplo, no Código de Ética e Conduta da Fundação Getulio Vargas (Disponível em https://portal.fgv.br/sites/portal.fgv.br/files/codigo_etica_conduta_fgv_vf_2017.pdf. Acesso em 11 mar. 2022), dispõe-se que os destinatários do Código devem "abdicar de comportamentos preconceituosos ou discriminatórios em relação à raça, cor, origem, gênero, estética pessoal, condições físicas, nacionalidade, sexo, idade, estado civil, orientação sexual, posição social, religião e outros atos que firam a dignidade das pessoas".

[45] Como será tratado na seção 1.2 e nos próximos capítulos, o advento da Internet tornou comum a propagação internacional dos discursos de ódio, o que trouxe desafios para as tentativas de regulação cuja eficácia está restrita aos limites territoriais da jurisdição de cada país. Nesses casos, uma abordagem que transpasse essas barreiras territoriais (que faça uso do Direito Internacional ou de entidades de alcance internacional, por exemplo) se mostra necessária.

Fato é que a eficácia da regulação do discurso de ódio depende das características particulares do discurso, das características do contexto em que ele é proferido e, finalmente, das características do instrumento que é eleito para impedir sua ocorrência ou a ocorrência de seus efeitos nocivos.

1.1.3. Síntese dos pressupostos teóricos

Este trabalho considera discursos de ódio aquelas manifestações que contribuem de forma significativa para o agravamento da vulnerabilidade de um grupo social. Elas contribuem para esse efeito nocivo pois avaliam negativamente um grupo vulnerável, ou um indivíduo por ser membro de um grupo vulnerável, a fim de estabelecer que ele é menos digno de direitos, oportunidades ou recursos do que outros grupos ou indivíduos membros de outros grupos, e, consequentemente, legitimar a prática de discriminação e violência.

A presença dessas características não é suficiente para atestar a ilicitude de uma manifestação (para isso, a manifestação deve ser intoleravelmente grave) ou a necessidade de que ela seja regulada de uma forma específica (para isso, a abordagem regulatória deve ser adequada). Trata-se de uma tentativa de delimitar as condutas que contribuem para um determinado problema social, informando a construção de uma resposta eficaz.

Dentre os diversos tipos de discurso de ódio existem manifestações que serão mais ou menos graves por suas características intrínsecas ou pelo contexto em que são proferidas. Ainda que todo discurso de ódio contribua para o agravamento da vulnerabilidade de um grupo, alguns não serão suficientemente perigosos para justificar uma restrição à liberdade de expressão ou a outros direitos relacionados, podendo ser tolerados. Outros serão suficientemente graves para justificar respostas contundentes.

A escolha da melhor forma de se regular uma determinada modalidade de discurso de ódio pressupõe a avaliação da tolerabilidade desse discurso, assim como a avaliação da eficácia das opções regulatórias. Uma regulação eficaz dos discursos de ódio é aquela que é capaz de prevenir sua ocorrência ou de tornar toleráveis seus efeitos nocivos, principalmente intervindo em seu alcance e impacto persuasivo, sem que haja interferência excessiva também em discursos que não são considerados problemáticos.

FIGURA 1 – **Questões relevantes para a identificação, avaliação e regulação de discursos de ódio**

Essa manifestação é um discurso de ódio?

- A manifestação é uma **mensagem de avaliação negativa?**
- A manifestação tem como **alvo** um **grupo vulnerável** ou um indivíduo **por ser membro de um grupo vulnerável?**
- O contexto permite entender que a manifestação foi proferida com **intenção de estabelecer que o alvo é menos digno de direitos, oportunidades ou recursos?**

→

Esse discurso de ódio é intolerável?

- As características da mensagem e do contexto sugerem que o discurso de ódio tem grande **alcance** e **impacto persuasivo**?
- Existem **outros interesses** em jogo que possam ampliar ou reduzir a tolerabilidade do discurso de ódio em questão?

→

Como regular esse discurso de ódio?

- É possível regular esse discurso **sem grandes danos** à liberdade de expressão?
- Quais instrumentos regulatórios são **capazes de prevenir a ocorrência do discurso de ódio ou de tornar toleráveis seus efeitos nocivos?**
- As características desse discurso sugerem que um instrumento pode ser **menos custoso que outros?**

Fonte: elaboração própria

Anota-se, principalmente pela necessidade de preservação do debate público não-danoso, que não é possível regular adequadamente discursos de ódio sem que o agente regulador observe o contexto em que a mensagem está inserida. O conteúdo da mensagem, apenas, não é suficiente para a caracterização do discurso de ódio, muito menos para a avaliação de sua gravidade, ambos passos essenciais para uma regulação eficaz e legítima. O conteúdo não traz, sozinho, a intenção, o alcance ou o impacto persuasivo, de forma que um julgamento sobre a licitude de um discurso apenas por seu conteúdo será, inevitavelmente, violador da liberdade de expressão.

Conclui-se, portanto, que, uma estratégia de enfrentamento completa ao discurso de ódio necessariamente deverá coordenar diferentes instrumentos, levando em consideração a gravidade do discurso de ódio que será objeto de regulação (sua intensidade, seu alcance e seu impacto persuasivo) e as peculiaridades de cada ferramenta. Respostas unidimensionais são ineficazes.

1.2. A regulação dos discursos de ódio nas redes sociais

O meio de comunicação pelo qual o discurso de ódio se propaga é fundamental para a avaliação de sua gravidade e para a determinação de uma resposta eficaz à sua proliferação. Ele determina o alcance das mensagens de ódio e, em muitos casos, está sujeito ao controle de uma entidade privada, o que pode viabilizar algumas estratégias de prevenção ou dificultar a implementação de outras. A internet está no centro da discussão sobre os veículos do discurso de ódio, assim como está no centro de qualquer discussão contemporânea sobre os problemas jurídicos dos meios de comunicação, quer por sua abrangência, quer por seu impacto social dentro e fora de seus espaços digitais de comunicação.

A internet deve sempre ser pensada levando em consideração os intermediários que compõem seu ecossistema de comunicação. Sua infraestrutura exerce apenas a função simples de transmitir informação de uma ponta para a outra e, por isso, as funções mais complexas são exercidas pelos dispositivos conectados, em grande parte controlados por agentes privados (os denominados "provedores de serviços de internet[46]"). Dessa forma, dificilmente haverá informação circulando na internet que não passe pela infraestrutura de um agente intermediário, controlado por uma pessoa jurídica ou física, pública ou privada.

As empresas de telecomunicação, por exemplo, conectam sua própria infraestrutura de rede às pontas da internet para conectar seus clientes, os usuários, à infraestrutura global, atribuindo aos seus dispositivos o endereço IP[47] necessário para que eles possam receber e enviar

[46] Aqui se utiliza a terminologia estabelecida na Lei 12.965/2014, o Marco Civil da Internet, que distingue os provedores em dois tipos: de conexão à internet e de aplicações de internet. Art. 5º Para os efeitos desta Lei, considera-se: V – conexão à internet: a habilitação de um terminal para envio e recebimento de pacotes de dados pela internet, mediante a atribuição ou autenticação de um endereço IP; VII – aplicações de internet: o conjunto de funcionalidades que podem ser acessadas por meio de um terminal conectado à internet.

[47] A principal tecnologia que transmite dados entre as extremidades da internet é denominada protocolo TCP/IP (*Transmission Control Protocol/Internet Protocol* ou Protocolo de controle de Transmissão/Protocolo de Internet). Esse protocolo é responsável por dividir os dados que serão transmitidos em "pacotes" que, quando chegam ao seu destino, são reagrupados para formar o conteúdo original. A cada pacote de dados que será enviado é adicionado o endereço IP do remetente e do destinatário, um código numérico que identifica determinado computador conectado à Internet em um determinado momento. Sempre que um usuário se conecta à Internet, seu computador recebe de seu provedor de acesso

dados (provedores de conexão à internet). Outras empresas, indivíduos e organizações de terceiro setor oferecem serviços e funcionalidades variadas, permitindo que os usuários recebam e enviem dados para seus servidores (provedores de aplicações de internet). Nesse segundo grande grupo se inserem, por exemplo, os mecanismos de busca (como o Google), os serviços de hospedagem (que "alugam" espaço nos seus servidores para quem quer ter o próprio site), os mercados digitais (como o Mercado Livre[48]), os sistemas de pagamento (como o Paypal[49]), os aplicativos de mensageria (como o Whatsapp[50]), os mais variados portais de notícias e entretenimento, blogs, fóruns de discussão e, é claro, as plataformas de redes sociais.

Atualmente, é razoável assumir que grande (se não a maior) parte do discurso de ódio no debate público se propaga pela internet, e, consequentemente, pela infraestrutura dos intermediários, fenômeno que é percebido com grande preocupação por diversas autoridades[51]. Como a internet já existe há algumas décadas, o problema não é particularmente novo: organizações extremistas como o Ku Klux Klan e a Resistência Branca Ariana há muito se estabeleceram em fóruns virtuais de discus-

um endereço IP que permite que pacotes de dado encontrem seu destino (LEONARDI, 2012, p. 13).

48 "Somos uma empresa de tecnologia que tem como objetivo democratizar o comércio eletrônico oferecendo a melhor plataforma e os serviços necessários para que pessoas e empresas possam comprar, pagar, vender, enviar, anunciar e gerir seus negócios na Internet". Disponível em: https://ideias.mercadolivre.com.br/sobre-mercado-livre/tudo-o-que-voce-precisa-saber-sobre-o-mercado-livre/. Acesso em: 6 mar. 2022.

49 "Com o PayPal, você pode pagar como quiser: basta adicionar seus cartões de crédito à sua carteira do PayPal. Quando quiser pagar, basta acessar sua conta com seu nome de usuário e senha e escolher qual deles quer usar." Disponível em: https://www.paypal.com/br/webapps/mpp/how-to-use-paypal. Acesso em: 6 mar. 2022.

50 "Mais de dois bilhões de pessoas, em mais de 180 países, usam o WhatsApp para manter o contato com amigos e familiares, a qualquer hora ou lugar. O WhatsApp é gratuito e oferece um serviço de mensagens e chamadas simples, seguro e confiável para celulares em todo o mundo." Disponível em: https://www.whatsapp.com/about/. Acesso em: 6 mar. 2022.

51 Tanto o Secretário Geral das Nações Unidas quanto o Relator Especial de Questões relativas às Minorias do Conselho de Direitos Humanos das Nações Unidas, por exemplo, já emitiram documentos declarando que a promoção do ódio é um dos principais desafios decorrentes do uso da Internet para a livre expressão. Cf. https://daccess-ods.un.org/TMP/8850870.72849274.html. Acesso em 2 mar. 2022.

são e blogs independentes, onde permanecem divulgando suas ideias antidemocráticas e, com isso, ampliando sua influência também no mundo físico[52]. O que mudou, porém, é que recentemente esses discursos deixaram de habitar apenas espaços de nicho, migrando para populares plataformas de redes sociais que oferecem aos oradores de discursos de ódio enormes audiências[53].

Entre janeiro e julho de 2021, a empresa Meta (antiga Facebook) alegou[54] ter identificado e sancionado mais de 55 milhões de postagens (textos, vídeos ou imagens) na plataforma Facebook que se encaixavam em sua definição de discurso de ódio[55]. Resultados semelhantemente impactantes foram relatados pela empresa Google, que identificou e removeu da plataforma Youtube, no mesmo período, mais de 200 mil vídeos cujo conteúdo seria compatível com a definição de discurso de ódio presente nas regras a serem seguidas por usuários, além de 100 milhões de comentários de usuários pela mesma razão[56]. Relatórios e

[52] Um exemplo de website utilizado para tais fins é o Stormfront, considerado o primeiro criado especialmente para a disseminação de ideais de supremacia branca e que adota o slogan World Wide White Pride A página foi criada em abril de 1995 pelo ex-membro do Ku Klux Klan Donald Black, muito antes da popularização das Redes Sociais. Como aponta TSESIS, mais de 50 grupos de ódio como o Ku Klux Klan e a Resistencia Branca Ariana utilizavam, já em 1995, fóruns de discussão para preparar e espalhar material panfletário como forma de recrutar novos membros, que em seguida participam de reuniões, think tanks e comitês de planejamento (2001, p. 832).

[53] Como descreve DIAS, "na formação da Internet, as células ou grupos se comunicavam com poucas outras pela WEB. Usavam mais a rede para sites institucionais e proselitismo. Mas com o advento das Redes Sociais, das redes Peer-to-peer e dos fóruns, houve um aumento dessa comunicação entre os grupos, uma verdadeira explosão, tanto na WEB como na Deep Web" (2018, p. 218).

[54] Cf. Community Standards Enforcement. Disponível em: https://transparency.facebook.com/community-standards-enforcement#hate-speech. Acesso em: 2 mar. 2022.

[55] Importa destacar que essas plataformas adotam conceitos de discurso de ódio bastante semelhantes ao aqui defendido, o que permite que este trabalho utilize essa métrica para ilustrar a propagação cada vez maior de discursos de ódio em redes sociais. Sobre os conceitos utilizados pelas plataformas, cf. (SALVADOR; NÓBREGA LUCCAS; SILVA, 2020)

[56] Cf. Cumprimento das diretrizes da comunidade do YouTube – Google Relatório de Transparência. Disponível em: https://transparencyreport.google.com/youtube-policy/removals?hl=pt_BR&videos_by_country=period:2021Q3;region:BR&lu=comments_removal_reason&comments_by_source=period:2021Q1&comments_removal_reason=period:2021Q2. Acesso em: 4 fev. 2022.

declarações de outras plataformas, como o Twitter, que removeu cerca de 1.6 milhões de publicações de sua plataforma[57], também confirmam essa tendência[58]. Todas essas plataformas são intermediárias da comunicação de centenas de milhões de usuários e são constantemente pressionadas, por autoridades públicas e por agentes privados, a tomar atitudes diversas a respeito da propagação dessas manifestações.

Esses números são evidência de um novo cenário regulatório, marcado tanto pela migração dos discursos de ódio e de outras manifestações nocivas para as redes sociais quanto pelo protagonismo dessas plataformas em sua regulação. Em primeiro lugar, os números sugerem que as características das redes sociais promovem, ou ao menos atraem, de alguma forma, a proliferação desses discursos, tendo em vista a quantidade massiva de conteúdo nocivo em circulação. Importante, portanto, entender as possíveis razões desse fenômeno e seu significado para a regulação. Em segundo lugar, evidenciam que a posição de intermediação dessas plataformas também as torna agentes regulatórios relevantes, o que sugere uma mudança nas estratégias de combate aos discursos de ódio. Nesses novos espaços, a regulação do que é dito é exercida não somente pelo Estado, mas principalmente pelas empresas controladoras.

Esta seção explorará brevemente esses dois pontos de forma a delinear o contexto em que este trabalho se insere, discutindo como a internet e as redes sociais se tornaram profundamente relevantes para a proliferação dos discursos de ódio e, especialmente, para o debate sobre quais são os instrumentos adequados para sua regulação.

1.2.1. As redes sociais como veículo de discursos de ódio

A liberdade de expressão não depende apenas de sua garantia pelo Direito, mas também da existência de uma infraestrutura de comunicação capaz de levar um discurso do orador para uma audiência. Ainda que um indivíduo possa se expressar, ele não está de fato participando do debate público de ideias e contribuindo para o desenvolvimento político e cultural de sua comunidade se ninguém pode ouvi-lo. Assim, as

[57] Cf. Aplicação das Regras – Central de Transparência do Twitter. Disponível em: https://transparency.twitter.com/pt/reports/rules-enforcement.html. Acesso em: 4 fev. 2022.

[58] Cf. Twitter Rules enforcement. Disponível em: https://transparency.twitter.com/en/twitter-rules-enforcement.html. Acesso em: 2 mar. 2022.

mudanças nas formas pelas quais a sociedade se comunica impactam a livre expressão, cujo exercício pode tanto ser tanto intensificado quanto restrito pela criação e adoção de novas tecnologias (BALKIN, 2014, p. 2296).

Particularmente, o surgimento da internet significou o surgimento de uma infraestrutura que democratizou o exercício da expressão. Ela reduziu drasticamente os custos de transmissão, apropriação e modificação de informação, descentralizando o controle dos meios de comunicação e modificando consideravelmente as barreiras de entrada (BALKIN, 2003, pp. 6-8). Permitiu, enfim, que o conteúdo produzido por usuários cruzasse fronteiras geográficas e culturais, viabilizando uma quantidade muito maior de interações entre indivíduos e grupos espalhados ao redor do mundo.

Em outras palavras, a internet fez com que mais pessoas tivessem acesso às infraestruturas de comunicação, podendo produzir e receber conteúdo, contribuindo para o amplo exercício das liberdades democráticas tanto do orador quanto da audiência. Se antes o acesso às grandes audiências era limitado principalmente pela escassez de infraestrutura (i.e. decisões da imprensa, limite de frequências de rádio, de canais de televisão, de editoras ou de outras redes de distribuição), a partir de então ele passou a ser limitado apenas pela capacidade (técnica e social) do orador de disputar a atenção de outros usuários (BALKIN, 2003, p. 6).

Nesse cenário, as plataformas de redes sociais se destacam entre outros intermediários da comunicação digital porque oferecem aos seus usuários ferramentas que facilitam e incentivam ainda mais a publicação e o compartilhamento de conteúdo. Essas plataformas são muito diversas entre si, mas possuem algumas características em comum que permitem seu agrupamento como objeto de estudo.

Como explica GILLESPIE, plataformas são aquelas aplicações que hospedam, organizam, moderam e circulam conteúdo compartilhado por usuários, visando o sucesso comercial, geralmente, mediante processamento de dados pessoais para a construção de espaço para empresas anunciantes (2018a, p. 21). Rede sociais, em particular, são as plataformas que, conforme explicam OBAR e WILDMAN: (i) inserem o consumidor como participante de interações sociais; (ii) têm conteúdo gerado por usuários como principal enfoque; (iii) permitem que seus usuários criem perfis individuais com informações pessoais acessíveis a outros usuários e (iv) facilitam o desenvolvimento de conexões sociais conectando de diversas formas os perfis de diferentes usuários (2015, p. 6-9).

Por terem como principal objetivo permitir que os usuários construam conexões sociais com outros grupos ou indivíduos, elas buscaram tornar o processo de publicação instantâneo e o de obtenção de audiência mais intuitivo, simples e, muitas vezes, automatizado (GILLESPIE, 2018a, p. 5). Elas são plataformas porque propagam a voz de seus usuários e são redes sociais porque mediam, promovem e geram interações sociais.

Redes como o Facebook prometem aos usuários o poder de encontrar novos amigos e grupos de pessoas com as mesmas ideias e interesses com facilidade[59]. Sites como o Youtube remuneram produtores de conteúdo que atraiam anunciantes[60] e recomendam vídeos por eles publicados para outros usuários com gostos e preferencias semelhantes[61]. O Twitter, outra grande rede, foi desenvolvido para que, em postagens curtas, cada um possa relatar seu dia a dia e comentar notícias e acontecimentos, seguindo outros usuários, replicando e interagindo com seus relatos. Em geral, essas plataformas mostram aos usuários o conteúdo que mais se relaciona com seus interesses, construindo comunidades

[59] "O Facebook cria tecnologias e serviços para que as pessoas possam se conectar umas às outras, criar comunidades e expandir seus negócios.". Disponível em: https://www.facebook.com/terms.php. Acesso em: 2 mar. 2022.

[60] "Os criadores de conteúdo do YouTube são indivíduos que produzem vídeos para a plataforma. Este é um modelo único que permite aos Criadores ganhar dinheiro diretamente em nossa plataforma de várias maneiras, inclusive por meio de publicidade localizada, venda de mercadorias e assinaturas." Disponível em: https://www.youtube.com/intl/ALL_br/howyoutubeworks/policies/monetization-policies/. Acesso em: 2 mar. 2022.

[61] "As recomendações ajudam a descobrir mais vídeos de assuntos que você gosta, seja uma receita nova para experimentar ou sua próxima música favorita. Compartilhamos recomendações tanto na página inicial do YouTube como na seção "Próximo" como uma sugestão do que assistir a seguir quando estiver vendo um vídeo. Estamos constantemente testando, aprendendo e nos ajustando para recomendar vídeos que são relevantes para você. Consideramos muitos indicadores, incluindo seu histórico de exibição e de pesquisa (se habilitado), bem como os canais em que você se inscreveu. Nós também consideramos o contexto, como seu país e a hora do dia. Por exemplo, com isso conseguimos mostrar notícias locais mais relevantes." Disponível em: https://www.youtube.com/howyoutubeworks/product-features/recommendations/. Acesso em: 2 mar. 2022.

globais em torno de pontos em comum, objetos de debate e acontecimentos relevantes.

De certa forma, as redes sociais se popularizaram por se oporem a um cenário anterior da internet, que, apesar da inovação tecnológica, apresentava maiores obstáculos: nos primeiros anos da internet comercial era mais difícil alcançar uma grande audiência, já que era necessário que o usuário detivesse certo conhecimento técnico para desenvolver um *website,* hospedá-lo e, a partir disso, atrair a atenção de um público que detinha muito pouco poder de interação com seu orador. Como aponta DIAS, mesmo o conteúdo publicado nos primeiros fóruns de discussão on-line dificilmente ultrapassava suas "fronteiras", já que esses espaços de nicho eram populados por usuários que já traziam de suas comunidades no mundo físico o interesse pelo tema discutido (2018, p. 216). As próprias plataformas de redes sociais, por outro lado, são construídas com a finalidade de conectar pessoas que não se conhecem, o que causa impactos significativos. Elas prometem estabelecer comunicação ordeira em um cenário de caos.

Ao facilitarem a construção de comunidades globais em torno de pontos em comum, as plataformas conectam seus usuários a "audiências invisíveis". BOYD ensina que o conteúdo publicado nas redes, em muitos casos, fica disponível ao longo do tempo para que outros usuários o acessem, repliquem e busquem. Isso viabiliza a comunicação assíncrona entre usuários, facilita a busca por interesses específicos e permite a replicação (2007, p. 126).

Por isso, as redes oferecem a qualquer usuário uma audiência que vai além daquela que ele quer atingir diretamente, tornando praticamente impossível determinar quem realmente entrará em contato com uma manifestação publicada em espaços conectados (já que ela é automaticamente recomendada para outros usuários). Isso significa que, ainda que alguns tenham atenção mais garantida que outros (por serem mais influentes em suas comunidades), o público potencial de qualquer publicação em rede social são todos os outros usuários dessa plataforma em qualquer momento (BOYD, 2007, p. 127). Em outras palavras, se presentes determinadas condições, qualquer publicação pode "viralizar", inclusive quando essa não é a intenção de seu autor.

Se, por um lado, isso torna perigosa a propagação de informações privadas ou confidenciais para uma audiência indesejada, por outro existe um claro benefício para o orador que quer ampliar seu alcance para todo tipo de público, o que torna as plataformas meios úteis tanto para direcionar conteúdo a indivíduos determinados (seguidores, fãs e outros tipos de admiradores) quanto para atingir uma audiência dispersa e desconhecida. Quando este trabalho foi escrito, muito por causa dessas utilidades, mais de 70% dos brasileiros que tinham acesso à internet possuíam perfis em redes sociais e os utilizavam para participar de comunidades digitais[62].

Essas ferramentas e suas capacidades, claro, não estão disponíveis apenas para aqueles cuja intenção é contribuir de forma positiva para o debate público ou para o entretenimento lícito de sua audiência. As características das redes sociais que as tornam espaços de comunicação tão interessantes podem atrair também aqueles que querem atingir negativamente a reputação de grupos vulneráveis. O ódio, a mentira e a violência psicológica encontram terra fértil nesse espaço, pois seus oradores podem alcançar maior audiência, maior popularidade e têm maior acesso a comunidades globais. Todos esses são fatores influentes no alcance e no impacto persuasivo dessas manifestações problemáticas, o que pode estimular e potencializar diversos tipos diferentes de discursos de ódio, dos mais intensos aos mais brandos.

Nesse cenário, um aspecto particularmente preocupante é a utilização dessas ferramentas por comunidades e organizações voltadas a promover a violência contra grupos vulneráveis, grupos esses que existiriam de forma muito mais fragmentada se não pudessem se comunicar internacionalmente em espaços de convivência digitais (COHEN-ALMAGOR, 2018, p. 6). DIAS, em etnografia sobre mais de 240 grupos neonazistas que utilizam a internet para se organizar, descreveu um assustador cenário de expansão da comunicação entre esses grupos que decorre do advento dos fóruns e das redes sociais, espaços de comunicação em que os membros e potenciais aliados são retroalimentados por uma troca

[62] Os dados são do relatório TIC Domicílios 2020, realizado pela Cetic.br, que revela que 83% dos domicílios brasileiros possuem alguma forma de acesso à internet, sendo que as atividades mais comuns realizadas pelos indivíduos são: oca de mensagens instantâneas (93%), as conversas e as chamadas de voz ou vídeo (80%) e o uso das redes sociais (72%). Cf. CETIC.BR. **TIC Domicílios 2020**. Disponível em: <https://cetic.br/media/docs/publicacoes/2/20211124201505/resumo_executivo_tic_domicilios_2020.pdf>. Acesso em: 15 mar. 2022.

constante de ideias radicais, discursos de ódio e outras narrativas paranoicas[63]. Nas palavras da antropóloga:

> (...) o neonazista bebe diretamente de narrativas sociais e políticas, marcadas definitivamente pela crença de que qualquer forma de cosmopolitismo, avanço social, direitos humanos ou direito social é uma prática contra o homem branco, heterossexual, de origem oligárquica e de poder ancestral. Nessa narrativa, ódios são condensados, maturados, levados a extremos, transmutados, manifestados, radicalizados, expressos por redes sociais. E, se explodem, não me surpreendem. A paranoia está lá, a amamentá-los, todos os dias, afirmando que seu mundo está tendo fim, e lembrando-os como era lindo o seu mundo branco. (2018, p. 185)
>
> Nos grupos neonazistas, as narrativas de pertencimento exigem uma legitimação fenotípica, excluindo ainda judeus, negros, gays, pessoas com deficiência, comunistas, feministas. Não há narrativa possível para que os grupos escolhidos como inimigos legitimem relações de pertencimento ou de relação cordial. Os inimigos devem ser eliminados, dominados, censurados, exterminados. O estado permanentemente é bélico, a pele é um uniforme, a raça clama à guerra racial. (2018, p. 243)

Esse aumento da presença de grupos racistas nas plataformas justificaria, por si só, a preocupação com seu uso abusivo. Porém, não é possível atribuir as milhões de publicações de ódio identificadas mensalmente apenas a essas organizações, que representam uma parcela muito restrita da totalidade de usuários[64]. BROWN sugere que, para além das características já mencionadas, o caráter instantâneo das comunicações digitais também pode ser fator decisivo na proliferação em larga escala

[63] Essa dinâmica de retroalimentação entre membros de um grupo isolados em razão da arquitetura das plataformas digitais foi chamada de "bolha de filtro" ou "*filter bubble*" por Eli PARISER (2012).

[64] Algumas plataformas tratam de publicações que contêm símbolos ou referências a grupos extremistas em uma categoria separada da dos discursos de ódio, sendo consideravelmente mais restritivas quando entram em contato com essas publicações. Cf., por exemplo, as regras do Twitter, que diferenciam sua política de combate à propagação de ódio (Disponível em: https://help.twitter.com/pt/rules-and-policies/hateful-conduct-policy) de sua política de combate às organizações violentas (Disponível em: https://help.twitter.com/pt/rules-and-policies/violent-groups). Acesso em 10.03.2021.

de discursos de ódio mais brandos. Do seu ponto de vista, a facilidade de publicação leva mais pessoas a manifestarem mensagens de ódio por impulso ou em momentos de forte emoção. Isso multiplica o número de manifestações de ódio nas redes e torna insultos, ameaças e o uso de palavras chulas contra grupos vulneráveis tão prevalentes quanto ou ainda mais comuns que discursos articulados, organizados ou de caráter argumentativo que teriam maior impacto persuasivo (2018, p. 304). Nota-se que, se por um lado isso pode tornar a grande massa dos discursos de ódio na Internet menos grave do ponto de vista individual, por outro a presença muito maior de discursos desse tipo no debate público pode contaminar a narrativa social e prejudicar da mesma forma a reputação de grupos vulneráveis.

O que se sugere é que as características que tornam a internet e as redes sociais meios de comunicação tão valiosos para o exercício da livre expressão democrática podem ser as mesmas que atraem os oradores do discurso de ódio e agravam os efeitos nocivos dessas manifestações. A comunicação nas plataformas é muitas vezes instantânea, permanente, replicável e, acima de tudo, de amplo alcance. As redes buscam ativamente simplificar a conexão entre um orador e uma audiência, o que resulta, também, na expansão da influência de grupos radicais até então distantes geograficamente e em mais publicações agressivas e emocionalmente carregadas. Tudo isso pode contribuir[65] para o cenário em que as plataformas de redes sociais se tornam o principal meio de propagação de discursos de ódio, tanto organizados como espontâneos.

1.2.2. As redes sociais como reguladoras do discurso de ódio

Dizer que as plataformas são um meio para o discurso de ódio não significa dizer que elas apenas transmitem, sem interferir, informações de um usuário para o outro. Muito pelo contrário. Apresentadas ao cenário

[65] Nota-se que, empiricamente, a validade dessas afirmações e seu grau de certeza ainda estão sendo verificados. Em trabalho coletivo, os professores Jonathan Haidt, da New York University, e Chris Bail, da Duke University, iniciaram, em 2021, a compilação de estudos que analisam empiricamente a capacidade das plataformas de redes sociais gerarem disfunções políticas e sociais. Em janeiro de 2023, o resultado ainda permanecia incerto. Cf. HAIDT, J.; BAIL, C. **Social Media and Political Dysfunction**. Disponível em: <https://docs.google.com/document/d/1vVAtMCQnz8WVxtSNQev_e1cGmY9rnY96ecYuAj6C548/edit>. Acesso em: 25 jan. 2023.

descrito acima, as empresas provedoras de serviços de internet se tornaram protagonistas na regulação dos discursos de ódio publicados em suas plataformas, seja por um senso de responsabilidade corporativa, seja como reação a pressões externas de agentes públicos, seja pelo interesse de tornar os espaços de comunicação mais rentáveis.

Um olhar mais profundo sobre os dados apresentados no mais recente Relatório de Transparência do Facebook[66] ilustra esse cenário. O **Gráfico 1,** a seguir, revela, que a rede social removeu por volta de 31,5 milhões de publicações identificadas como discurso de ódio entre abril e junho de 2021. O número ganha relevância quando comparado ao último trimestre de 2017, quando se iniciou a série histórica, em que foram removidas cerca de 1,6 milhão de publicações pelas mesmas razões, evidenciando um aumento considerável em pouco tempo.

GRÁFICO 1 – **Número de casos identificados como discursos de ódio e removidos pelo Facebook por trimestre**

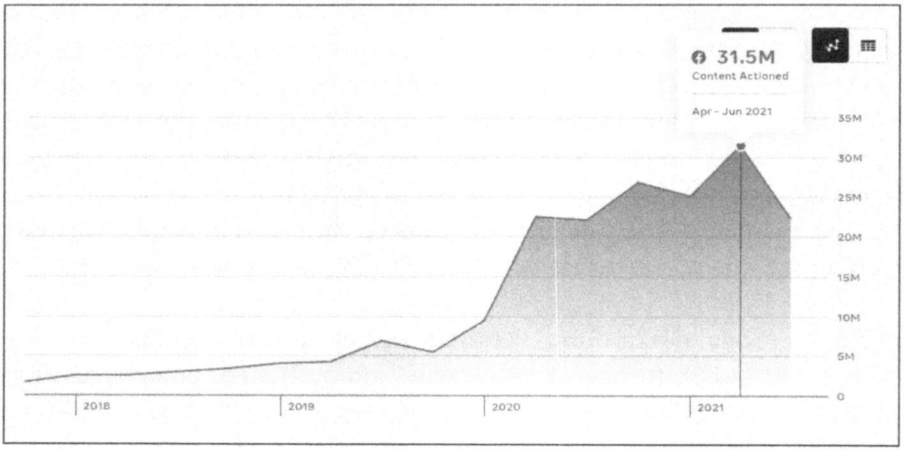

Fonte: Facebook Community Standards Enforcement Report – Hate Speech (https://transparency.facebook.com/community-standards-enforcement#hate-speech).

Mais interessante, porém, é que dessas 31,5 milhões de publicações removidas em 2021, 97,6% foram identificadas proativamente, ou seja,

[66] Cf. Community Standards Enforcement. Disponível em: https://transparency.facebook.com/community-standards-enforcement#hate-speech. Acesso em: 2 mar. 2022.

sem a necessidade de denúncia por usuários ou de demandas formais de autoridades públicas. Isso é revelado pelo **Gráfico 2**, também encontrado no relatório, que se refere à "taxa de proatividade" da plataforma.

GRÁFICO 2 – **Taxa de proatividade do Facebook nos casos identificados como discursos de ódio**

Fonte: Facebook Community Standards Enforcement Report – Hate Speech (https://transparency.facebook.com/community-standards-enforcement#hate-speech).

Observa-se que, em 2017, apenas 23,6% das publicações removidas foram identificadas de maneira proativa, o que descreve uma mudança de comportamento regulatório significativa. Essa tendência, que também é observável nos dados apresentados por outras das principais redes sociais[67], é parte de um novo contexto regulatório em que agentes privados tomam atitudes severas contra determinadas manifestações presentes no debate público sem a necessidade de ordens vindas de Estados, o que coloca em discussão alguns lugares comuns históricos da regulação da expressão.

Como já foi tratado no início deste capítulo[68], Estados são detentores, a princípio, do fundamento democrático e do poder de coerção necessários para a restrição legítima de direitos fundamentais como a liberdade

[67] Cf. Twitter Rules enforcement. Disponível em: https://transparency.twitter.com/en/twitter-rules-enforcement.html. Acesso em: 2 jul. 2020; e YouTube Community Guidelines enforcement – Hate Speech. Disponível em: https://transparencyreport.google.com/youtube-policy/featured-policies/hate-speech?hl=en. Acesso em: 2 mar. 2022.

[68] Cf. seção 1.1.

de expressão. Com esse poder eles determinam, através do processo legislativo e sob os limites das Constituições e dos tratados internacionais, os discursos que podem ou devem ser excluídos do debate público. Também interpretaram e efetivam essas normas por meio do processo judicial e administrativo, aplicando sanções (penais, administrativas ou cíveis) aos infratores ou aos meios de comunicação, buscando, entre outros fins, a prevenção de novas infrações e a contenção de danos (BALKIN, 2014, p. 2341), das mais diversas formas.

Hoje, porém, as empresas tomam decisões sobre o conteúdo que circula em suas plataformas (e, consequentemente, em seus servidores) não só de acordo com o que é determinado por autoridades públicas (buscando se adequar às diversas jurisdições em que atuam), mas também de acordo com regras de elaboração própria. Na prática, isso significa desde a remoção de postagens infratoras e banimento de usuários comuns, sem a necessidade de ordem judicial, até o conflito direto com governos como resultado do controle de conteúdo publicado por autoridades públicas[69].

Não se sugere, aqui, que o controle editorial e o *gatekeeping* nasceram com as plataformas digitais. Meios de comunicação tradicionais, como jornais, revistas, editoras e emissoras de rádio e televisão, têm como aspecto fundamental a tomada de decisões sobre que conteúdo (muitas vezes de elaboração própria) será publicado e que conteúdo será excluído. Contudo, o fato de que o controle exercido pelas plataformas influencia uma quantidade muito maior de usuários e impacta uma quantidade exorbitante de conteúdo de terceiros cria um cenário sem precedentes.

Essa atividade de regulação privada das plataformas, comumente chamada de "moderação de conteúdo", é fundamentada em relação contratual, baseada na vontade do usuário cuja comunicação será regulada. Ela compreende toda atividade exercida pelas plataformas que visa

[69] Dois exemplos nesse sentido são o caso do banimento do então Presidente dos EUA Donald Trump da plataforma Twitter (Disponível em: https://blog.twitter.com/en_us/topics/company/2020/suspension.html) e o caso da indicação, também pela plataforma Twitter, de que uma postagem do Ministério da Saúde teria conteúdo enganoso (Cf. Tuíte do Ministério da Saúde sobre covid-19 é marcado como enganoso. Disponível em: <https://www.poder360.com.br/coronavirus/tweet-do-ministerio-da-saude-sobre-covid-19-e-marcado-como-enganoso/>). Acesso em: 2 mar. 2022.

a adequação do conteúdo elaborado e publicado por seus usuários aos objetivos e regras definidos em seus regulamentos. Essas regras elaboradas pelas próprias empresas normalmente se materializam nos Termos de Uso, Padrões da Comunidade, ou documentos semelhantes que condicionam a utilização irrestrita do serviço pelo usuário à adequação de seu comportamento a determinado conjunto de regras. É nesses documentos que as plataformas determinam o que consideram manifestações nocivas (discursos de ódio, informações fraudulentas, assédio etc.), como fazem para identificá-las (denúncias de usuários, equipes ou algoritmos de monitoramento) e o que irão fazer quando as identificarem (limitar ou impedir sua circulação, restringir ou suspender o acesso do usuário infrator etc.).

O Twitter, por exemplo, afirma em suas Regras e Políticas[70] que proíbe condutas de propagação de ódio, sob o fundamento de que elas prejudicam a capacidade de expressão de determinados grupos que sofrem assédio de maneira desproporcional, mais grave e de maior impacto. Para a plataforma, são condutas de propagação de ódio aquelas que:

> [...] promovem violência, atacam diretamente ou ameaçam outras pessoas com base em raça, etnia, nacionalidade, orientação sexual, sexo, identidade de gênero, religião, idade, deficiência ou doença grave. Também não permitimos contas cuja finalidade principal seja incitar lesões a outros com base nessas categorias.

Do ponto de vista das sanções, o Twitter descreve, também, que contra infrações a essa regra poderá tomar diversas "medidas corretivas"[71], como, entre diversas outras:

> Restrição à visibilidade do Tweet: o conteúdo fica menos visível no Twitter, nos resultados de busca, nas respostas e nas timelines. A restrição à visibilidade de um Tweet depende de várias indicações relacionadas à natureza da interação e à qualidade do conteúdo.

[70] Cf. Twitter – Hateful conduct policy. Disponível em: <https://help.twitter.com/en/rules-and-policies/hateful-conduct-policy>. Acesso em: 10 mar. 2022.

[71] Cf. Nossas opções de medidas corretivas. Disponível em: <https://help.twitter.com/pt/rules-and-policies/enforcement-options>. Acesso em: 12 mar. 2022.

> Suspensão permanente: esta é a medida corretiva mais rigorosa do Twitter. Quando uma conta é suspensa permanentemente, ela é removida da visualização em nível global, e o infrator não tem mais permissão para criar novas contas. Ao suspendermos uma conta permanentemente, notificamos as pessoas de que elas foram suspensas devido a violações por abuso e explicamos qual política ou políticas foram violadas e qual conteúdo causou a violação.

A existência e a efetivação desses regulamentos privados é, hoje, um dado da realidade com consequências sérias para o exercício da liberdade de expressão. Seu surgimento levanta questões que precisam ser respondidas para que seu desenvolvimento seja compreendido e orientado adequadamente: por que, frente à multiplicação dos discursos nocivos a direitos fundamentais em espaços que se tornaram essenciais para o debate público e democrático, a função de regular discursos de ódio passou a ser exercida tão predominantemente por agentes privados, e não por autoridades públicas? O que levou as plataformas a criarem e efetivarem regulamentos que limitam a liberdade de expressão de seus usuários e, consequentemente, o debate público de ideias? Duas razões merecem ser destacadas.

1.2.2.1. Pressões econômicas

Em 2017, logo após as passeatas extremistas na cidade norte-americana de Charlottesville[72], organizadas predominantemente pela internet, diversos provedores de aplicações cederam às demandas de usuários e da imprensa e atualizaram seus regulamentos ou agiram pontualmente contra conteúdo associado a movimentos extremistas[73].

[72] Cf. FAUSSET, R.; FEUER, A. Far-Right Groups Surge Into National View in Charlottesville. The New York Times, 13 ago. 2017. Disponível em: https://www.nytimes.com/2017/08/13/us/far-right-groups-blaze-into-national-view-in-charlottesville.html. Acesso em: 3 mar. 2022.

[73] Os exemplos são vários, incluindo a promessa de exclusão de motoristas racistas feita pelo aplicativo de caronas Uber (Cf. https://www.theverge.com/2017/8/17/16164594/uber-charlottesville-white-supremacists-ban-statement. Acesso em 5 jul. 2020), o banimento do organizador de movimentos supremacistas Chris Cantwell pelo site de relacionamentos OkCupid (Cf. https://nymag.com/intelligencer/2017/08/okcupid-bans-white-supremacist-chris-cantwell.html?utm_campaign=select-all&utm_source=fb&utm_medium=sl,

Em junho de 2020, diversas empresas parceiras do Facebook ameaçaram deixar de utilizar as ferramentas de propaganda da plataforma, responsáveis pela maior parte de seus ganhos[74]. O retorno à normalidade estaria condicionado à adoção de uma postura mais proativa no combate ao discurso de ódio, já que as parceiras, importantes para o sucesso financeiro da plataforma, não queriam suas marcas associadas a esse tipo de manifestação[75]. Em ambos os casos os intermediários optaram por agir de forma mais rígida e proativa[76] sem envolvimento direto de autoridades públicas.

Em 27 de outubro de 2022, o Twitter foi adquirido pelo fundador da Tesla, Elon Musk, que argumentava publicamente por uma moderação de conteúdo menos ativa e rigorosa. Os meses seguintes à aquisição foram marcados pela debandada de mais de metade dos principais anunciantes da plataforma em protesto ao posicionamento do novo CEO, resultando em uma queda considerável da receita da plataforma[77].

Esses casos são exemplos de que, principalmente após a ocorrência de casos de grande repercussão, é comum que as plataformas sofram pressões de diversos ângulos da sociedade civil, da imprensa e de parceiros de negócios para agir de forma mais proativa[78]. Elas respondem

Acesso em 5 jul. 2020), e até a remoção de diversas bandas e músicas apontadas como discriminatórias pela plataforma de streaming Spotify (Cf. https://www.billboard.com/articles/business/7905175/spotify-removes-hate-band-music-streaming Acesso em: 5 mar. 2022).

[74] Em 2020, cerca de 98% da receita global do Facebook veio da publicidade de outras empresas. Cf. https://www.statista.com/statistics/271258/facebooks-advertising-revenue-worldwide/ Acesso em 11 mar. 2022.

[75] Cf. HSU, T.; ISAAC, M. Advertiser Exodus Snowballs as Facebook Struggles to Ease Concerns. The New York Times, 30 jun. 2020. Disponível em: https://www.nytimes.com/2020/06/30/technology/facebook-advertising-boycott.html. Acesso em: 2 mar. 2022.

[76] Cf. Facebook policy changes fail to quell advertiser revolt as Coca-Cola pulls ads. Disponível em: <http://www.theguardian.com/technology/2020/jun/26/facebook-policies-hate-speech-advertisers-unilever>. Acesso em: 6 mar. 2022.

[77] PINTADO, A. P. Half of Twitter's top advertisers have left the platform since Elon Musk's takeover, report says. USA TODAY, 28 nov. 2022. Disponível em: <https://www.usatoday.com/story/tech/2022/11/28/twitter-loses-advertisers-after-elon-musk/10790189002/>. Acesso em: 25 jan. 2023.

[78] Outros exemplos, de menor escala: Gordofobia: Instagram muda regras sobre exibição de seios após protesto. Extra. 26 jan. 2022. Disponível em: https://extra.globo.com/noticias/gordofobia-instagram-mudaregras-sobre-exibicao-de-seios-apos-protesto-24713044.

a essas pressões enrijecendo seus regulamentos e atuando contra conteúdo nocivo tentando evitar a perda de sua base de usuários e anunciantes, fonte da maior parte de sua receita. Quando não respondem de acordo, o resultado costuma tomar a forma de um grande prejuízo econômico.

Nesse sentido, KLONICK argumenta que as plataformas criam regras e sistemas para controlar conteúdo não só por um ideal de responsabilidade corporativa, mas também porque sua viabilidade econômica depende da compatibilização dos espaços de comunicação com as normas seguidas pela comunidade de usuários (2017, p. 28). Seu modelo de negócio, que permite o uso de grande parte de seus serviços por usuários de forma gratuita, só é viável por causa de sua remuneração por publicidade, o que depende de certa anuência dos anunciantes às políticas da plataforma.

Nota-se, contudo, que esses incentivos de cunho concorrencial também podem levar a efeitos contrários, como o surgimento de modelos de negócio que se propõem a ser mais tolerantes com conteúdo que é rejeitado por outras plataformas. Redes sociais como Gab, Parler e Rumble, entre outras, se propagandeiam como alternativas em que o usuário pode expressar livremente suas convicções sem medo de sofrer consequências[79]. Essas redes cresceram após o ex-presidente dos EUA, Donald Trump, e diversos de seus apoiadores, terem suas contas bloqueadas por redes sociais como Twitter e Facebook, o que revela que a definição de regras de moderação de conteúdo menos restritivas também é um diferencial concorrencial, mesmo que com sucesso questionável[80]. Evidentemente, essa liberdade inconsequente prometida esbarra

html. Acesso em: 11 maio 2021; Após acusações de racismo, Twitter promete atualizar algoritmo de corte de imagens. Gizmodo Brasil. 2 out. 2020. Disponível em: https://gizmodo.uol.com.br/twitter-atualizaralgoritmo-corte-imagens-racismo/. Acesso em: 12 mar. 2022

[79] Respectivamente: https://gab.com/; https://parler.com/main.php; e https://rumble.com/; Acessos em 17 mar. 2022.

[80] Cf. por exemplo, Trump busca rede social alternativa ao Twitter após ser banido. Disponível em: <https://tecnoblog.net/400672/trump-busca-rede-social-alternativa-ao-twitter-apos-ser-banido/>. Acesso em: 17 mar. 2022.

em outros interesses regulatórios e nem sempre resulta em sucesso comercial[81].

1.2.2.2. Pressões de Estados

No dia 10 de abril de 2018, Mark Zuckerberg, criador do Facebook, foi convocado a testemunhar perante o Senado dos Estados Unidos a respeito de temas como a proteção dos dados de seus usuários, a influência de sua plataforma nas eleições americanas e as políticas da plataforma para controle de conteúdo questionável[82]. Em determinado momento, Zuckerberg foi questionado pelo Senador Republicano Ben Sasse, do estado de Nebraska, a respeito desse terceiro tema[83]. Mais especificamente, o Senador indagou se o desenvolvedor seria capaz de traçar os limites conceituais da expressão "discurso de ódio", já naquela época utilizada pela empresa como critério para a remoção de conteúdo.

Ben Sasse se preocupava principalmente com o fato de que, naquela mesma audiência, diversos de seus colegas do Senado pressionaram Zuckerberg para que sua plataforma agisse proativamente monitorando e removendo conteúdo problemático publicado por seus usuários, o que poderia resultar em limitações à expressão não permitidas pela Constituição americana, principalmente em casos que envolviam indeterminação conceitual. A pressão por maior proatividade vinda dos senadores foi diversas vezes acompanhada, inclusive, de propostas de regulação

[81] Pela associação de seus usuários com a invasão do Capitólio americano em janeiro de 2021, a rede Parler foi rejeitada por seu provedor de hospedagem, a Amazon, e ficou fora do ar até encontrar um novo provedor. Cf. Right-wing app Parler booted off internet over ties to siege. Disponível em: <http://kamloopsmatters.com/national-business/right-wing-app-parler-booted-off-internet-over-ties-to-siege-3249779>. Acesso em: 17 mar. 2022.

[82] Para mais detalhes a respeito dos principais motivos que levaram Zuckerberg a ser convocado a testemunhar ao Senado Americano, cf. NEWTON, C. Mark Zuckerberg is heading to Congress, and the stakes couldn't be higher. Disponível em: https://www.theverge.com/2018/4/9/17208080/mark-zuckerberg-facebook-congress-hearings-cambridge-analytica. Acesso em: 13 mar. 2022.

[83] O diálogo em questão está disponível tanto em forma de vídeo, (Disponível em: <https://www.youtube.com/watch?v=JPQEIKqt93k≥ Acesso: em 13 ago. 2021), quanto em forma de texto, conforme transcrição realizada pelo jornal The Washington Post (Disponível em: <https://www.washingtonpost.com/news/the-switch/wp/2018/04/10/transcript-of-mark-zuckerbergs-senate-hearing/?utm_term=.a273333429c0≥ . Acesso em: 13 mar. 2022).

mais rígida das plataformas de redes sociais cuja autorregulação não fosse considerada suficiente.

Zuckerberg revelou sua insegurança sobre o tema ao apontar que sua empresa tinha, naquele momento, dificuldades em responder à questão, tendo em vista seus contornos controversos. Alguns dias depois, porém, a plataforma tornou públicas pela primeira vez suas Políticas da Comunidade e, nelas, sua definição de discurso de ódio[84]. Já nos meses seguintes, passou a utilizar sistemas autônomos de monitoramento de conteúdo que aumentaram exponencialmente o número de publicações removidas proativamente pela plataforma.

As forças do mercado não são suficientes para explicar todo o processo de transformação dos intermediários em agentes reguladores do discurso de ódio. Parte considerável dessas mudanças resultou também da relação entre as plataformas e os Estados, que foi construída ao redor de uma série de obstáculos que dificultam a aplicação de estratégias tradicionais de regulação de discursos de ódio às manifestações em redes sociais. Como as autoridades públicas não conseguem superar esses obstáculos sozinhas, elas passam a utilizar as plataformas como colaboradoras ou a incentivar sua atividade proativa contra conteúdo ilícito.

Os principais desses obstáculos, de forma bastante simplificada[85], são (i) o uso de pseudônimos por usuários, que adotam nomes e até aparências falsas, o que dificulta sua identificação e localização *prima facie*; (ii) o caráter internacional das comunicações em redes sociais, que pode colocar um infrator fora da jurisdição de um Estado ou contrapor diferentes jurisdições que regulam de forma conflitante uma mesma manifestação; e (iii) a quantidade massiva de usuários e de conteúdo ilícito que circulam simultaneamente pelos servidores dessas plataformas, que pode inviabilizar o tratamento cauteloso de todos os casos relevantes.

Se antes do surgimento dos meios de comunicação digitais as principais ferramentas dos Estados para regular discursos nocivos eram as san-

[84] Cf. Publishing Our Internal Enforcement Guidelines and Expanding Our Appeals Process. About Facebook, 24 abr. 2018. Disponível em: <https://about.fb.com/news/2018/04/comprehensive-community-standards/>. Acesso em: 15 mar. 2022.

[85] Esses desafios serão analisados com maior cuidado no capítulo 2, em especial quanto à sua relação com a eficácia preventiva da repressão penal do discurso de ódio. Sobre algumas dessas dificuldades, antecipadamente, cf. (GAGLIARDONE et al., 2015, p. 13-15) e (SUZOR, 2018, p. 53).

ções cíveis, penais ou administrativas a oradores específicos e identificáveis[86] (em busca de um efeito dissuasório ou da reparação dos danos), os obstáculos descritos limitaram a aplicação dessas ferramentas. O Estado não pode punir ou executar o dever de indenizar de um indivíduo sem que ele seja adequadamente identificado e localizado em sua jurisdição e, mesmo nos casos em que essas informações são obtiveis *prima facie*, a quantidade de manifestações nocivas pode ser grande demais para que cada caso seja adequadamente investigado e julgado de acordo com o devido processo legal.

Diferentemente das autoridades públicas, porém, as redes sociais detêm tanto algumas informações necessárias para se identificar e localizar um infrator quanto o poder de controlar diretamente o fluxo de conteúdo nocivo. Em seus servidores, por exemplo, estão armazenados registros das atividades dos usuários, incluindo dados como o endereço IP[87], que identifica sua conexão independentemente de um véu de pseudonimato[88]. Munido desse dado, um segundo intermediário, provedor

[86] BALKIN chama essas práticas tradicionais de "regulação *old school*" da liberdade de expressão", em oposição as modalidades "*new school*", contemporâneas, que envolvem a ação de intermediários (2014, p. 2340).

[87] A principal tecnologia que transmite dados entre as extremidades da internet é denominada protocolo TCP/IP (*Transmission Control Protocol/Internet Protocol* ou Protocolo de controle de Transmissão/Protocolo de Internet). Esse protocolo é responsável por dividir os dados que serão transmitidos em "pacotes" que, quando chegam ao seu destino, são reagrupados para formar o conteúdo original. A cada pacote de dados que será enviado é adicionado o endereço IP do remetente e do destinatário, um código numérico que identifica determinado computador conectado à Internet em um determinado momento. Sempre que um usuário se conecta à Internet, seu computador recebe de seu provedor de acesso um endereço IP que permite que pacotes de dado encontrem seu destino (LEONARDI, 2012, p. 13).

[88] Pode-se argumentar que essas medidas não garantem eficácia, visto que um infrator pode utilizar ferramentas tecnológicas para ocultar o endereço IP que identifica sua conexão, como redes virtuais privadas ("VPNs"). Justamente pela expertise necessária para o uso dessas ferramentas, porém, essas situações são raras se comparadas ao total de manifestações nocivas, principalmente em redes sociais populares. Quando utiliza um VPN, "o computador do usuário se conecta normalmente à Internet por meio de um provedor de acesso local e, posteriormente, conecta-se a um servidor *proxy* que pode estar localizado em qualquer parte do mundo. Com isso, o computador do usuário passa a utilizar o endereço IP desse servidor *proxy*, e não o endereço IP de sua conexão local." (LEONARDI, 2012, p. 195).

de conexão, pode associá-lo a um usuário contratante e, assim, tornar possível sua identificação e localização no mundo físico. Registros como esse se tornam não só convenientes, mas essenciais no contexto de uma investigação de ilícitos cometidos por meio das plataformas.

Ocorre que, por controlarem o meio em que a informação circula, as redes também podem tomar atitudes que independem da identificação e localização do usuário que infringe seus regulamentos. Se são as empresas que desenvolvem suas plataformas para transmitirem conteúdo entre usuários de forma fácil e automatizada, elas também podem agir no sentido inverso, limitando a proliferação de certas manifestações.

Elas têm o poder de tirar de circulação determinada publicação considerada perigosa, de restringir sua capacidade de multiplicação e de impedir que um usuário infrator acesse a plataforma de forma temporária ou permanente. Também são capazes de impedir que certos conteúdos sejam sequer publicados, o que fazem a partir do uso de filtros e de sistemas de detecção automática que, apesar da precisão questionável[89], substituem em muitos casos a presença de pessoas na cadeia de identificação, avaliação e sanção dos discursos de ódio[90]. Também podem agir de forma menos restritiva à liberdade de expressão, alertando outros usuários quanto ao caráter sensível ou nocivo de determinado conteúdo ou promovendo contradiscurso direcionado aos usuários que tiveram contato com um conteúdo problemático[91]. São medidas que só são

[89] O tema do uso de algoritmos de detecção será retomado, com maior profundidade, na seção 3.1.3 deste trabalho.

[90] O Facebook implementou gradualmente sistemas de detecção automática de conteúdo entre o início de 2018 e a metade de 2019, visando o controle de texto e imagens publicados por seus usuários. A correlação entre essa implementação e o aumento expressivo de conteúdo sancionado é visível no **Gráfico 1,** acima. Cf. Relatório de Aplicação dos Padrões da Comunidade, edição de novembro de 2019. Sobre o Facebook, 13 nov. 2019. Disponível em: <https://about.fb.com/br/news/2019/11/relatorio-de-aplicacao-dos-padroes-da-comunidade-edicao-de-novembro-de-2019/>. Acesso em: 20 mar. 2022.

[91] Essa prática já é comum quando as plataformas tratam de desinformação, mas ainda não foi aplicada aos discursos de ódio. A título de exemplo: em sua política sobre Notícias Falsas, o Facebook alega que não remove esse tipo de conteúdo nocivo por existir uma linha muito tênue entre notícias falsas e sátiras ou opiniões. Contudo, a plataforma afirma que reduz significativamente a distribuição desse tipo de conteúdo e que, a partir de parcerias com verificadores de fatos independentes, busca apresentar fontes seguras de informação

possíveis porque o discurso de ódio passou a circular por infraestruturas cuja arquitetura é controlada e moldável pelos intermediários de internet.

Diferentemente das sanções Estatais, essas medidas afetam de forma célere o alcance e o impacto persuasivo de discursos de ódio, independem da identificação e da localização de um usuário e produzem efeitos internacionalmente. Por serem aplicadas diretamente nos dados que circulam na plataforma, sua eficácia independe da vontade do usuário afetado de fazer valer a decisão do regulador: se a plataforma decide remover ou interferir na circulação de um conteúdo, o usuário não é capaz de impedir a execução dessa decisão[92].

Assim, por suas capacidades técnicas, as redes sociais assumiram uma posição estratégica para fazer valer os objetivos das legislações nacionais apesar dos obstáculos que foram descritos, o que as tornou relevantes também para as autoridades públicas. Visando o uso dessa posição estratégica, governos passaram a exercer pressão sobre as plataformas, por meio da regulação da atividade dessas empresas (que pode estabelecer obrigações de colaboração ou até hipóteses de responsabilização por conteúdo publicado por usuários)[93],

aos usuários que entraram em contato com ele, oferecendo a esses usuários mais contexto e recursos educativos. Cf. Padrões da Comunidade – Facebook: Notícias Falsas. Disponível em: <https://www.facebook.com/communitystandards/false_news>. Acesso em: 31 mar. 2022.

[92] O trabalho de LESSIG é particularmente conhecido por dar nome a esse tipo de regulação, tratando-a como "regulação por arquitetura". De acordo com o autor, "o código é o Direito" nesses casos, na medida em que características técnicas das plataformas podem ser moldadas de forma a impedir ou incentivar a prática de certos comportamentos (LESSIG, 2006).

[93] O principal exemplo de regulação das redes sociais em âmbito nacional para combate ao discurso de ódio é a NetzDG, legislação alemã que impõe obrigações de remoção de conteúdo criminoso pelas redes sociais em prazos específicos, assim como obrigações de envio de dados de infratores para autoridades investigativas. Ela será retomada no capítulo 3 deste trabalho. Para uma análise aprofundada, desde já, cf. (ECHIKSON; KNODT, 2018; OLIVA; ANTONIALLI, 2018).

da construção de acordos voluntários de colaboração[94] ou da ameaça de regulação mais rígida[95].

Estados regulam, colaboram com ou cooptam plataformas com o objetivo de adequar a atividade regulatória privada às finalidades dos ordenamentos jurídicos nacionais, principalmente estimulando a detecção e remoção de manifestações consideradas ilícitas por esses ordenamentos. Além disso, como revela o diálogo entre Zuckerberg e Ben Sasse, existem pressões também no sentido contrário, que buscam evitar que as plataformas exerçam controle excessivo sobre o debate público, superando inclusive as limitações impostas aos Estados por algumas Constituições.

É importante adiantar[96], nesse sentido, que a promessa de eficácia que acompanha essas interações inovadoras entre agentes públicos e privados divide espaço com preocupações que, hoje, pautam boa parte do debate teórico sobre a regulação da liberdade de expressão nas redes sociais. KREIMER aponta especialmente para o risco de Estados usarem o poder das plataformas para restringirem a liberdade de expressão dos cidadãos para além do que suas Constituições permitem, fenômeno que denomina *"censorship by proxy"* ou "censura por procuração", em tradução livre (2006, p. 68). Trazendo empirismo à preocupação do autor, CITRON descreve como a pressão exercida pelos Estados europeus faz

[94] Em maio de 2016, a Comissão Europeia anunciou um acordo firmado com as principais empresas de redes sociais chamado "Código de Conduta sobre o Combate ao Discurso de Ódio Ilegal Online" (*Code of Conduct on Countering Illegal Hate Speech Online*), que definia discursos de ódio como aqueles que incitam violência ou ódio contra grupos protegidos. O acordo determinava que as plataformas deveriam avaliar denúncias e remover conteúdo que violasse seus regulamentos em até 24 horas. Cf. European Commission and IT Companies Announce Code of Conduct on Illegal Online Hate Speech, 31 mai. 2016, disponível em: http://europa.eu/rapid/press-release_IP-16-1937_en.htm. Acesso em: 02 mar. 2022.

[95] Como explica CITRON, diversas plataformas intensificaram sua atuação contra os discursos de ódio e outras formas de manifestação nociva por causa da ameaça constante de regulação mais onerosa advinda principalmente da União Europeia. Se por um lado os legisladores europeus alegam que grande parte dos avanços na cooperação entre Estados e plataformas se deu de forma voluntária, a autora defende que a maioria dessas modificações resultou de uma forma de coerção, pautada na ameaça de responsabilização das plataformas pelo conteúdo publicado por seus usuários (2018, p. 1046).

[96] Uma discussão aprofundada sobre a regulação privada será retomada no capítulo 3 deste trabalho.

com que a expressão de cidadãos dos Estados Unidos seja restrita por intermediários de forma incompatível com a Constituição Americana, historicamente mais permissiva (2018, p. 1070). Para esses autores, se por um lado empresas privadas teriam, a princípio, a liberdade de definir contratualmente os limites da expressão em seus espaços de comunicação, por outro lado a cooptação desse controle por Estados poderia ser uma forma de extrapolar limites constitucionais.

Em outra direção, mas ainda sobre os perigos dessas interações, FROSIO aponta que a tendência de privatização da atividade regulatória tradicionalmente exercida por Estados, apesar de pautada num ideal de eficácia, tem custos consideráveis quando o Estado pressiona os intermediários de forma pouco cuidadosa. Primeiro, porque a promoção de tutela privada mais rígida da expressão pode ocorrer sem a adoção de critérios adequadamente definidos ou até sem supervisão dos Estados, o que pode incentivar intermediários a policiarem excessivamente conteúdo que não é necessariamente ilegal para evitar responsabilização. Segundo, porque a regulação exercida por intermediários pode ocorrer de maneira muito menos transparente que aquela por Estados, que deve ser pública e respeitar o devido processo legal. Existe o perigo de que a eficácia da regulação tecnológica seja priorizada frente às garantias fundamentais dos regulados (2021, p. 29).

O que se percebe é que, para o bem ou para o mal, as plataformas moldam seus regulamentos e suas práticas sob pressão não só econômica, mas também de Estados, que visam a obtenção de informações necessárias para investigações e buscam determinar como será aplicado o controle proativo da circulação de conteúdo, fugindo da necessidade de demandas e procedimentos judiciais caso-a-caso. Na prática, elas se tornam instrumentos que tentam mediar, também, os objetivos dos Estados, atingindo, dessa forma, o comportamento dos usuários de forma indireta.

1.2.3. O triângulo da regulação da expressão na era digital

Em conveniente síntese do contexto que foi descrito nesta seção, BALKIN descreve o resultado da ascensão dos intermediários reguladores da seguinte forma: no século 21, a regulação da liberdade de expressão não pode mais ser entendida como uma relação entre apenas dois polos, cidadãos e Estados. As novas práticas de regulação da expressão transformaram esse modelo em um triângulo que deve incluir necessariamente os intermediários de internet nessa relação, conforme modelo abaixo (2018, p. 2014).

FIGURA 2 – **Triângulo da liberdade de expressão proposto por BALKIN**

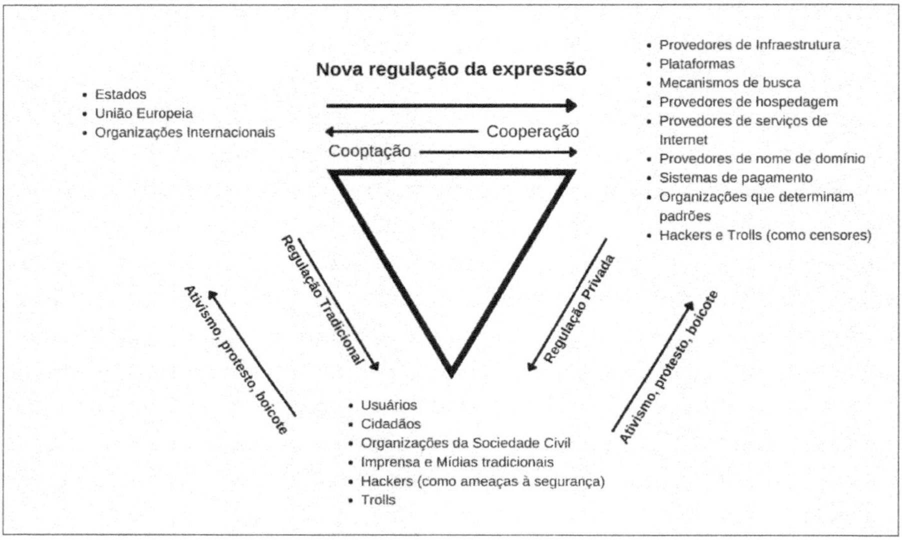

Fonte: tradução livre do infográfico original em (BALKIN, 2018, p. 2014)

O modelo do autor aponta que os Estados (sozinhos ou unidos em organizações internacionais como a União Europeia) continuam regulando o comportamento dos cidadãos em sua jurisdição por meio da aplicação de sanções pessoais, mas que, ao mesmo tempo, eles pressionam intermediários, cooptando-os para que (i) forneçam as informações necessárias para viabilizar a aplicação de sanções e (ii) adequem suas práticas de regulação privada aos fins dos ordenamentos jurídicos nacionais e internacionais (BALKIN, 2018, p. 2015).

No segundo vértice do triângulo, os intermediários (redes sociais, provedores de conexão, mecanismos de busca, sistemas de pagamento etc.) regulam o comportamento dos usuários a partir de seus regulamentos privados e/ou de seu controle técnico sobre o fluxo de informação. Essa regulação é moldada tanto por pressões econômicas quanto por pressões advindas de Estados, o que demonstra que, apesar de privada, ela é permeável a diversos tipos de incentivos. Por essa razão, os intermediários cooperam com a regulação da expressão, voluntariamente ou não, e tentam compatibilização seus regulamentos internos com os fins de ordenamentos jurídicos nacionais ou internacionais (BALKIN, 2018, p. 2015).

Os cidadãos, por fim, têm sua expressão regulada pelos Estados, que aplicam sanções (regulação direta) e cooptam os intermediários para que regulem o comportamento de usuários (regulação indireta). Também têm sua expressão regulada diretamente por intermediários, que têm objetivos econômicos próprios.

A esses cidadãos resta, quando possível, exercer alguma forma de controle desses agentes regulatórios, individualmente ou de forma organizada. Podem se associar para questioná-los na forma de organizações não governamentais, podem exercer seu poder de escolha (pelo voto no caso dos Estados, pelo boicote no caso dos intermediários, quando viável), podem acionar mecanismos de resolução de conflitos (como o Judiciário) e podem também acionar a imprensa para atrair atenção para casos difíceis ou abusos (BALKIN, 2018, p. 2015). O sucesso do ativismo dos regulados dependerá, de sua capacidade de diminuir a assimetria de poder inerente à relação e da existência de mecanismos de controle e transparência.

Do ponto de vista da regulação dos discursos de ódio, o contexto sintetizado pelo modelo BALKIN tem implicações sérias. Como foi argumentado anteriormente, não há medida regulatória capaz de prevenir todos os tipos de discursos de ódio ou a proliferação de seus efeitos nocivos, de forma que a escolha pela medida correta entre as diversas disponíveis depende de sua eficácia em contextos específicos. Assim, se hoje a grande maioria dos discursos de ódio circula na infraestrutura digital dos intermediários reguladores, gerando efeitos nocivos também no mundo físico, então uma estratégia eficaz de prevenção deve identificar como fazer o melhor uso de seu poder de regulação.

Também se conclui que a migração dos discursos de ódio para as redes não apenas afetou seu alcance e impacto persuasivo, ampliando seu potencial de atingir a reputação de grupos vulneráveis, como também modificou consideravelmente a gama de respostas regulatórias disponíveis e de agentes capazes de colocar essas respostas em prática. Nesse sentido, essa migração mudou consideravelmente o debate sobre quais são os instrumentos adequados para atingir de forma legítima os fins de prevenção dos discursos de ódio e dos efeitos nocivos de sua difusão.

Assim, medidas tradicionais de combate aos discursos de ódio (como sanções pessoais contra oradores e a regulação das mídias analógicas) perderam força frente aos obstáculos trazidos pela massificação das manifestações nocivas on-line, tornando essencial a cooperação ou cooptação de intermediários de internet para sua manutenção. Sua adequação, portanto, deve ser reexaminada nesse novo cenário. Por outro lado, o controle direto do fluxo de informação pelos agentes privados que controlam as mídias digitais surgiu como uma alternativa a essas medidas tradicionais que promete eficácia nesse novo contexto específico, mas que levanta diversas preocupações que ainda precisam ser enfrentadas para que se possa sugerir que o fomento a essa nova regulação da liberdade de expressão deve, de fato, prevalecer sobre as ferramentas tradicionais de prevenção dos discursos de ódio.

2. COMBATENDO O DISCURSO DE ÓDIO COM A REPRESSÃO PENAL

Como ocorre no caso da regulação dos discursos de ódio, a sociedade dispõe de diversos instrumentos quando busca prevenir a ocorrência de condutas indesejadas em geral. SILVA SÁNCHEZ afirma, nesse sentido, que ela pode coibir uma conduta de forma fática, tentando impedi-la por via de fato (caso da filtragem de conteúdo por plataformas de redes sociais, por exemplo), ou por meio de normas que preveem sanções positivas e negativas (2004, p. 25).

À primeira vista, a prevenção fática parece ser mais interessante, mas sua aplicação em grande escala representa custos enormes tanto do ponto de vista econômico quanto do ponto de vista da preservação de liberdades individuais, principalmente quando é implementada pelo Estado. Isso porque, para impedir a ocorrência de toda e qualquer conduta danosa, seria necessária uma estrutura global de vigilância e policiamento ostensivo. A prevenção por meio de normas, por outro lado, regula o comportamento geral de forma muito menos custosa, mas seu sucesso é menos garantido. Nesse caso, o legislador torna publicas regras de comportamento, criando incentivos favoráveis a prática de certas condutas e desfavoráveis a prática de outras, buscando assim interferir na tomada de decisão de seus destinatários (2004, p. 26).

Dentre as medidas de prevenção por meio de normas, a norma que tem uma sanção penal como consequência de sua violação é apenas um dos instrumentos disponíveis à sociedade, atuando por meio da dissuasão, da neutralização ou da reafirmação de valores e normas sociais. Por seus grandes custos aos direitos individuais, é geralmente aceito por estudiosos do tema que a pena é um mal necessário, mas indesejado, de uso restrito, limitado apenas às condutas que violam de forma mais grave valores sociais essenciais e apenas quando outros meios não são capazes de atingir o mesmo fim (ROXIN, 2004, p. 32).

Seria plausível supor que, por isso, a repressão penal teria um papel menos relevante em estratégias de combate a discursos de ódio, pelo menos no contexto contemporâneo. Dado que a aplicação de sanções se tornou mais difícil e que surgiram outras medidas preventivas de caráter fático, potencialmente mais eficazes, seria razoável esperar que a repressão penal assumisse um papel secundário, principalmente considerando seus custos sociais. Pelo menos no caso brasileiro, porém, essa expectativa não se concretiza. O Direito Penal continua sendo instrumento de destaque na estratégia de combate aos discursos de ódio pelo Brasil, mesmo após o início de sua proliferação nas redes sociais.

Curiosamente, isso é verdade mesmo que não haja qualquer norma que proíba explicitamente ou mencione a expressão "discurso de ódio", o que se dá, muito provavelmente, pela disputa constante que circunda seu significado e pela amplitude da definição. O que há é uma legislação esparsa, um arcabouço constitucional e infraconstitucional voltado ao combate a algumas modalidades de discurso de ódio, identificadas por outros termos e conceitos, que permanece em expansão.

No âmbito constitucional estão assentados os fundamentos da repressão penal do discurso de ódio no Brasil. A Constituição Federal de 1988 (CF88) estabeleceu em seu artigo 5º, *caput* e incisos XLI e XLII, respectivamente, que "Todos são iguais perante a lei, sem distinção de qualquer natureza, garantindo-se aos brasileiros e aos estrangeiros residentes no País a inviolabilidade do direito à vida, à liberdade, à igualdade, à segurança e à propriedade", que "a lei punirá qualquer discriminação atentatória dos direitos e liberdades fundamentais" e que "a prática do racismo constitui crime inafiançável e imprescritível, sujeito à pena de reclusão, nos termos da lei". Já na elaboração da CF88, portanto, foi demarcada uma opção por adotar a norma penal como instrumento essencial de combate a certas formas de discriminação, o que inclui os discursos que a promovem, com destaque especial para a discriminação de cunho racial.

Nota-se que isso não significa que o legislador infraconstitucional está vinculado a criminalizar todas aquelas condutas que podem ser considerado "racismo". Como afirma Alice BIANCHINI, o legislativo até pode ser levado a editar lei penal mediante ação de inconstitucionalidade por omissão, mas isso não significa que "outras análises sejam dispensadas, para se concluir pela necessidade de criminalização" (2002, p. 99), o que significa que cabe a esse legislador identificar e eleger as condutas que realmente se adequam aos pressupostos da criação legítima da lei penal. Também entendem dessa forma Luiz Flávio GOMES (2002, p. 106), e Janaína PASCHOAL (2003, p. 96), que afirmam, respectivamente, que "não existe, portanto, uma obrigação de criminalização ou penalização automática, senão só uma indicação do valor do bem jurídico referido", e que "mesmo diante das indicações expressas de criminalização, a verificação da necessidade concreta deste tipo de tutela fica sempre afeta ao legislador ordinário, seja quando da elaboração, seja quando da revogação da norma incriminadora".

O Brasil também é signatário de tratados internacionais que visam a coordenação de esforços para o combate ao racismo e a outras formas de discriminação, o que, em alguns casos, implicou compromissos da ordem de proibição e criminalização de condutas. O Pacto Internacional sobre Direitos Civis e Políticos (assinado em 1991) estabelece em seu artigo 20, nesse sentido, que "será proibida por lei qualquer apologia do ódio nacional, racial ou religiosa que constitua incitamento à discriminação, à hostilidade ou à violência"[97]. A Convenção Internacional sobre a Eliminação de todas as Formas de Discriminação Racial, assinada em 1966, ainda, é clara quanto ao caráter penal de seu mandamento. Em seu artigo IV, afirma que os Estados signatários se comprometem:

> a) a declarar delitos puníveis por lei, qualquer difusão de ideias baseadas na superioridade ou ódio raciais, qualquer incitamento à discriminação racial, assim como quaisquer atos de violência ou provocação a tais atos, dirigidos contra qualquer raça ou qualquer grupo de pessoas de outra cor ou de outra origem técnica, como também qualquer assistência prestada a atividades racistas, inclusive seu financiamento;[98]

[97] No original, em inglês: *"Article 20. (2). Any advocacy of national, racial or religious hatred that constitutes incitement to discrimination, hostility or violence shall be prohibited by law."*. Disponível em: https://www.ohchr.org/en/professionalinterest/pages/ccpr.aspx. Acesso em: 22 mar. 2022.

[98] No original, em inglês: *"(a) Shall declare an offence punishable by law all dissemination of ideas based on racial superiority or hatred, incitement to racial discrimination, as well as all acts of violence*

Assim, são muitos os motivos que impelem o Estado brasileiro a comunicar sua aversão à discriminação, especialmente racial, mediante normas penais. A história brasileira e internacional, por si só, contém evidências suficientes de que os discursos e atos discriminatórios são capazes de valores essenciais à convivência pacífica, tendo sido permeada por décadas de violência entre grupos e sofrimento. A CF88, por isso, deixou clara sua intenção de proteger grupos vulneráveis que angariaram feridas históricas sérias, como os negros com a escravidão e os indígenas com o genocídio, e que sofrem discriminação e violência até hoje. Essa intenção se refletiu nas normas penais que, por sua amplitude, punem uma grande variedade de discursos de ódio.

A principal é o artigo 20 da Lei nº 7.716/89, ou Lei Caó, que responde ao mandamento constitucional da criminalização do racismo punindo atos de cunho discriminatório (SANTOS, 2014, p. 257). O artigo 20, em particular, pune diversas modalidades de incitação e promoção da discriminação contra grupos vulneráveis ao proibir as ações de "praticar, induzir ou incitar a discriminação ou preconceito de raça, cor, etnia, religião ou procedência nacional". Seus parágrafos e incisos punem com maior rigor, ainda, outras modalidades mais específicas de discurso de ódio, como as práticas de "fabricar, comercializar, distribuir ou veicular símbolos, emblemas, ornamentos, distintivos ou propaganda que utilizem a cruz suástica ou gamada, para fins de divulgação do nazismo" (§ 1º) e a prática de "qualquer dos crimes previstos no caput (...) por intermédio dos meios de comunicação social ou publicação de qualquer natureza" (§ 2º).

> **Art. 20.** Praticar, induzir ou incitar a discriminação ou preconceito de raça, cor, etnia, religião ou procedência nacional.
>
> Pena: reclusão de um a três anos e multa.
>
> **§ 1º** Fabricar, comercializar, distribuir ou veicular símbolos, emblemas, ornamentos, distintivos ou propaganda que utilizem a cruz suástica ou gamada, para fins de divulgação do nazismo.
>
> **Pena:** reclusão de dois a cinco anos e multa.

or incitement to such acts against any race or group of persons of another colour or ethnic origin, and also the provision of any assistance to racist activities, including the financing thereof;" Disponível em: https://www.ohchr.org/en/professionalinterest/pages/cerd.aspx. Acesso em: 22 mar. 2022.

> **§ 2º** Se qualquer dos crimes previstos no caput é cometido por intermédio dos meios de comunicação social ou publicação de qualquer natureza:
> **Pena:** reclusão de dois a cinco anos e multa.

O artigo 2º-A, também da Lei 7.716/89, pune a injúria que se utiliza de elementos referentes a raça, cor, etnia ou procedência nacional. Nesse caso, pune o discurso de ódio quando na forma de um insulto direcionado a um indivíduo por seu pertencimento a um grupo vulnerável.

> **Art. 2º-A** Injuriar alguém, ofendendo-lhe a dignidade ou o decoro, em razão de raça, cor, etnia ou procedência nacional.
> **Pena:** reclusão, de 2 (dois) a 5 (cinco) anos, e multa.

Outro caso é o do artigo 3º da Lei nº 2.889/56 (lei que define o crime de genocídio)[99] que pune modalidade particularmente grave de discurso de ódio ao proibir a incitação pública ao genocídio. O dispositivo afirma, nesse sentido, que será punível a incitação direta e pública de qualquer um dos atos definidos como crime de genocídio (definidos no artigo 1º da lei), que consiste na tentativa de destruição "no todo ou em parte, de grupo nacional, étnico, racial ou religioso".

> **Art. 3º** Incitar, direta e publicamente alguém a cometer qualquer dos crimes de que trata o art. 1º:
> **Pena:** Metade das penas ali cominadas.
> **§ 1º** A pena pelo crime de incitação será a mesma de crime incitado, se este se consumar.
> **§ 2º** A pena será aumentada de 1/3 (um terço), quando a incitação for cometida pela imprensa.

[99] Art. 1º Quem, com a intenção de destruir, no todo ou em parte, grupo nacional, étnico, racial ou religioso, como tal: a) matar membros do grupo; b) causar lesão grave à integridade física ou mental de membros do grupo; c) submeter intencionalmente o grupo a condições de existência capazes de ocasionar-lhe a destruição física total ou parcial; d) adotar medidas destinadas a impedir os nascimentos no seio do grupo; e) efetuar a transferência forçada de crianças do grupo para outro grupo; Art. 3º Incitar, direta e publicamente alguém a cometer qualquer dos crimes de que trata o art. 1º: Pena: Metade das penas ali cominadas.

Por fim, o Código Penal pune, em seu artigo 140, § 3º, a injúria que se utiliza de elementos referentes religião ou condição de pessoa idosa ou portadora de deficiência[100].

> **Art. 140.** Injuriar alguém, ofendendo-lhe a dignidade ou o decoro:
> Pena: detenção, de um a seis meses, ou multa.
> § **3º** Se a injúria consiste na utilização de elementos referentes a religião ou à condição de pessoa idosa ou com deficiência:
> **Pena:** reclusão, de 1 (um) a 3 (três) anos, e multa.

Outras modalidades de discurso de ódio são proibidas mediante instrumentos não-penais. O artigo da art. 243, I, da Lei nº 4.737/1965, por exemplo, proíbe a propaganda eleitoral que expressa preconceitos de raça ou de classe. Há também certo consenso jurisprudencial no sentido de que determinados discursos de ódio podem ensejar indenização cível por dano moral individual e coletivo (GOMES; SALVADOR, 2020). Mesmo assim, é difícil questionar o papel central que a norma penal tem na política de combate à discriminação e aos discursos de ódio, principalmente diante dos mandamentos constitucionais que servem de fundamento para essa estratégia. A previsão constitucional da criminalização do racismo, nesse sentido, prevê inclusive sua imprescritibilidade e inafiançabilidade, qualidade que não foi associada nem aos mais graves crimes contra a vida[101].

Além disso, nota-se que essa centralidade da norma penal persiste no imaginário do legislador contemporâneo. Em 2019, com a aprovação da Lei 13.964/2019, apelidada de "Pacote Anticrime", foi publicado o artigo 141, §2 do Código Penal, que passou a prever o triplo de pena para a injúria cometida "em quaisquer modalidades das redes sociais da rede mundial de computadores"[102]. No fim de 2021, pelo

[100] Nota-se que a injúria cometida em razão de características que não estão listadas no § 3º também é punível nos termos do *caput* do artigo 140, ainda que com pena inferior. Dessa forma, discursos de ódio na forma de insultos contra membros de grupos vulneráveis que não foram contemplados explicitamente pelo legislador também são objeto de sanção penal no direito brasileiro.

[101] O que, para alguns como SANTOS, pode ser considerado um exagero em nome da repreensão severa (2014, p. 264).

[102] Art. 141, § 2º Se o crime é cometido ou divulgado em quaisquer modalidades das redes sociais da rede mundial de computadores, aplica-se em triplo a pena.

menos 25 Projetos de Lei (PLs)[103] tramitavam no Congresso Nacional com a finalidade de ampliar a punibilidade de discursos de ódio no Brasil, seja mediante a criação de novos crimes ou o aumento de penas, seja mediante ampliação das características de grupos vulneráveis protegidas, seja mediante atribuição de imprescritibilidade e inafiançabilidade à prática dos crimes[104]. Suas justificativas revelam parte do racional por trás de sua elaboração e levantam alguns pontos de questionamento sobre a expectativa de eficácia das medidas propostas. A maior parte deles é explicitamente motivada pela massificação de discursos de ódio nas redes. Surgem, por exemplo, como resposta explícita ao fato de que "a tecnologia permitiu registrar e difundir agressões" (PL 4218/2020); de que "com o advento das redes sociais, ampliou-se ainda mais tanto a produção quanto a manifestação de uma cultura de ódio e de rejeição ao diferente" (PL 8862/2017); e de que "o advento e popularização das redes sociais (...) tem provocado o surgimento de agressões diversas e perpetuado tensões entre populações" (PL 4785/2019).

Desses 25 PLs, 13 alegam que sua finalidade é de caráter preventivo, ou seja, que os efeitos das normas propostas seriam da ordem de impedir a ocorrência dos discursos de ódio que seriam punidos. Afirmam, por

[103] Os Projetos foram obtidos e classificados mediante consulta através da plataforma Sigalei, que acessa e organiza proposições legislativas a partir das bases de dados do Congresso Nacional e de outros entes legislativos (disponível em: https://www.sigalei.com.br/, Acesso e busca em: 31 dez. 2021). A busca realizada utilizou os termos "racismo E crime" e "discurso de ódio E crime" e excluiu resultados irrelevantes ou duplicados capturados erroneamente de forma a manter apenas Proposições que buscavam algum tipo de expansão do poder punitivo e que ainda permaneciam em tramitação. Os PLs encontrados foram: PL 4974/2020; PL 5229/2020; PL 5944/2016; PL 1789/2021; PL 4974/2020; PL 1632/2021; PL 7702/2017; PL 595/2021; PL 102/2021; PLS 4373/2020; PL 142/2021; PL 98/2021; PL 141/2021; PL 104/2021; PL 9756/2018; PL 468/2020; PL 3178/2020; PLS 4218/2020; PLS 1044/2020; PL 10476/2018; PL 8862/2017; PL 4785/2019; PL 8540/2017; PL 361/2020; PL 7582/2014.

[104] Novamente não se afirma, aqui, que somente Projetos de Lei voltados a expansão da punição dos discursos de ódio tramitam no Congresso. Existem outros projetos que visam a prevenção de discursos de ódio mediante instrumentos diferentes, como políticas públicas de educação e mecanismos de prevenção fática. Também no âmbito dos poderes legislativos municipal e Estadual existem Projetos relacionadas ao tema com abordagens diferentes, de acordo com a competência de seus entes federativos. Esses projetos, porém, são minoria diante daqueles que buscam ampliar a repressão penal dos discursos de ódio. Sobre os projetos em âmbito municipal e Estadual, cf. (CEPI-FGV DIREITO SP, 2021).

exemplo, que o Direito deve "eliminar, o tanto quanto possível, a discriminação" (PL 5944/2016); que a pena é o "instrumento ideal, capaz de impedir manifestações injuriosas de caráter racial em locais públicos e nas redes sociais" (PL 1632/2021); que "as penas [existentes] são muito baixas e inábeis a promover efetiva dissuasão" (PL 1044/2020); que "a falta de dispositivos legais (...) permite a existência de tal prática" (PL 4785/2019); e que a legislação posta "não atingiu a eficácia esperada e não reprimiu a ampla prática de discriminação e de violência no país" (PL 7702/2017, referindo-se à Lei Caó).

Outros 4 PLs justificam a ampliação da punibilidade pela necessidade de o Estado reprovar de forma mais intensa a manifestação dos discursos de ódio. Afirmam, por exemplo, que a injúria discriminatória é "delito de extrema gravidade, e que deve ser objeto da reprovação máxima" (PL 5229/2020); que os crimes baseados em racismo, discriminação ou preconceito "devem a cada dia ser punidos com maior rigor" (PL 3178/2020); e que "embora o sistema penal não seja a solução para todas as violações de direitos, as atitudes criminosas narradas nesta lei merecem reprovação estatal" (PL 7582/2014).

Um olhar sobre os 25 PLs em tramitação e sobre a legislação penal posta revela uma expectativa subjacente de que a norma penal será capaz de, de alguma forma, gerar efeitos socialmente positivos no combate ao discurso de ódio e à discriminação[105]. Pelo menos no caso dos PLs, porém, suas justificativas não explicam de forma suficiente como esses efeitos positivos seriam alcançados. 8 deles sequer alegam seus efeitos pretendidos ou defendem sua eficácia em suas justificativas[106].

[105] O então deputado Paulo Paim, que propôs originalmente a inclusão do artigo 20 na Lei Caó, que até então não previa a criminalização de discursos discriminatórios, argumentou que havia a necessidade de "atacar a impunidade" e "eliminar, de todas as formas, a manifestação pública do odioso preconceito" (MACHADO; LIMA; NERIS, 2016).

[106] Uma hipótese para essa falta de justificação é que essas proposições penais se apoiam, como diria PAIVA, no "preceito ilusório da suficiência da Lei Penal" (2014, p. 372), tão difundido na opinião pública. Também SILVA SANCHEZ (2004, p. 52) e HASSEMER (1999, p. 319) entendem que as soluções jurídico-penais, por seus aparentes baixos custos em comparação com medidas alternativas e por sua capacidade de impactar rapidamente a opinião pública, "viraram moda" e passaram a ser tratadas como panaceia social de forma acrítica e cega. Não seria implausível acreditar que a produção de normas voltadas ao combate ao discurso de ódio também estaria contaminada por esse racional.

Diante desse cenário, este capítulo visa justamente a discussão dessa expectativa de eficácia da norma penal subjacente à produção legislativa de combate ao discurso de ódio no Brasil, contida tanto nos PLs quanto no arcabouço penal constitucional e infraconstitucional brasileiro. Busca questionar, portanto, se é plausível crer que a norma penal pode ter efeitos positivos no combate ao discurso de ódio que justifiquem sua utilização e manutenção, principalmente no contexto de digitalização da comunicação.

Para atingir esse fim, o capítulo foi dividido da seguinte forma: a seção 2.1 contém notas preliminares sobre como a repressão penal se pretende eficaz, explorando seus principais efeitos como descritos pela literatura; a seção 2.2 apresenta os principais obstáculos para a concretização de uma repressão penal eficaz de discursos de ódio, tomando como base o contexto de digitalização dos discursos de ódio descrito no capítulo 1, após breves considerações sobre a necessidade da criminalização desses discursos; por fim, a seção 2.3 trata dos caminhos possíveis que podem ser seguidos a partir do reconhecimento desses obstáculos e da eficácia restrita da repressão penal.

2.1. Notas sobre o juízo de eficácia da norma penal

Afirmar que uma norma ou política é eficaz (ou seja, realizar um "juízo de eficácia") significa afirmar que ela é capaz de atingir os fins pretendidos em sua elaboração ao produzir efeitos concretos (DÍEZ RIPOLLÉS, 2016, p. 94). Assim, não basta que ela produza quaisquer efeitos. Ela deve ser capaz de produzir efeitos que, ao interagirem com as possibilidades e condições reais de intervenção social, conduzam aos fins sociais pretendidos pelo agente regulador.

Nesse sentido, o juízo de eficácia pode ser prognóstico ou diagnóstico, ou seja, pode ser realizado antes ou depois da publicação da norma ou da adoção da política pública. É evidente que um juízo posterior ao fato pode trazer resultados mais precisos, já que os efeitos podem ser observados empiricamente, mesmo sendo difícil isolar suas causas. Contudo, o desenvolvimento de normas e políticas em um Estado Democrático de Direito exige que o regulador conduza o juízo prognóstico para que evite ao máximo produzir mudanças inúteis ou prejudiciais. Isso significa que o legislador precisa tecer argumentos preditivos sobre os efeitos da norma que justifiquem sua elaboração (GOMES, 2003, p. 132) e calcular, assim, a probabilidade de a norma produzir os efeitos e atingir os fins buscados. É inevitável, nesse caso, uma maior chance de equívoco, devido a impossibilidade de se antever todos os resultados possíveis.

Pelo menos no caso das normas penais, a verificação de eficácia não é uma mera avaliação (prognóstica ou diagnóstica) da capacidade de produzir efeitos socialmente úteis da norma, mas também uma condição de sua legitimidade (GOMES, 2003, p. 127; HASSEMER, 2004, p. 61; SILVA SÁNCHEZ, 2004, p. 31). Por isso, ao elaborar uma lei penal, o legislador deve trazer argumentos que fundamentem sua crença na eficácia da medida que propõe. Só assim ele será capaz de justificar seus custos sociais e econômicos.

A proibição de condutas mediante ameaça de sanção restringe a liberdade de todos os indivíduos, e o indivíduo que é condenado tem sua liberdade de locomoção, sua integridade física e seu acesso a recursos severamente limitados. Além disso, a manutenção de um sistema de persecução penal representa custos consideráveis ao poder público[107]. A previsão e a aplicação das penas, portanto, têm consequências sociais graves, e essas consequências só podem ser justificadas na medida em que elas se mostram úteis e adequadas para atingir fins socialmente relevantes e capazes de racionalizar o poder de punir.

Dito isso, entender como a norma penal se pretende eficaz pressupõe delimitar os fins socialmente úteis que devem ser buscados por ela. Além disso, a explicação de como ela pretende atingir esses fins também é complexa, na medida em que seus efeitos dependem da configuração do sistema policial, do sistema processual e de outras variáveis que não podem ser isoladas com facilidade.

[107] Embora os custos humanos sejam, corretamente, foco da maior parte dos debates sobre os custos e benefícios da repressão penal, os custos econômicos também merecem destaque, visto que os recursos utilizados para a manutenção do sistema criminal poderiam ser utilizados para outros fins que também levam à prevenção de delitos e à proteção de bens jurídicos, talvez de forma mais eficaz, como é o caso do investimento em educação e geração de empregos (HÖRNLE, 2020, p. 32).

2.1.1. Os fins da pena

Na literatura sobre os fins da norma penal, é comum[108] o entendimento de que ela deve se orientar a proteger bens jurídicos, condições indispensáveis para uma vida comum ordenada (como a integridade física, o patrimônio e a honra), apenas das violações mais graves causadas por determinadas condutas (ROXIN, 2004, p. 28).

Essa proteção, argumenta-se, é realizada predominantemente através da prevenção de delitos futuros, e não da reparação de danos causados, como ocorre em outros instrumentos regulatórios como a sanção civil (HASSEMER, 1986, p. 27-28; MAÑALICH, 2021, p. 81). Em outras palavras, ao pretender regular o comportamento de seus destinatários, a norma penal visa a proteção do bem jurídico de violações impedindo ou desestimulando a prática das condutas que causam essas lesões. Por esse ponto de vista, julgar a eficácia de uma norma penal é o mesmo que julgar sua capacidade de influir no comportamento de seus destinatários e evitar a ocorrência da conduta que ela proíbe. Num juízo prognóstico, é julgar se há probabilidade razoável de ela atingir esse resultado após sua publicação, tendo em vista as condições presentes na realidade social.

Isso não quer dizer que a prevenção de delitos e a proteção de bens jurídicos são os únicos efeitos úteis que a norma penal pode atingir, mas sim que, por algumas razões, esses são os efeitos que melhor servem para fundamentar e orientar a criminalização de condutas em um Estado Democrático de Direito. A pergunta que se faz aqui não é somente "quais os fins úteis da pena", mas também "quais os fins da pena que o Estado pode perseguir", visto que tratamos de uma questão de avaliação da legitimidade da norma. Se o Estado utilizar a pena para atingir fins problemáticos, deve ser possível criticar essa decisão de forma justificada.

Como aponta HÖRNLE, a norma penal também pode satisfazer interesses legítimos das vítimas ou até captar os sentimentos de revolta de terceiros, mas esses fins não são capazes de justificar, sozinhos, a utili-

[108] Aqui é essencial destacar que nem todos os autores suportam essa posição, ainda que ela seja majoritária. Tatjana HÖRNLE, por exemplo, acredita que as normas penais devem ser orientadas para a proteção de direitos e interesses individuais, e não de bens jurídicos, de forma que sejam evitadas proibições com fins excessivamente vagos, como a proteção da "paz pública" e de outros valores de cunho moralista (2001, p. 278). Ainda que este trabalho adote a posição majoritária, suas conclusões não seriam prejudicadas se fosse diferente.

dade social da pena Estatal (2020, p. 36-43). Isso porque esses fins expressivos (não preventivos) da pena não oferecem critérios para definição do que o Direito Penal pode e não pode regular e, portanto, não servem de régua para medir os limites e possibilidades do poder de punir do Estado. É impossível mensurar, por exemplo, qual deveria ser a pena máxima ou mínima para uma determinada conduta se a finalidade da proibição é exclusivamente satisfazer o sentimento de revolta da população, visto que esses interesses se baseiam mais na emoção do que na razão. Pela mesma razão, o sofrimento subjetivo da vítima não pode ser uma variável suficiente para determinar o que pode ou não ser objeto de criminalização. Alguns atos podem causar mais sofrimento emocional em algumas pessoas do que em outras, de forma que, ainda que possa decorrer um resultado positivo da pena em alguns casos, o Estado não pode justificar a maior ou menor punição de indivíduos apenas com esse resultado.

Ainda mais problemáticas como formas de pautar a legitimidade do poder de punir são as teorias da pena que atribuem a ela um valor em si mesma como ferramenta de retribuição. A ideia de que a culpabilidade do autor deve ser de alguma forma "compensada" mediante a imposição de um mal, de forma a satisfazer um ideal de justiça moral ou religiosa, pode até ser atraente do ponto de vista da satisfação pessoal, mas é inadequada como forma de validação de um ato estatal por escapar de critérios de racionalidade e se basear num ato de fé, o que é incompatível com as exigências de um Estado Democrático de Direito (ROXIN, 2004, p. 19). A satisfação da vítima, da população, de um valor moral ou religioso, portanto, podem ser efeitos da pena, mas são efeitos que não podem servir de baliza para determinar se uma norma penal é legítima ou não.

A prevenção de delitos, por outro lado, por ser uma meta cujo sucesso é até certo ponto empiricamente demonstrável ou falseável, é atraente como fundamento e objetivo principal a ser buscado pela norma penal em um Estado Democrático de Direito. Como aponta HASSEMER, as teorias da prevenção se adaptam bem ao racionalismo do mundo moderno por fundamentarem o poder de punir em afirmações empíricas: partem da ideia de que a criação da lei penal levaria à diminuição ou ao fim do aumento da criminalidade e, consequentemente, à proteção de interesses sociais legítimos (1986, p. 28).

Mesmo que a validade dessa afirmação em uma situação real dependa da presença de diversas condições, o simples fato de que ela é falseável e discutível em termos racionais permite um controle maior dos limites do poder de punir, já que é possível afirmar, como tese contrária, que uma determinada criminalização não será ou não foi capaz de prevenir a ocorrência de delitos e, a partir daí, reconsiderar ou reformular sua elaboração. Assim, se torna possível um debate baseado em evidências empíricas ao redor da justificativa de criminalização de uma conduta, o que não é verdade quando a norma penal busca justificação em "fazer justiça", "retribuir um mal" ou outros fins não mensuráveis. Nesses casos problemáticos, não é possível discutir os limites do poder de punir do Estado, o que é essencial para a manutenção do Estado Democrático de Direito.

Por essas razões, a capacidade de prevenção de delitos funciona como critério de avaliação e justificação da norma penal melhor do que outros efeitos possíveis. Uma proposta de criação de nova norma penal ou de intensificação da punibilidade deve vir acompanhada de argumentos que justifiquem sua implementação em termos de prevenção, e não apenas de retribuição ou satisfação da revolta popular. Seus custos sociais só serão toleráveis se, em contrapartida, ela for capaz de impedir ou, ao menos, reduzir a ocorrência da conduta proibida.

2.1.2. Como a norma penal previne delitos

A norma penal se propõe a prevenir delitos através da comunicação de mensagens a seus destinatários, tanto no momento de sua publicação quanto no momento da aplicação da pena (HÖRNLE, 2020, p. 21). Os diferentes mecanismos de prevenção da norma penal divergem, portanto, quanto ao conteúdo dessas mensagens e quanto aos seus destinatários.

É comum que esses mecanismos sejam separados por estudiosos dos fins da pena em duas categorias: os de prevenção especial e os de prevenção geral. No caso da prevenção especial, a norma penal e suas sanções têm como destinatário o indivíduo que já cometeu um delito, com o objetivo de impedir que ele repita esse comportamento no futuro, seja por sua dissuasão, seja por sua neutralização, seja por sua "correção". No caso da prevenção geral, os destinatários da norma são todos os cidadãos, vistos como potenciais criminosos que devem ser dissuadidos ou como pessoas cuja confiança na norma deve ser preservada (HASSEMER, 1986, p. 27-28; HÖRNLE, 2020, p. 34).

Embora todos esses mecanismos tenham como fim a prevenção da ocorrência de delitos, há diferença considerável entre seu funcionamento e, consequentemente, entre as condições que precisam estar presentes para a verificação de seu sucesso ou fracasso. Ainda, eles atuam em diferentes fases da aplicação da norma penal: quando a norma é publicada, por exemplo, a pena é meramente um incentivo dissuasivo àqueles que pretendem cometer um crime, mas mesmo essa ameaça é capaz de gerar efeitos sobre esses destinatários. A condenação, da mesma forma, não se limita a produzir efeitos concretos sobre o condenado, contribuindo também para o fortalecimento dos efeitos da publicação da norma.

2.1.2.1. Efeitos preventivos da norma penal

Quando uma norma penal se torna pública, ela contém uma mensagem que convoca seus destinatários (todos que estão submetidos ao poder estatal) a se comportarem conforme seus termos, expressando valores centrais da comunidade e oferecendo razões para que sejam tomadas decisões de acordo com seus mandamentos (HÖRNLE, 2020, p. 22). Mais especificamente, a norma penal (i) afirma que um determinado comportamento é proibido por ser considerado violador de valores essenciais ao convívio social e (ii) busca influenciar o processo decisório daqueles que consideram realizar o ato proibido. Nesse momento, portanto, ela busca produzir um efeito de prevenção geral.

A declaração da gravidade da conduta é, por si só, capaz de produzir efeitos preventivos, mas o principal instrumento de dissuasão da norma penal é a ameaça de sanção grave nos casos de descumprimento (SILVA SÁNCHEZ, 2004, p. 22-23). Ou seja, se a declaração de gravidade dos atos não for suficiente para convencer o potencial delinquente de que seus planos são inaceitáveis, espera-se que o receio de sofrer uma restrição grave à sua liberdade ou seu patrimônio o motive a agir de acordo com o Direito. A ideia de tornar a prática do crime mais custosa do que suas potenciais vantagens no cálculo mental do destinatário da norma é o que se denomina prevenção geral dissuasória ou prevenção geral negativa (HASSEMER, 1986, p. 28).

É evidente que essas afirmações pressupõem uma série de condições que devem estar presentes no caso concreto para que o efeito preventivo se torne mais provável. Não se trata de afirmar que o efeito preventivo geral sempre ocorrerá e que será sempre o fator predominante que influenciará o comportamento de seus destinatários. Se isso fosse verdade, a criminalidade não atingiria os patamares que atinge frequentemente. Afirma-se, na verdade, que, se presentes algumas condições, pode se esperar um efeito influenciador de comportamento decorrente da norma penal, efeito esse que, apesar de poderoso, será um entre diversas outras variáveis que influenciam o comportamento humano, como as normas sociais, a personalidade e os valores morais individuais (HÖRNLE, 2020, p. 23). Pode-se dizer, por isso, que a presença das seguintes condições torna plausível o efeito preventivo-geral da norma, criando a probabilidade abstrata de que ela atinja seu escopo (GOMES, 2003, p. 132).

Em primeiro lugar, se é fundamental para a dissuasão que a norma transmita o desvalor social da conduta proibida, então é essencial que essa mensagem de desvalor esteja clara, ou seja, que o texto normativo seja taxativo quanto à conduta que está sendo incriminada, evitando o uso de clausulas gerais e termos indeterminados e ambíguos. Como aponta Nilo BATISTA, essa necessidade de taxatividade não existe apenas para garantir um ideal de segurança jurídica e previsibilidade (como um imperativo do princípio da legalidade, "não há crime sem lei anterior que o defina"), mas também porque só com taxatividade o cidadão pode entender os limites jurídicos do próprio comportamento (1990, p. 79-80).

Em segundo lugar, também como pressuposto para a correta transmissão da mensagem contida na norma, é importante que essa mensagem alcance de fato seus destinatários. Como lembra HASSEMER, ainda que o Direito precise pressupor o conhecimento da norma pelo cidadão para seu funcionamento adequado, é inevitável, de um ponto de vista empírico, reconhecer que são poucos os cidadãos que têm conhecimento amplo e detalhado sobre os limites ao seu comportamento estabelecidos pela lei penal (2004, p. 67). É mais comum que esse conhecimento exista entre profissionais cuja atividade seja regulada também por normas penais acessórias (aquelas que se integram à regulação de empresas, por exemplo). Nesses casos especiais, os destinatários são pessoas (como um profissional de *compliance*) que assumem um dever profissional de se capacitar quanto aos limites de sua atuação e que, por isso, buscam se informar de maneira muito mais profunda sobre as normas penais (2004, p. 67).

Quanto menor é a comunicação profissional de um determinado círculo de potenciais autores, porém, maior se torna o problema da falta de informação. No caso da criminalidade comum, dos furtos, roubos e homicídios, a intermediação da mensagem depende do uso dos meios de comunicação em massa para que alterações da lei penal sejam divulgadas de forma intensa para a população geral[109]. Do contrário, as regras de comportamento são obscuras independentemente de sua qualidade técnica e não produzirão qualquer efeito preventivo-geral (2004, p. 67). Essa necessidade é especialmente verdadeira quando a mudança da norma penal resulta de novos posicionamentos jurisprudenciais, que costumam passar despercebidos para o público não especializado.

Por fim, para que haja efeito preventivo-geral, o destinatário da norma, dotado de conhecimento sobre seu mandamento e sobre o risco de punição, deve estar apto a ser motivado por esse conhecimento. A prevenção geral pressupõe que o destinatário da norma é um indivíduo racional, que ele pondera os custos e benefícios de seus atos e que ele insere a mensagem da norma penal nesse cálculo[110]. Esse cálculo não

[109] Como exemplo do que pode ser feito nesse sentido, pode-se apontar que após a tipificação da importunação sexual pela Lei nº 13.718/2018 foram realizadas diversas campanhas voltadas a conscientizar a população quanto à existência de um novo crime, particularmente no âmbito do transporte público. Ainda que o sucesso dessas campanhas não possa ser facilmente medido, elas incorporam corretamente a noção de que alterações na legislação penal precisam ser divulgadas para que seja possível um efeito preventivo-geral. Cf. Campanha alerta sobre o crime de importunação sexual em transportes coletivos. Disponível em: https://www.gov.br/mdh/pt-br/assuntos/noticias/2021/agosto/campanha-alerta-sobre-o-crime-de-importunacao-sexual-em-transportes-coletivos. Acesso em: 22 mar. 2022.

[110] A posição diversa, que prega de forma radical que o ser humano age em total irracionalidade e que, por isso, não seria influenciado de forma alguma pelos mandamentos da norma, ainda que possa ter relevância em discussões nos campos da psicologia, da filosofia e da neurociência, não pode ser base para decisões de política criminal em um Estado Democrático de Direito, pois, como lembra SILVA SÁNCHEZ o pressuposto da racionalidade individual é o que há de mais liberal no Estado moderno (2004, p. 22-23). Ausente esse pressuposto, legitimam-se decisões que retiram do indivíduo sua autonomia.

é puramente econômico, mas também valorativo (SILVA SÁNCHEZ, 2004, p. 18-19). Não se trata de reduzir a mente humana a um raciocínio utilitarista que só pondera se a vantagem decorrente da violação da norma será maior que o risco de punição e os custos ao patrimônio e à liberdade decorrentes da pena. Na verdade, o cálculo realizado pelo indivíduo considera também, dentre diversas outras variáveis valorativas, a gravidade do ato comunicada pela norma penal e sua relação com seus valores individuais, personalidade, intuições e história.

É esperado, por essa razão, que o efeito de prevenção geral da norma penal seja muito mais influente em alguns crimes do que em outros. Naqueles em que o potencial autor leva em conta cálculos econômicos práticos, como em fraudes fiscais e financeiras, o cálculo racional encontra mais espaço. O mesmo não é verdade em crimes motivados tipicamente por grande envolvimento emocional, como a violência decorrente de interações pessoais entre autor e vítima (HÖRNLE, 2020, p. 33), ou em crimes praticados no contexto de conflitos ideológicos e políticos, como atos terroristas e de vandalismo (HASSEMER, 1986, p. 29-30). Nesse segundo grupo, a carga emocional e as motivações ideológicas podem facilmente sobrepor-se a qualquer cálculo racional que leve em consideração os valores e ameaças contidos na norma[111].

2.1.2.2. Efeitos preventivos da condenação e da aplicação da pena

A condenação de uma pessoa pela prática de um crime e sua sujeição à pena a tornam objeto de efeitos preventivo-especiais, mas também contribuem de maneira essencial aos efeitos preventivo-gerais da norma penal. Como aponta ROXIN, é a aplicação da pena que traz realidade

[111] HÖRNLE acredita que, nesse caso, outros efeitos da pena são mais relevantes como justificativa da utilidade da punição de crimes passionais, já que a prevenção geral tem efeito limitado. O principal desses efeitos seria atender a um interesse legítimo das vítimas desses crimes e de seus familiares em um juízo de desvalor não trivial, ou seja, intensificado pela infligção de um mal ao autor (2020, p. 55). HASSEMER argumenta, de forma semelhante, que a utilidade da pena não pode ser explicada exclusivamente de forma orientada ao futuro, sendo necessário levar em consideração os interesses das vítimas por fatos ocorridos no passado. A pena, nesse sentido, reconstruiria sua dignidade pessoal e delimitaria a linha entre o comportamento justo e injusto (1999, p. 323). Destacam-se, porém, os comentários já feitos relativos aos limites desses fins da pena como forma de controle do poder de punir.

para a ameaça comunicada pela norma e fundamenta a eficácia da intimidação legal (2004, p. 32). A ameaça perde força quando seus destinatários não acreditam que ela será colocada em prática, de forma que é necessário um percentual suficientemente alto de delitos esclarecidos e condenados para que não predomine uma sensação generalizada de impunidade.

Nesse sentido, a probabilidade de esclarecimento do crime é fator mais influente no comportamento do potencial autor do que a intensidade da pena a que ele será sujeito se for detido, porque é a ocorrência da condenação de um que confirmará, perante os outros, que a ameaça contida na norma penal será cumprida. A certeza de punição é, portanto, mais intimidatória que a gravidade da punição em si.

Isso não quer dizer que a gravidade da punição não exerce fator algum na intimidação do destinatário da norma, já que ela exerce importante papel na comunicação da gravidade da conduta. Se a pena prevista é excessivamente branda, as vantagens decorrentes do crime, principalmente quando determináveis, podem justificar sua prática no cálculo do autor, ou o autor pode crer que a conduta que quer praticar não é tão problemática.

O que se aponta é que, a partir do momento em que esse patamar mínimo de gravidade é atingido, o aumento da pena será pouco relevante para a prevenção de delitos em um contexto em que a taxa de esclarecimento é muito baixa (GOMES, 2003, p. 141). Isso vale, também, nos casos em que a pena restritiva de liberdade pode ser substituída por uma pena pecuniária ou por uma pena restritiva de direitos, em razão de acordo judicial ou do pequeno potencial ofensivo do crime. É importante, para a conservação de um efeito preventivo-geral, que a substituição conserve intensidade penal suficiente para comunicar a gravidade da conduta e gerar efeito intimidador.

Da importância maior da certeza de punição decorre uma consequência importante: a eficácia preventivo-geral da norma penal, especialmente a que decorre da intimidação, depende da configuração empírica do sistema de persecução penal, do policiamento, do processo e do contexto em que o crime ocorre. Ou seja, ela depende da capacidade fática do Estado de fazer valer sua ameaça de punição e, consequentemente, de convencer os potenciais autores de que sua ameaça será concretizada. Mesmo o efeito de comunicação da gravidade da conduta criminalizada é prejudicado pela incapacidade do Estado de esclarecer crimes, na medida em que a pena confere peso e seriedade à declaração de desvalor. A norma etiqueta a conduta como ilícita, mas a pena declara a dimensão do injusto contido na conduta (HÖRNLE, 2020, p. 44). Se a pena não é concretizada, essa declaração se torna vazia de sentido.

A condenação também pode possuir efeitos preventivo-gerais próprios, ainda que mais difíceis de serem demonstrados. Além de reforçar a prevenção geral negativa, a condenação também emite uma mensagem que se dirige às pessoas que confiam na força da norma. Ao punir uma violação da norma penal, o Estado reforça a ideia de que sua ordem normativa é vinculativa e vigente (HÖRNLE, 2020, p. 34)[112]. O objetivo desse mecanismo, que é chamado por alguns de prevenção geral positiva, é assegurar a força e a confiança na norma no futuro e prevenir uma situação de anomia (HASSEMER, 1986, p. 30-31). Assim como no caso da prevenção geral negativa, é essencial que o conhecimento do elemento motivador seja transmitido aos seus destinatários para que o efeito ocorra. Nesse caso, isso significa que a população precisa ter conhecimento da sentença e crer que ela reflete o tratamento dado pelo Estado aos praticantes da conduta proibida.

Por fim, restam os efeitos preventivo-especiais da condenação e da execução da pena, direcionados a prevenir infrações futuras do próprio autor do crime e não a mudar o comportamento da população em geral. Como explica ROXIN, a execução da pena atua (i) intimidando o autor, de forma a evitar a reincidência (que seria respondida com uma nova punição), (ii) tornando o autor inofensivo durante a execução da pena (o que, no caso das penas privativas de liberdade, significa apenas impedir que ele cometa crimes fora da instituição em que está detido[113]) e (iii) corrigindo o comportamento do autor e reintegrando-o ao convívio social (2004, p. 20).

[112] HÖRNLE destaca que o mecanismo da prevenção geral positiva é particularmente difícil de demonstrar empiricamente, pois seria necessário identificar um estado de anomia e provar que sua causa é relacionada à persecução penal, e não a outros fatores. De qualquer maneira, a autora acredita ser plausível uma relação entre a confirmação judicial da norma e um comportamento posterior adequado à lei (HÖRNLE, 2020, p. 34).

[113] A capacidade de neutralização da pena depende, é claro, da capacidade da instituição de controlar o comportamento dos condenados.

Os dois primeiros mecanismos são chamados de "prevenção especial negativa" e funcionam de forma intuitiva (a intimidação é semelhante ao caso da prevenção geral negativa, e a neutralização é uma forma de prevenção fática de alguns delitos mediante incapacitação do condenado), mas a ideia de ressocialização, chamada de "prevenção especial positiva" merece comentários complementares. Ela propõe que caberia ao Estado reformar a personalidade do delinquente por meio da pena, ou, no mínimo, influenciar seu comportamento positivamente por meio da pena, objetivo esse que só poderia prosperar em condições muito específicas.

O problema de se esperar que a pena tenha um efeito positivo sobre o comportamento do condenado é que a influência positiva exige uma intervenção terapêutica direcionada, e não um programa genérico. Essa intervenção é, em primeiro lugar, custosa para o Estado, pois exige acompanhamento caso-a-caso dos condenados. Em segundo lugar, e talvez mais importante, ela exige colaboração voluntária ou, no mínimo, interesse em "ressocialização" por parte do apenado, o que é pouco esperado em instituições cujo objetivo principal é isola-lo da sociedade e lhe infligir um mal grave (HASSEMER, 1986, p. 29). Tendo em vista o cuidado e atenção necessários para realizar esse fim de ressocialização, é muito mais provável que a convivência entre condenados em estabelecimentos prisionais tenha efeitos criminógenos sobre o comportamento dos apenados.

Programas de tratamento projetados sob medida, orientados a infratores específicos, podem permitir reduções modestas na reincidência, mesmo diante de custos elevados, mas as condições impostas para seu sucesso são tão específicas que não é razoável esperar um efeito preventivo na grande maioria dos casos sem uma reformulação completa e custosa do sistema penitenciário. Melhor seria destinar esses recursos a programas de inserção social e educação da primeira infância como forma a evitar comportamentos infratores futuros (HÖRNLE, 2020, p. 31).

2.1.3. Síntese

Se a eficácia da uma norma é sua capacidade de alcançar os fins pretendidos em sua elaboração mediante a produção de efeitos concretos, então a eficácia da norma penal é sua capacidade de proteger bens jurídicos mediante a prevenção de futuros delitos.

Esses efeitos de prevenção são produzidos (i) quando a norma se torna pública, momento em que ela transmite a gravidade do ilícito e intimida com uma promessa de punição (prevenção geral negativa) e (ii) mediante a aplicação da pena, momento em que concretiza a ameaça, preserva a força da norma (proteção geral positiva), neutraliza e intimida o condenado (prevenção especial negativa).Todos esses efeitos dependem da interação da norma penal com diversas condições que precisam estar presentes na realidade social. O mandamento da norma precisa ser claro, precisa atingir seus destinatários e esses destinatários precisam estar aptos a orientar seus comportamentos conforme esse mandamento.

Dentre essas condições, porém, talvez a mais importante seja a capacidade do Estado de esclarecer crimes e condenar os infratores (e apenas os infratores), o que depende do sistema de persecução penal, do policiamento, do processo e do contexto em que o crime ocorre. A condenação, obviamente, é um pressuposto necessário para a aplicação da pena e a realização de qualquer efeito preventivo-especial, mas os efeitos preventivo-gerais também dependem da resolução de um percentual significativo de crimes. Sem a concretização da pena perante os olhos dos destinatários da norma, a declaração de gravidade da conduta criminalizada perde sentido, a ameaça de punição se torna vazia e a ordem normativa perde força frente a seus destinatários futuros. A norma penal, portanto, tem sua eficácia severamente limitada quando não há perspectiva de esclarecimento e devida punição dos crimes.

2.2. Três desafios para a prevenção penal dos discursos de ódio em redes sociais

2.2.1. Sobre a necessidade e a forma da repressão penal dos discursos de ódio

Antes de abordar a questão da eficácia da repressão dos discursos de ódio, é importante tratar, preliminarmente e de forma breve, de sua necessidade[114], pressuposto anterior de sua legitimidade. Nesse sen-

[114] Por "necessária", aqui, entende-se aquela repressão penal que visa a proteção de interesse relevante o suficiente para justificar uma intervenção na liberdade individual por meio da pena (GOMES, 2003, p. 83). Assim, afirmar que uma norma penal é necessária significa apenas que seus fins são legítimos, que ela busca proteger bens jurídicos relevan-

tido, no complexo debate sobre os limites da atuação do Estado sobre a expressão dos cidadãos existem argumentos que podem justificar a necessidade de regulação dos discursos de ódio – ou pelo menos de algumas de suas modalidades mais graves – pelo uso da norma penal. Como foi tratado anteriormente, se presentes determinadas condições, certos discursos de ódio contribuem para danos significativos à reputação e, indiretamente, à integridade física, à vida e a outros direitos de indivíduos membros de grupos vulneráveis, o que oferece razões para a necessidade de sua repressão. Afinal, a norma penal se ocupa da prevenção de violações graves de bens jurídicos.

São pelo menos duas possibilidades válidas e operacionais de compreensão dos discursos de ódio como condutas violadoras de bens jurídicos. Pode se argumentar, em primeiro lugar, que os discursos de ódio causam lesão direta a um bem jurídico coletivo que compreende a noção de reputação social trazida por Waldron. Esse bem jurídico pode ser chamado de dignidade do grupo (conforme vocabulário utilizado pelo autor), de reputação social ou, de forma mais próxima do ordenamento brasileiro, de honra objetiva coletiva[115]. Em todo caso, é inquestionável que é condição indispensável para uma vida ordenada que indivíduos sejam tratados com respeito pelo Estado e pelos seus pares, o que pressupõe a preservação de sua reputação social básica.

Se adotada essa linha argumentativa, o delito decorrente da tipificação dos discursos de ódio seria considerado um delito de lesão, pois prejudicaria diretamente o bem jurídico protegido (MAÑALICH, 2021, p. 82). Sua configuração, por isso, depende de alguma forma de prejuízo a reputação do grupo alvo. Como esse prejuízo não ocorre na forma

tes de violações graves, mas não inclui um julgamento sobre sua capacidade de atingir esses fins (juízo de eficácia).

[115] A noção de honra objetiva coletiva é particularmente atraente por duas razões. Em primeiro lugar, porque se amolda ao fato de que os discursos de ódio, como explica Waldron, são mais facilmente compreendidos se tratados como difamações de grupos (Cf. nota 21). Em segundo lugar, porque o bem jurídico "honra objetiva", que sinaliza justamente a ideia de reputação do indivíduo, já faz parte do ordenamento jurídico brasileiro e é amplamente entendido como digno de proteção pelo Direito Penal mediante a criminalização da calúnia e da difamação. A partir daí, a ideia de que o discurso de ódio contribui simultaneamente para a lesão da honra objetiva de todos os membros do grupo vulnerável permite uma extrapolação desse conjunto para uma noção de honra coletiva.

de um resultado material e naturalístico observável, já que não é possível "ver" a desintegração da reputação de um grupo social (ROMEO CASABONA, 2006, p. 114), seria necessário, no caso concreto, juntar argumentos que demonstrem a alta plausibilidade do discurso de lesar, em grau significativo, o bem jurídico. Do contrário, não seria justificada a punição, pois se configuraria crime impossível (conduta incapaz de lesionar o bem jurídico e que, portanto, não deve ser punida). Isso significa, nesse caso, a necessidade de demonstrar que é plausível crer que o discurso de ódio causou danos relevantes à reputação do grupo-alvo, o que abre espaço para discussões que levam em consideração os critérios de gravidade já apresentados e discutidos.

Aqui é importante afastar dois posicionamentos semelhantes, mas incompatíveis com a abordagem deste trabalho. Não se trata, nesse caso, nem de entender os discursos de ódio como delitos que violam os sentimentos, nem de acompanhar o que faz o Código Penal alemão, ou seja, classificar os discursos de ódio como crimes contra a paz pública. Ambas essas escolhas seriam problemáticas, por razões distintas.

ROXIN acredita que não cabe ao Direito Penal proteger os sentimentos, pois em uma sociedade multicultural a tolerância frente a concepções de mundo contrárias é essencial e esse conflito, entre diferentes visões de mundo, por si só, pode causar efeitos psicológicos negativos que serviriam de argumento para criminalização (2009, p. 22). Esse argumento está correto. A regulação dos discursos de ódio, conforme defende-se aqui, não existe para proteger os sentimentos dos membros do grupo vulnerável (ainda que estes sejam afetados quando sentem frustração, medo e diminuição da autoestima), mas, sim, para impedir a ocorrência de atos concretos de discriminação ou violência que decorrem dos efeitos cumulativos desses discursos sobre a opinião pública e o tecido social[116].

[116] Nota-se que, por não partilharem desse mesmo modelo de lesividade dos discursos de ódio, tanto ROXIN (2009, p. 24) quando HÖRNLE (2007, p. 391-392) defendem que a criminalização da negação ou diminuição pública do holocausto seria ilegítima, na medida em que não serviria à proteção de bens jurídicos ou direitos de terceiro. Essa criminalização teria apenas o objetivo, na visão de Roxin, de apresentar o Estado Alemão como um que não esquece os crimes cometidos anteriormente, ou, na visão de Hörnle, de evitar a indignação e comoção social decorrentes da quebra de tabus da sociedade alemã. Se adotado o modelo aqui apresentado, porém, torna-se plausível a ideia de que a negação pública do

ROXIN, por outro lado, também acredita que é justificável a proteção penal do sentimento de segurança e, também, que é a proteção desse sentimento que poderia justificar a punição dos discursos que incitam o ódio, visto que é tarefa do Estado assegurar aos cidadãos uma vida em sociedade, livre de medo (2009, p. 22). Essa ideia de um sentimento coletivo de segurança a ser protegido pelo uso da norma penal se traduz, no Código Penal alemão, na classificação dos discursos de incitação como crimes contra a paz pública, noção essa que é criticada principalmente por seu caráter consideravelmente abstrato e impreciso (HÖRNLE, 2007, p. 387).

Mas entender os crimes de incitação ao ódio como crimes contra um sentimento coletivo de segurança pode levar à incorreta avaliação de sua gravidade no caso concreto, essencial para a aferição da pena adequada. Ainda que causem medo e inquietação social, direta ou indiretamente, o que torna os discursos de ódio verdadeiramente nocivos é sua capacidade de convencer pessoas a se voltarem contra o grupo vulnerável, capacidade essa que pode ser avaliada se levados em consideração seu orador, sua audiência, seu veículo e as condições do contexto histórico-social em que se insere. Dessa forma, deve-se ter cautela ao se propor que o discurso mais grave, e merecedor de maior pena, é aquele que causa mais medo e inquietação social e não aquele que mais prejudica a percepção social sobre o grupo vulnerável alvo (levando, portanto, a mais atos concretos de discriminação e violência). Se a interpretação dos delitos de discurso de ódio se der ao redor de um bem jurídico coletivo, é preferível que este capture corretamente a noção de reputação social de grupos trazida por Waldron.

Outra possibilidade de justificação seria enfatizar o caráter indireto do dano causado pelos discursos de ódio, com foco nos bens jurídicos individuais violados. Nesse caso, argumenta-se que os bens jurídicos violados pelos discursos de ódio são múltiplos, compreendendo todos aqueles que podem ser lesionados pelos atos discriminatórios e de violência que decorrem da desintegração da reputação do grupo. Aqui são incluídos, nesse sentido, o direito a um tratamento igualitário, que é negado quando o indivíduo é impedido de adentrar em um estabeleci-

holocausto, por pressupor uma conspiração organizada pelo povo judeu, pode causar danos à reputação desse grupo vulnerável dignos de repressão.

mento por seu pertencimento a um grupo vulnerável; a integridade psíquica e a honra subjetiva, afetadas quando o indivíduo é alvo de insultos e ameaças; e a integridade física e a vida, que são atingidas quando o indivíduo é agredido ou morto, entre outros. Os delitos que resultam da tipificação dos discursos de ódio seriam, nesse caso, interpretados como crimes de perigo abstrato.

São classificados como crimes de perigo abstrato aqueles cuja configuração não requer nem a demonstração de que o bem jurídico protegido foi exposto a uma lesão (ou resultado naturalístico), nem a demonstração de que esse bem jurídico foi colocado em uma situação de perigo real e concreto[117]. São condutas que o legislador assume que são capazes de criar um risco de lesão dos bens jurídicos protegidos e que, por essa razão, são punidas independentemente da verificação concreta de uma lesão ou de um resultado naturalístico. Na interpretação desses tipos, ao aplicador da norma só resta confirmar, ou não, no caso concreto, que a conduta analisada é de fato capaz de colocar em perigo bens jurídicos[118] (BOTTINI, 2013, p. 192).

No caso dos delitos de discurso de ódio, isso significaria uma presunção de que eles são capazes de colocar em perigo a vida dos membros dos grupos vulneráveis, sua integridade física, sua igualdade e outros bens jurídicos individuais, o que é compatível com o modelo adotado neste trabalho. Sob essa perspectiva, não seria necessária para a configuração de um crime de discurso de ódio a demonstração de que um determinado ato de discriminação ou violência foi causado por ele. Bastaria, no caso concreto, demonstrar que o discurso de ódio em julgamento era capaz de gerar efeitos que contribuíssem para a ocorrência desses atos e consequentemente, para a criação de um risco não insigni-

[117] Como explica HÖRNLE, grande parte dos crimes que são considerados violadores da "paz pública" no ordenamento jurídico alemão (especialmente os crimes de incitação) poderiam ser reclassificados como crimes de perigo abstrato, na medida em que afetam indiretamente bens jurídicos individuais (como a saúde, a vida, a propriedade etc.), de forma que o recurso aos sentimentos da coletividade seria desnecessário (2007, p. 388).

[118] Esse raciocínio fundamentou decisão do Superior Tribunal de Justiça que julgou atípico o porte de arma sem munição por ausência de potencialidade de perigo ao bem jurídico, apesar do porte em si ser crime conforme a lógica dos crimes de perigo abstrato. Cf. STJ, Habeas Corpus nº 194.468, julgado em 17/04/12.

ficante de violação dos bens jurídicos (BADARÓ, 2018, p. 563)[119]. Essa demonstração também poderia ser feita a partir do ferramental descrito na seção 1.1 deste trabalho, pois a identificação de uma manifestação como discurso de ódio e a sua avaliação como grave implicaria sua capacidade de causar danos à reputação de grupos vulneráveis[120].

Nota-se que esses caminhos só justificam a criminalização de discursos de ódio particularmente graves. Se fosse do interesse do legislador criminalizar todo e qualquer discurso de ódio, inclusive aqueles menos lesivos, poderia também se valer da figura dos crimes de efeito cumulativo. Como explica MAÑALICH, esses são aqueles delitos que, individualmente, não são capazes de causar dano aos bens jurídicos, mas que, se praticados de forma massiva, causariam dano, o que justificaria, para alguns, sua punição individual (2021, p. 97). Os exemplos principais seriam os delitos contra o meio ambiente. Como todo discurso de ódio contribui, em maior ou menor grau, para um ambiente prejudicial aos membros do grupo vulnerável, esse raciocínio poderia, para alguns, justificar a punição até dos discursos de ódio menos graves. Contudo, conforme apontam BAKER e ZHAO, essa abordagem pode ser problemática segundo a lógica da culpabilidade, já que uma pessoa só pode ser

[119] A posição de que a acusação tem o ônus de demonstrar a periculosidade da conduta no caso concreto quando lida com crimes de perigo abstrato, defendida por Pierpaolo BOTTINI (2013, p. 192), não é compartilhada pelos ministros do STF, pelo menos quando estes interpretam o crime de incitação à discriminação. A opinião vencedora no caso Ellwanger sobre a periculosidade dos crimes de incitação foi aquela trazida em sede de parecer por Miguel REALE JÚNIOR, que afirmou que "o incitamento, o ato de incitar, não exige para sua configuração a constatação de relevante probabilidade de construir pensamentos discriminatórios". O crime seria, assim, de mera conduta (2009, p. 83). Essa posição é criticável, porém, pois a ausência dessa constatação significa que crimes de perigo abstrato podem levar à punição de condutas completamente inofensivas, o que não é compatível com a exigência de ofensa a bens jurídicos.

[120] Dessa forma, mesmo que a expressão "discurso de ódio" não estivesse presente no tipo penal, a configuração da manifestação como discurso de ódio seria um pressuposto para sua punição. Isso significaria, por exemplo, que ainda que isso não seja um elemento explícito do tipo, uma manifestação que incita discriminação não poderia ser punida nos termos do caput do artigo 20 da Lei Caó se ela não tivesse como alvo um grupo vulnerável, pois isso seria condição para sua periculosidade e, consequentemente, para sua ofensividade a um bem jurídico. No mesmo sentido, Tatiana BADARÓ, também vê a vulnerabilidade fática do grupo atacado pelo discurso de ódio como indispensável para o reconhecimento da periculosidade não insignificante de dado aos bens jurídicos (2018, p. 563).

punida por suas próprias ações e, por isso, não deveria ser punida pelo dano causado pelo acúmulo das condutas de terceiros se sua contribuição para esse dano foi mínima (2013, p. 653).

Não se pretende, aqui, estudar e analisar todos os argumentos favoráveis ou contrários à necessidade de criminalização de discursos de ódio. O que se espera é que a demonstração de pelo menos dois caminhos válidos seja suficiente para que o leitor considere plausível que os discursos de ódio com maior potencial lesivo (ou seja, aqueles que, por suas características e características do seu contexto, têm maior capacidade de mudar a opinião de uma grande audiência sobre o grupo alvo) são dignos de repressão penal. Conforme já foi argumentado, contudo, também é pressuposto para a legitimidade de uma criminalização (além de imperativo de política criminal), que ela se apoie em um juízo prognóstico de eficácia que determine uma considerável probabilidade de seu sucesso em prevenir a ocorrência da conduta incriminada.

2.2.2. Dois argumentos pertinentes, mas insuficientes

É importante desde já afastar dois argumentos que apontam para a ineficácia da norma penal no combate aos discursos de ódio e que se pretendem suficientes. Um primeiro ponto que pode ser levantado é que o arcabouço penal constitucional e infraconstitucional de combate aos discursos de ódio, no Brasil e em outros jurisdições, não parece ter sido capaz de eliminar ou de frear a proliferação de atos de discriminação e de discursos de ódio ao redor do mundo, principalmente nos espaços virtuais. Isso poderia ser interpretado como evidência conclusiva de sua ineficácia. No caso brasileiro, ainda que esse cenário possa ter apresentado alguns avanços nas décadas que seguiram a CF88, seria um erro grave afirmar que o país, hoje, é livre de discurso de ódio, discriminação e violência contra grupos vulneráveis[121].

Esse dado deve ser lido com cautela, pois não é suficiente para fundamentar um juízo de ineficácia da norma penal, ou seja, de sua incapaci-

[121] O contrário parece ser verdade, visto que as denúncias de atos e discursos discriminatórios em organizações não governamentais parecem ter aumentado nos últimos anos. Cf., por exemplo: Em um ano, denúncias de neonazismo na Internet cresceram 60,7%, diz Safernet. Disponível em: https://www.cnnbrasil.com.br/tecnologia/em-um-ano-denuncias-de-neonazismo-na-internet-cresceram-607-diz-safernet/. Acesso em: 9 fev. 2022.

dade de tutelar bens jurídicos. Isso porque, como lembra GOMES, não é possível saber com exatidão se a ausência da norma penal implicaria uma prática ainda mais comum da conduta proibida pela norma (2003, p. 153). No caso particular dos discursos de ódio criminalizados, o arcabouço penal pode estar, por exemplo, desincentivando sua prática por oradores famosos em espaços públicos e meios de grande alcance, como a televisão, e a relegando principalmente a espaços em que a identidade do orador pode ser obscurecida. Se é verdade que os discursos de ódio permanecem se proliferando nesse cenário, também é verdade que eles têm, na média, menor potencial lesivo, o que pode ser entendido como um resultado que protege os bens jurídicos afetados.

O juízo *a posteriori* de eficácia é, assim, limitado, tanto por ser impossível medir com precisão a influência da norma penal nas decisões individuais, quanto por ser difícil isolar os efeitos preventivos-gerais das normas penais dos efeitos de outras formas de controle social (HASSEMER, 2004, p. 66). Nesse sentido, não é possível atribuir com absoluta certeza nem uma redução dos níveis de criminalidade, nem uma manutenção dos níveis de criminalidade ao sucesso ou fracasso da norma penal. Por outro lado, é perfeitamente válido afirmar que esse fracasso aparente é um indicativo de que existem problemas na elaboração da norma ou obstáculos concretos à sua eficácia que merecem estudo.

O número de registros anuais da Polícia Federal brasileiras sobre neonazismo manifestado na internet demonstra esse indício de forma clara quando contrastado com o número de células neonazistas ativas no país. Conforme dados levantados pelo Núcleo Investigativo da CNN via Lei de Acesso à Informação (LAI), a Polícia Federal registrou apenas 333 inquéritos para apurar denúncias de promoção da ideologia nazista entre 2011 e 2021[122]. A pesquisadora Adriana Dias, por outro lado, identificou a presença de pelo menos 530 células neonazistas ativas, no Brasil, que utilizam a internet como fóruns e redes sociais para se comunicar e propagar conteúdo discriminatório[123]. Ainda que o número de

[122] Cf. Casos de apologia ao nazismo aumentam 900% em dez anos, de acordo a PF. Disponível em: https://www.cnnbrasil.com.br/nacional/casos-de-apologia-ao-nazismo-aumentam-900-em-dez-anos-de-acordo-a-pf/. Acesso em: 16 fev. 2022.

[123] São consideradas células neonazistas, para a pesquisadora, grupos de pelo menos três pessoas que se reúnem para difundir ideias e ações inspiradas na experiência nazista da Europa na primeira metade do século 20. Cf. Pesquisadora identifica 530 células neonazis-

inquéritos esteja em crescimento, há uma evidente disparidade entre ele e o número de casos identificados por pesquisadores, o que indica, no mínimo, que existem obstáculos para a devida apuração das condutas.

Um segundo argumento que deve ser afastado é a ideia de que a persistência das ideologias discriminatórias e visões de mundo preconceituosas também denota um fracasso completo da norma penal. Não é o caso, visto que ela nem deve e nem é capaz de mudar opiniões e derrotar ideologias. À norma penal cabe, como foi aqui defendido, a tarefa de prevenir a ocorrência de condutas, e não a de corrigir os problemas sociais estruturais que motivam seus autores. No caso dos discursos de ódio, isso significa que à norma penal cabe exclusivamente a redução da ocorrência e proliferação de discursos em si, e não a mudança de ideia de seus oradores (SILVA, 2008, p. 183). A mudança da opinião pública só pode ser atingida com debate público, medidas educativas e políticas públicas de larga escala.

Assim, a crítica comum de que a norma penal não é capaz de lidar com as causas estruturais dos discursos de ódio e que ela apenas os empurra para espaços ocultos de debate parte de uma expectativa errônea sobre os fins e limites do exercício do poder de punir. Além disso, reitera-se que se é verdade que a gravidade dos discursos de ódio depende de sua capacidade de se proliferar, então a expulsão dos discursos de ódio de espaços de comunicação de grande capilaridade, quando ocorre em razão da norma penal, deve ser considerada um resultado positivo e um indicativo da eficácia da prevenção de atos de discriminação e violência contra grupos vulneráveis.

Respondidos esses dois posicionamentos, é possível discutir com maior profundidade a questão da eficácia da repressão penal dos discursos de ódio em redes sociais. Dito isso, tendo em vista as condições que devem estar presentes para que haja eficácia preventiva da norma penal, existem razões para crer que a natureza dos discursos de ódio como problema social e o contexto em que eles se inserem hoje oferecem obstáculos significativos à sua prevenção por esse instrumento. Esses obstáculos, que serão discutidos a seguir, revelam-se tanto no momento da tipificação das condutas, quanto no momento do esclarecimento do

tas no Brasil. Disponível em: https://br.noticias.yahoo.com/pesquisadora-identifica-530-celulas-neonazistas-no-brasil-143054834.html. Acesso em: 16 fev. 2022.

crime e da aplicação da pena, afetando, portanto, todas as modalidades de prevenção pretendidas pela repressão penal.

2.2.3. O desafio da tipificação taxativa dos discursos de ódio

"Discurso de ódio", como foi afirmado anteriormente, é um "conceito guarda-chuva" que abarca uma multitude de manifestações aproximadas por determinadas características que as tornam aptas a causar danos à reputação social básica de grupos vulneráveis. Essas manifestações, apesar de serem todas "discursos de ódio", divergem em muito quanto à sua gravidade, que é influenciada tanto pelo conteúdo da mensagem contida na manifestação quanto pelo contexto em que essa mensagem é propagada. Algumas, por isso, são socialmente toleráveis, enquanto outras não.

Dessa afirmação decorrem consideráveis dificuldades para o legislador que pretende criminalizar de forma adequada uma ou mais dessas manifestações. Caberá a ele eleger quais modalidades de discursos de ódio são graves o suficiente para tornar a repressão penal necessária, já que ao Direito Penal cabe exclusivamente a regulação de condutas que violam de forma grave bens jurídicos essenciais. Ao fazê-lo, deverá ser capaz de descrever essas modalidades no texto legal de uma forma que apenas elas sejam criminalizadas, e não aquelas outras manifestações (discursos de ódio ou não) que são consideradas toleráveis por serem inofensivas ou protegidas por outros valores constitucionais.

Esses desafios têm impactos significativos na eficácia da norma construída. Isso porque a taxatividade, ou seja, a clareza e determinação da norma quanto à conduta punível, não é apenas uma garantia de previsibilidade e controle do exercício do poder punitivo pelo Estado, mas também uma condição para que o indivíduo destinatário da norma compreenda seu mandamento e, assim, seja capaz de guiar seu próprio comportamento conforme esse mandamento. Se o legislador fracassa em delimitar satisfatoriamente as manifestações intoleráveis, o resultado é uma norma que comunica de forma confusa aquilo que pode ou não ser dito, o que cria incerteza entre os destinatários e inconsistência entre as razões de sentenças de condenação ou absolvição (ou, nos piores casos, arbítrio).

Nesse sentido, a criminalização clara de modalidades de discursos de ódio é particularmente difícil, pois o legislador embarca em diversos debates teóricos e problemas não solucionados que exigem posicionamentos firmes. Por essa razão, essa atividade atrai soluções simplistas, como textos legais excessivamente amplos. Para garantir a taxatividade necessária para a correta comunicação da gravidade do comportamento e da ameaça de punição, o legislador deverá tomar lado, por exemplo, em discussões difíceis sobre os limites da liberdade de expressão religiosa, sobre os limites do humor, sobre os limites do debate científico e político ou sobre quais grupos devem ser protegidos por serem considerados vulneráveis.

A criminalização de discursos cuja licitude é muito controversa, em consequência da abertura do texto legal, também é prejudicial ao efeito preventivo geral da norma penal porque aqueles cuja ideologia e valores são considerados discriminatórios pelo Estado dificilmente serão convencidos de que suas manifestações são problemáticas. Mais provável é que não vejam a criminalização de seus ideais como uma declaração da gravidade de um problema social, mas sim como uma forma de perseguição institucionalizada ao seu grupo (SILVA, 2008, p. 185). Se uma parcela considerável da população compartilha de posicionamentos cuja expressão é considerada ilícita pelo Estado, resta apenas o efeito intimidador da ameaça de pena para o controle de seu comportamento. A dissuasão pelo convencimento parece implausível nesse caso.

A dificuldade reside no fato de que, ainda que não haja consenso sobre esses temas na literatura, na jurisprudência, ou até no debate público, a taxatividade penal requer que a norma seja clara quanto os limites da punibilidade, mesmo que isso signifique que o texto exclua explicitamente a punição de discursos de ódio em contextos específicos. Do contrário, o destinatário nunca terá segurança de que suas manifestações não ultrapassam o limite da legalidade.

Parte dessas decisões podem ser tomadas pela jurisprudência após a publicação da norma, em discussões sobre o dolo, ou sobre a lesividade e a periculosidade no caso concreto, o que assegura ao legislador a opção por um grau mínimo de abertura textual. O problema é que a necessidade de correta comunicação das decisões judiciais e de suas razões aos destinatários da norma adiciona outra camada de empecilhos à eficácia da proibição. Nesse caso, para saber o que pode e o que não pode dizer ou publicar, o indivíduo deverá ter considerável conhecimento não só sobre o conteúdo da lei penal, mas também sobre as decisões jurisprudenciais que determinam seus limites interpretativos[124]. Há também o risco de que a jurisprudência se perca em debates difíceis e não seja capaz de fornecer critérios suficientes para a padronização das decisões e a condução do comportamento dos destinatários.

Assim, para atingir o máximo possível de eficácia, a norma penal deve conter em si mesma os elementos suficientes para sua interpretação pelo destinatário e para orientação da jurisprudência, o que é particularmente desafiador no caso dos discursos de ódio. A legislação brasileira oferece exemplo concreto de como esses desafios são de difícil resolução e, também, de como a desatenção do legislador a eles pode criar normas penais obscuras que fomentam a incerteza.

2.2.3.1. Primeiro exemplo: as manifestações punidas pelo artigo 20 da Lei Caó

O artigo 20 da Lei nº 7.716/89, o mais abrangente dispositivo penal no arcabouço brasileiro de combate aos discursos de ódio, resulta de uma tentativa de criminalização dos discursos de ódio de forma ampla, sem a definição de contornos precisos para as manifestações puníveis ou critérios claros para sua interpretação em contextos que atraem debates difíceis. Sua redação atual é a que segue:

> **Art. 20.** Praticar, induzir ou incitar a discriminação ou preconceito de raça, cor, etnia, religião ou procedência nacional.
>
> Pena: reclusão de um a três anos e multa.
>
> **§ 1º** Fabricar, comercializar, distribuir ou veicular símbolos, emblemas, ornamentos, distintivos ou propaganda que utilizem a cruz suástica ou gamada, para fins de divulgação do nazismo.
>
> **Pena:** reclusão de dois a cinco anos e multa.

[124] Reitera-se, como aponta HASSEMER, que o efeito preventivo geral não é alcançado puramente através da intermediação normativa, mas apenas quando os destinatários são informados concretamente do conteúdo das normas, das decisões judiciais, e são motivados por elas (2004, p. 64). Nesse sentido, o autor aponta que é muito mais comum que o conhecimento atualizado sobre a jurisprudência penal não alcance o público geral, estando reservado àqueles grupos de possíveis autores vinculados profissionalmente entre si, e que tem contato frequente com revistas especializadas e capacitações laborais (2004, p. 67).

§ **2º** Se qualquer dos crimes previstos no caput é cometido por intermédio dos meios de comunicação social ou publicação de qualquer natureza:

Pena: reclusão de dois a cinco anos e multa.

O crime de injúria por elementos discriminatórios (artigo 2º-A da Lei nº 7.716/89 e artigo 140, § 3º do código penal) e o crime de incitação pública a atos de genocídio (artigo 3º da Lei nº 2.889/56), – que são os outros exemplos principais de modalidades de discurso de ódio criminalizadas – possuem um grau de determinação que permite uma comunicação relativamente clara das condutas puníveis. A injúria, nesse sentido, engloba apenas o discurso de ódio que é dirigido como forma de insulto a uma pessoa pelas características que a tornam parte de um grupo vulnerável. A incitação pública ao genocídio delimita as manifestações puníveis por seu conteúdo, de forma que somente são proibidas aquelas que defendem explicitamente um rol taxativo de condutas (aquelas previstas no artigo 1º da mesma Lei[125]).

O artigo 20 da Lei nº 7.716/89, diferentemente, é muito mais amplo quanto ao que pretende punir. O legislador, nesse caso, ao invés de eleger tipos específicos de manifestações odiosas para a repressão penal, preferiu inserir o máximo possível de discursos de ódio em um mesmo tipo. A redação atual do *caput* tipifica três grupos de condutas: (i) a prática (ii) o induzimento e (iii) a incitação de discriminação e preconceito de raça, cor, etnia, religião ou procedência nacional. Em seu § 1º, o dispositivo pune atos específicos de divulgação da doutrina nazista e, em seu § 2º, atribui pena maior às condutas do *caput* quando cometidas por intermédio de meios de comunicação social ou publicação.

Quando se debruça sobre a "prática de discriminação", o dispositivo expressa uma gama de problemas. Como explica Katia Elenise Oliveira da SILVA, a amplitude do tipo faz com que ele se torne uma figura subsidiária, invocável sempre que um ato de discriminação que envolva "raça, cor, etnia, religião ou procedência nacional" não se subsuma aos

[125] Art. 1º Quem, com a intenção de destruir, no todo ou em parte, grupo nacional, étnico, racial ou religioso, como tal: a) matar membros do grupo; b) causar lesão grave à integridade física ou mental de membros do grupo; c) submeter intencionalmente o grupo a condições de existência capazes de ocasionar-lhe a destruição física total ou parcial; d) adotar medidas destinadas a impedir os nascimentos no seio do grupo; e) efetuar a transferência forçada de crianças do grupo para outro grupo.

outros dispositivos da Lei Caó, que proíbem condutas concretas como a negação de emprego (art. 4º) e o impedimento de acesso em estabelecimento (art. 5º) por razões discriminatórias (2001, p. 78). Em outras palavras, parte do rol taxativo de condutas discriminatórias puníveis descritas pelos artigos 3º a 14º da Lei Caó se torna irrelevante, dado que todas as condutas são puníveis também nos termos do artigo 20, com exceção, apenas, daquela cuja pena prevista é maior.

A criminalização de modalidades de discurso de ódio, que era a motivação o parlamentar que elaborou o artigo 20[126], começa apenas quando o dispositivo descreve as condutas de incitar e induzir discriminação e preconceito. Em grande contraste com os outros dispositivos da Lei Caó e com seu próprio § 1º, que delimita cuidadosamente as condutas que serão consideradas formas puníveis de divulgação de nazismo, além de sua motivação ("fabricar, comercializar, distribuir ou veicular símbolos, emblemas, ornamentos, distintivos ou propaganda que utilizem a cruz suástica ou gamada, para fins de divulgação do nazismo"), o *caput* do artigo 20 prevê a punição, com as mesmas penas mínima e máxima, de todas as manifestações que possam ser consideradas formas de promoção de atos ou pensamentos discriminatórios.

Não há, aqui, um rol exemplificativo ou taxativo de manifestações que possam ser consideradas incitação ou induzimento de discriminação ou preconceito ou de atos de discriminação que possam ser incitados[127].

[126] O dispositivo foi incluído na Lei nº 7.716/89 pela promulgação da Lei nº 8.081 de 21 de setembro de 1990. Ao expor os motivos para propositura da alteração legislativa, o então deputado federal Ibsen Pinheiro declarou o seguinte: "Referida lei se preocupou em estabelecer a punição para práticas rotineiras de discriminação de raça ou de cor, no que diz respeito ao acesso, recusa, impedimento ou obstáculo a serviços, funções, empregos ou locais públicos, que representem, com isso, a discriminação vedada constitucionalmente. Não cuidou, no entanto, de estabelecer a punibilidade nas condutas consistentes na pregação, de qualquer modo, do racismo e da discriminação ou preconceito de religião, etnia ou procedência nacional, seja através de publicação de qualquer natureza, seja através da imprensa falada ou televisada.". A exposição de motivos se deu no âmbito do Projeto de Lei nº 5.239 de 1990, disponível em: http://www.camara.gov.br/proposicoesWeb/prop_mostrar integra?codteor=1147704&filename=Dossie+-PL+5239/1990. Acesso em: 12 jan. 2022.

[127] É importante notar a adição do artigo 20-C da Lei 7.716/89, pela Lei nº 14.532/2023, que tenta, com sucesso debatível, trazer mais clareza sobre que atos podem ser considerados discriminatórios para fins de interpretação da Lei Caó. A falta de clareza quanto ao que se considera "preconceito", porém, permanece. "Art. 20-C. Na interpretação desta Lei, o juiz

Muito menos existe esclarecimento quanto aos limites de sua aplicação quando a manifestação é proferida em um contexto que invoca a proteção constitucional da liberdade de culto, da liberdade artística ou da liberdade acadêmica. O resultado é um texto legal que pode ser invocado, em sua amplitude semântica, para punir quase todo tipo de discurso possivelmente danoso à reputação de grupos vulneráveis, sem distinção de gravidade, e, também, manifestações artísticas, pregações religiosas, declarações ideológicas e posicionamentos científicos cujo grau de proteção pela Constituição Federal ainda é incerto (SILVA, 2008, p. 188).

O legislador brasileiro, ao elaborar o artigo 20 da Lei Caó, optou por não se posicionar explicitamente nas discussões fundamentais sobre os limites da liberdade de expressão em um Estado Democrático de Direito[128]. Ele delegou à jurisprudência o desafio de restringir o poder punitivo e proteger a liberdade de expressão e, em última instância, aos destinatários do efeito preventivo da norma o desafio de determinar aquilo que podem ou não dizer. A ausência de critérios claros definidos em lei cria incerteza e, consequentemente, ineficácia. O texto legal comunica meramente que qualquer manifestação que incite discriminação deve ser punida, independentemente de contexto e gravidade.

Uma evidência de como a amplitude dessa redação gera incerteza inclusive até nas mais altas instancias do judiciário brasileiro é trazida por Stephane Hilda Barbosa LIMA e Theófilo Miguel de AQUINO, que investigaram posicionamentos do STF sobre os limites do exercício da liberdade religiosa (2020). Os autores compararam o julgamento da Ação Direta de Inconstitucionalidade (ADI) nº 4.439, de 2018[129] (que

deve considerar como discriminatória qualquer atitude ou tratamento dado à pessoa ou a grupos minoritários que cause constrangimento, humilhação, vergonha, medo ou exposição indevida, e que usualmente não se dispensaria a outros grupos em razão da cor, etnia, religião ou procedência."

[128] Apenas anos depois, com a aprovação da Lei nº 14.532/2023, o legislador tomou posicionamento quanto a interpretação da gravidade de discursos de ódio proferidos em contexto de recreação, diversão e descontração. O novo texto da lei, contudo, não é claro quanto a criminalização de discursos de finalidade humorística. "Art. 20-A. Os crimes previstos nesta Lei terão as penas aumentadas de 1/3 (um terço) até a metade, quando ocorrerem em contexto ou com intuito de descontração, diversão ou recreação."

[129] Cf. STF. AÇÃO DIRETA DE INCONSTITUCIONALIDADE: ADI 4439/2018 Relator: Ministro Roberto Barroso. DJ: 27/09/2017. Disponível em: https://jurisprudencia.stf.jus.br/pages/search/sjur387047/false. Acesso em 13 jan. 2022.

julgou constitucional a obrigatoriedade de oferta de ensino confessional em escolas públicas) com o julgamento conjunto da Ação Direita de Inconstitucionalidade por Omissão (ADO) nº 26[130] e do Mandado de Injunção (MI) nº 4.733, em 2019[131] (que entenderam que atos e discursos homotransfóbicos podem ser subsumidos ao crime do artigo 20 da Lei Caó, citando expressamente em sua fundamentação o campo de abrangência da liberdade religiosa no caso de discursos contrários à homossexualidade).

Conforme mostram os autores, no julgamento sobre a obrigatoriedade do ensino religioso a Corte se fundamentou em uma concepção de liberdade religiosa bastante ampla, descrita no voto do ministro Alexandre de Moraes:

> Insisto, **um Estado não consagra verdadeiramente a liberdade religiosa sem absoluto respeito aos seus dogmas, suas crenças, liturgias e cultos**. O direito fundamental à liberdade religiosa não exige do Estado concordância ou parceira com uma ou várias religiões; exige, tão somente, respeito; impossibilitando-o de mutilar dogmas religiosos de várias crenças, bem como de unificar dogmas contraditórias sob o pretexto de criar uma pseudoneutralidade no 'ensino religioso estatal' (grifos nossos)

Prevaleceu no acórdão uma concepção de liberdade religiosa que impede que o Estado escolha como deve se dar o exercício dos dogmas da fé individual. Caberia apenas aos membros da religião decidir quais são suas crenças e os procedimentos que devem ser respeitados para sua devida proclamação (LIMA; AQUINO, 2020, p. 187).

No julgamento posterior, sobre a criminalização dos atos e discursos de homotransfobia, o Tribunal definiu expressamente que a criminalização não poderia impedir a realização de discurso religioso, aparentemente de acordo com a concepção firmada na ADI nº 4.439 (LIMA; AQUINO, 2020, p. 189). O ministro Alexandre de Moraes, inclusive,

[130] Cf. STF. AÇÃO DIRETA DE INCONSTITUCIONALIDADE POR OMISSÃO: ADO 26/2019 Relator: Ministro Celso de Mello. DJ: 13/06/2019. Disponível em: https://jurisprudencia.stf.jus.br/pages/search/sjur433180/false. Acesso em 13 jan. 2022.

[131] Cf. STF. MANDATO DE INJUNÇÃO: MI 4.337/2019 DF Relator: Ministro Marco Aurélio Melo. DJ: 13/06/2019. Disponível em: https://jurisprudencia.stf.jus.br/pages/search/sjur432699/false. Acesso em 13 jan. 2022.

repete diversos dos argumentos que utilizou para defender a impossibilidade de que a liberdade religiosa seja respeitada sem que o Estado consagre absolutamente as crenças em seus dogmas, liturgias e cultos.

Contudo, após assegurar o direito de "pregar e de divulgar, livremente, pela palavra, pela imagem ou por qualquer outro meio, o seu pensamento e de externar suas convicções de acordo com o que se contiver em seus livros e códigos sagrados", o Tribunal estabelece que há um limite para essas manifestações: a configuração de discursos de ódio, entendidos como exteriorizações que incitem a discriminação, a hostilidade ou a violência contra pessoas em razão de sua orientação sexual ou de sua identidade de gênero:

> (...) **A repressão penal à prática da homotransfobia não alcança nem restringe ou limita o exercício da liberdade religiosa, qualquer que seja a denominação confessional professada**, a cujos féis e ministros (sacerdotes, pastores, rabinos, mulás ou clérigos muçulmanos e líderes ou celebrantes das religiões afro-brasileiras, entre outros) é **assegurado o direito de pregar e de divulgar, livremente, pela palavra, pela imagem ou por qualquer outro meio, o seu pensamento e de externar suas convicções de acordo com o que se contiver em seus livros e códigos sagrados**, bem assim o de ensinar segundo sua orientação doutrinária e/ou teológica, podendo buscar e conquistar prosélitos e praticar os atos de culto e respectiva liturgia, independentemente do espaço, público ou privado, de sua atuação individual ou coletiva, **desde que tais manifestações não configurem discurso de ódio, assim entendidas aquelas exteriorizações que incitem a discriminação, a hostilidade ou a violência contra pessoas em razão de sua orientação sexual ou de sua identidade de gênero.** (grifo nosso)

Como os discursos que incitam a discriminação são puníveis nos termos do artigo 20 da Lei Caó, que passaria a determinar também a punibilidade de manifestações homotransfóbicas, o Tribunal foi profundamente incerto quanto aos limites da liberdade de profissão religiosa, mostrando-se incapaz de definir, a partir do texto da lei, critérios claros que orientem o comportamento de fiéis e pregadores. Afirmou, em outras palavras, que a expressão religiosa é absolutamente livre da interferência do Estado, exceto quando é crime, e que a criminalização da homotransfobia não impede o exercício de dogmas religiosos, exceto quando o faz.

Como bem lembram LIMA e AQUINO, para atingir um grau de segurança jurídica adequado, caberia ao tribunal (ou ao legislador, previamente), firmar uma de duas posições que são incompatíveis entre si: (i) manter a competência para definir o que é discurso religioso exclusiva ao indivíduo ou (ii) estabelecer critérios claros e estritos sobre quais discursos são puníveis no contexto da pregação religiosa (2020, p. 205). Se os poderes Legislativo e Judiciário não firmam nenhum desses posicionamentos, não é possível esperar do destinatário da norma penal que este seja capaz de orientar seu comportamento conforme seus mandamentos. Incertezas similares envolvendo liberdades constitucionais e a punibilidade de manifestações discriminatórias também são encontradas em outros julgamentos, que discutem, por exemplo, a liberdade política (SILVEIRA; KAROLCZAK, 2020), indicando que não se trata de um problema exclusivo do discurso de ódio em contexto religioso.

O artigo 20 da Lei Caó é exemplo de como é difícil criminalizar discursos de ódio de forma suficientemente taxativa e de como a ausência de taxatividade cria insegurança. Para atingir a clareza necessária para orientar o comportamento dos destinatários da norma, o legislador que pretende tipificar discursos de ódio deve redigir o texto da lei de forma que fique claro o conteúdo das manifestações puníveis e os limites de sua punibilidade frente às liberdades constitucionais envolvidas. Em outras palavras, deve ser claro quanto a quais manifestações são toleráveis pela lente do Direito Penal e quais não são. Isso é profundamente desafiador, porém, pois não há consenso social, político ou jurídico sobre esses limites, de forma que resta ao legislador adotar posicionamentos firmes que podem desagradar parcelas da população (que então serão mais resistentes a mudar seu comportamento conforme a norma[132]) ou se abster completamente de prever a punibilidade de discursos de ódio em contextos que atraiam essas dificuldades.

[132] Tanto do ponto de vista de prevenção especial quanto do ponto de vista de prevenção geral, é menos provável que um indivíduo seja convencido a mudar seu comportamento se esse comportamento está enraizado em valores e ideologias com que ele se identifica. Se o orador de um discurso de ódio contra homossexuais acredita sinceramente que aquilo que ele propõe é parte essencial de seu dogma religioso, que pregar a exclusão de um grupo é uma obrigação de sua crença, então a repressão penal desse comportamento será vista por ele mais como uma forma de perseguição do que como uma forma justa de controle social (SILVA, 2008, p. 186).

Como foi defendido anteriormente, é possível atingir consenso sobre a tolerabilidade ou intolerabilidade de uma determinada manifestação, e mesmo sobre a necessidade de sua punição, a partir de uma discussão que parta de critérios de avaliação da gravidade dos discursos de ódio[133]. É o legislador, porém, que deve travar essa discussão antes de redigir o texto legal, compatibilizando os diferentes pontos de vista, principalmente quando edita normas penais. Do contrário, caberá à jurisprudência e ao indivíduo a definição do que é e do que não é tolerável, sem o suporte de critérios orientadores previstos em lei.

No caso do artigo 20 da Lei Caó, por exemplo, o legislador poderia, para garantir maior taxatividade e, consequentemente, maior eficácia, alterar o *caput* de forma a prever a incitação pública apenas de atos de discriminação já criminalizados, como aqueles previstos nos artigos 3º a 14º da Lei Caó, além de outros crimes comuns realizados contra grupos vulneráveis, como a lesão corporal e o homicídio (de forma similar à técnica legislativa utilizada na Lei do Genocídio). Assim, se a manifestação não defendesse diretamente a prática de um ato já criminalizado, não haveria o que falar em punibilidade.

Outra possibilidade seria o desmembramento do artigo 20 em diversos tipos penais que tratem especificamente de modalidades diferentes de discursos de ódio, como é o caso do crime de injúria, do uso da suástica ou da incitação ao genocídio (ou até dos outros artigos da Lei Caó, quando tratam de diferentes formas de discriminação). A especificidade quanto às manifestações puníveis permitiria que uma grande gama de discursos de ódio graves fosse criminalizada, conforme parece ser a motivação do legislador, mas de forma muito mais clara e precisa.

No que diz respeito à punibilidade de pregações religiosas, obras de cunho artístico ou científico, ou outros casos em que não haja consenso razoável sobre a tolerabilidade das manifestações, o legislador poderia prever explicitamente a ausência de dolo de incitação ou a exclusão de punibilidade[134]. O ordenamento jurídico brasileiro já conta com situação

[133] Conforme defendido na seção 1.1.2.1 deste trabalho.

[134] Aqui recorre-se, novamente, ao exemplo do § 319(2) do Código Criminal Canadense, que exclui explicitamente do âmbito de aplicação da lei penal as manifestações que são de feitas de boa-fé (*"offered in good faith"*), que expressa uma opinião sobre um tópico religioso (*"an opinion on a religious subject"*), que é relevante para o interesse público (*"relevante to the public interest"*), que o orador pode demonstrar que é verdadeiro *(if he establishes that the sta-*

semelhante para o caso dos agentes políticos em exercício de seu mandato, visto que prevê a inviolabilidade penal de suas palavras, votos e opiniões (art. 53 da CF88)[135].

Mas a consequência evidente e inevitável dessas medidas que garantem taxatividade é que diversas modalidades de discursos de ódio, não consideradas pelo legislador, ficariam de fora do campo de atuação da lei penal, principalmente aquelas que são menos explicitas quanto ao seu teor discriminatório ou quanto ao seu fim de incitar atos discriminatórios[136]. Ao longo do tempo, grupos extremistas poderiam também desenvolver novas formas de promover a intolerância e o preconceito não abarcadas expressamente pela lei penal[137].

Paradoxalmente, a exigência de taxatividade contribui para a eficácia preventiva da norma quanto às manifestações criminalizadas expressamente, mas reduz seu âmbito de atuação apenas às mais graves e explicitas, limitando sua utilidade nas estratégias globais de combate aos discursos de ódio. Essas incontáveis modalidades de manifestações menos explicitas também podem contribuir para o agravamento da vulnerabilidade de grupos sociais de forma significativa, mas dificilmente podem ser criminalizadas sem que haja um sacrifício considerável de taxatividade. Não se trata, nesse sentido, de desmerecer seu potencial lesivo, mas sim de entender que as condições necessárias para a eficácia da

tements communicated were true) ou que é apenas replicado para apontar a necessidade de remoção *("for the purpose of removal")*. Cf. nota 32.

135 Art. 53. Os Deputados e Senadores são invioláveis, civil e penalmente, por quaisquer de suas opiniões, palavras e votos.

136 ROSENFELD oferece, nessa discussão, uma distinção entre discursos de ódio formais e discursos de ódio substanciais. Esses últimos dizem respeito a mensagens codificadas ou que não veiculam insultos e incitações de forma explicita, como é o caso da negação do Holocausto, mas que ainda assim pressupõe uma avaliação negativa do grupo vulnerável e contribuem para a lesão à sua reputação social (2001, p. 58).

137 A Anti-Defamation League, organização internacional voltada ao mapeamento e combate aos discursos e atos de discriminação, mantém e atualiza compêndio de símbolos que são utilizados por grupos extremistas para promover o ódio. Vários desses símbolos são ressignificações de coisas comuns, como números, comidas e bebidas, que só fazem sentido no contexto interno desses grupos ou para certas audiências, mas que muito provavelmente não seriam atingidos por uma lei penal suficientemente taxativa. Disponível em: https://www.adl.org/hate-symbols Acesso em: 01 fev. 2022.

norma penal justificam sua exclusão[138]. Outros instrumentos ainda poderão ser utilizados para sua prevenção.

2.2.3.2. Segundo exemplo: os grupos protegidos pela Lei Caó

Os debates jurisprudenciais acerca da lista de características protegidas pela Lei Caó ("raça, cor, etnia, religião ou procedência nacional") exemplificam outras dificuldades que podem surgir quando se busca a taxatividade na tipificação de discursos de ódio.

Ao optar por um rol restrito de características protegidas, o legislador agiu conforme a exigência de taxatividade penal, explicitando que os atos e discursos discriminatórios criminalizados seriam apenas aqueles que atingem alguns grupos vulneráveis e deixando de fora, portanto, atos igualmente lesivos que atingem grupos definidos por características não mencionadas (como orientação sexual, gênero, idade, aparência física e deficiências). A interpretação da lei pelo STF ao longo dos anos, porém, revelou que essa opção, por mais adequada que fosse do ponto de vista da taxatividade, não foi capaz de resistir a pressões sociais e históricas que demandam flexibilidade e abertura.

Essa não era a única opção de técnica legislativa. Conforme explica Sandra FREDMAN, o legislador, ao definir em uma norma os grupos dignos de proteção especial do Estado em dado momento histórico social, pode: (i) listar um rol exaustivo de características protegidas, de forma que esse rol só possa ser alterado por meio do processo legislativo, cabendo ao Judiciário a interpretação dentro dos limites semânticos de cada característica listada[139]; (ii) descrever uma garantia geral de

[138] Reitera-se, conforme foi explicado na introdução deste Capítulo 2, que o mandamento de criminalização do racismo previsto na CF88 não impede que o legislador não puna determinadas manifestações que possam ser consideradas modalidades de "racismo". Isso porque, como foi argumentado, a CF atribui ao legislador a discricionariedade sobre quais condutas racistas devem ser criminalizadas a partir de sua compatibilidade com os princípios do direito penal, como a eficácia, e com outros valores protegidos.

[139] De forma exemplificativa, se uma norma hipotética prevê apenas a punição de discriminação de gênero ou de orientação sexual, caberia ao judiciário delimitar o que configura discriminação em razão de gênero ou de orientação sexual em casos concretos (discutindo, por exemplo, se um caso de transfobia deve ser considerado discriminação de gênero para fins de aplicação da norma). Não poderia, a princípio, ampliar o alcance protetivo da norma sem argumentar de forma fundamentada que determinada forma de discriminação se subsume ao alcance semântico das duas características listadas.

tratamento igualitário[140], deixando a cargo do Judiciário a definição de que discriminações são toleráveis e de quais são intoleráveis; ou (iii) listar um rol exemplificativo de características protegidas, não exaustivo, ao utilizar expressões como, por exemplo, "discriminação em razão de características como raça, cor, origem..." ou "discriminação de raça, cor, origem ou outras características similares" (2011, p. 112-125).

De acordo com a autora, os modelos diferem principalmente quanto à sua taxatividade e flexibilidade. O primeiro modelo garante clareza ao destinatário da norma, mas é bastante rígido quanto às mudanças sociais que podem exigir a proteção de novos grupos particularmente vulneráveis. O segundo modelo é consideravelmente mais flexível, permitindo que o Judiciário molde a amplitude da norma conforme surjam demandas concretas de grupos sociais, mas não é claro ao comunicar, no texto da lei, quais atos são considerados ilícitos. O terceiro modelo é um ponto intermediário, visto que o Judiciário conserva a capacidade de adicionar grupos ao rol de proteção de acordo com a provocação de grupos interessados, mas precisa argumentar que a discriminação sofrida por esses grupos é, de alguma forma, análoga àquela sofrida pelos mencionados no rol exemplificativo.

A adoção do primeiro modelo para a redação do artigo 20 da Lei Caó está de acordo com a exigência de taxatividade penal. Nos anos que seguiram sua promulgação, porém, as demandas sociais por proteção de grupos não abarcados explicitamente pela Lei e, particularmente, pela imprescritibilidade atribuída pela Constituição à discriminação de raça, levaram o STF a expandir o rol de características protegidas, criando novamente insegurança. Os precedentes mais impactantes nesse sentido foram o Habeas Corpus 82.424[141] (Caso Ellwanger), e o conjunto já

[140] É o caso, por exemplo, da décima-quarta ementa da Constituição dos Estados Unidos, que determina que nenhum Estado poderá "negar a qualquer pessoa em sua jurisdição a proteção igualitária das leis". No original: Amendment XIV (1868) – Section 1. All persons born or naturalized in the United States and subject to the jurisdiction thereof, are citizens of the United States and of the State wherein they reside. No State shall make or enforce any law which shall abridge the privileges or immunities of citizens of the United States; nor shall any State deprive any person of life, liberty, or property, without due process of law; nor deny to any person within its jurisdiction the equal protection of the laws.

[141] Cf. STF. HABEAS CORPUS: HC 82.424/2003 RS Relator: Ministro Moreira Alves. DJ: 17/09/2003. Disponível em: https://jurisprudencia.stf.jus.br/pages/search/sjur96610/false. Acesso em 14 jan. 2022.

mencionado da ADO nº 26 e do MI 4.733/DF (criminalização da homotransfobia). O primeiro foi julgado em 2003, os outros dois simultaneamente em 2019.

O caso Ellwanger foi responsável por inaugurar o entendimento de que o conceito de racismo (ou discriminação em razão de raça), encontrado no artigo 5º, inciso XLII da Constituição Federal, não se baseia em uma noção biológica de raça, mas sim descreve genericamente os comportamentos que decorrem da convicção de que há hierarquia entre grupos humanos com semelhanças sociais, históricas e culturais, abarcando, por exemplo, a discriminação direcionada ao povo judeu.

O julgamento teve como réu o editor Siegfried Ellwanger, que foi condenado em primeira e segunda instância por escrever e publicar livros que pregavam a inferioridade do povo judeu, negando o holocausto e defendendo que esse povo era caracterizado por uma inclinação parasitária. Foi condenado por incitar discriminação em razão de religião nos termos do artigo 20 da Lei Caó. A discussão central do Habeas Corpus, contudo, se voltou para a imprescritibilidade dos crimes de Ellwanger. A defesa já não contestava que o editor havia incitado discriminação contra o judaísmo, mas buscava afastar a noção de que tal discriminação se tratava de racismo, argumentando que o conceito de raça se verifica em razão de dados físicos como cor de pele ou formato dos olhos. Estava em jogo, portanto, o alcance semântico do conceito constitucional de discriminação de raça.

O voto vencedor foi o do ministro Maurício Correia, que apresentou a tese de que a ideia de raça decorre de concepção histórica, cultural e social, que deve ser a considerada na aplicação do Direito, e não de qualquer conceito biológico, principalmente baseado em genética[142]. A diferenciação de raças humanas estaria ultrapassada. Em suas palavras:

[142] Outros ministros que acompanharam a tese de Maurício Correa sobre o conceito de racismo teceram comentários semelhantes. Ayres Britto, por exemplo, defendeu que a prática do racismo é crime em mais de um sentido: crime contra indivíduos de cor negra e crime contra indivíduos pertencentes a grupos humanos personalizados por características histórico-culturais inconfundíveis. Nelson Jobim, ainda, citando parecer de Celso Lafer, entendeu que a prática do racismo, tipificada como crime pela legislação infraconstitucional, descreve teorias e preconceitos que estabelecem diferenças entre grupos de pessoas, sendo o uso do termo "raça" apenas uma forma de agrupar, em torno de características aleatórias, os sujeitos passivos da discriminação.

> (...) apesar da diversidade de indivíduos e grupos segundo características das mais diversas, os seres humanos pertencem a uma única espécie, não tendo base científica as teorias de que grupos raciais ou étnicos são superiores ou inferiores, pois na verdade são contrárias aos princípios morais e éticos da humanidade.
>
> (...) o racismo traduz valoração negativa de certo grupo humano, tendo como substrato características socialmente semelhantes, de modo a configurar uma raça distinta, à qual se deve dispensar tratamento desigual da dominante.
>
> (...) Dessa forma, dúvida não pode haver que o antissemitismo dogmatizado pelos nazistas constitui uma forma de racismo, exatamente porque se opõe a determinada raça, essa tida sob a visão de uma realidade social e política, tendente a hierarquizar valores entre certos grupos humanos.

Em decorrência da tese inaugurada no caso Ellwanger, a expressão "racismo" utilizada pelo Constituinte, por seu significado aberto, passou a abarcar potencialmente todas as formas de discriminação listadas no rol da Lei Caó, quando realizadas contra grupo tratado como social ou culturalmente inferior. O impacto imediato da adoção dessa tese se revelou no próprio resultado do julgado, quando a discriminação contra o povo judeu, que poderia ser considerada étnica ou religiosa, foi considerada também de raça e, portanto, imprescritível. Conforme preconizado pelo voto vencido do ministro relator, Moreira Alves[143], contudo, a amplitude atribuída à noção de discriminação de raça pela Corte também fez com que os crimes de racismo previstos na legislação ordinária passassem a ter conteúdo aberto, visto que os grupos protegidos seriam

[143] Para ele, a expressão devia ser interpretada estritamente, tendo em vista que a imprescritibilidade prevista no dispositivo não alcança as outras formas de discriminação e sequer crimes considerados hediondos, sendo reservada exclusivamente à prática de racismo. O ministro entendeu que a expressão "raça", ainda, assumiria sentido antropológico, reservada a descrever grupos humanos assinalados por diferentes características físicas que podem ser transmitidas por herança, como cor de pele, estatura, formato de rosto, cabelos, estrutura de corpo etc. Assim, a discriminação por raça abarcaria, pelo elemento histórico que justifica o tratamento especialmente contundente dado pelo Constituinte, a discriminação sofrida pela raça negra, mas não a discriminação contra o povo judeu.

inúmeros, incluindo aqueles que não sofreram um Holocausto ou uma discriminação histórica que justificasse a imprescritibilidade.

O denominado "conceito social de racismo" foi então retomado no julgamento da ADO 26 e do MI 4.733/DF, que resultou no entendimento de que a discriminação em razão de orientação sexual (homofobia) e a discriminação em razão de identidade de gênero (transfobia), ambas a princípio não abarcadas pelo rol de características protegidas da Lei nº 7.716/89, seriam também subsumíveis à proibição da discriminação em razão de raça.

O MI foi proposto pela Associação de Lésbicas, Gays, Bissexuais, Travestis e Transexuais – ABGLT, em 10 de maio de 2012, e alegava haver omissão do poder legislativo em preencher lacuna referente à criminalização de atos de discriminação em razão de orientação sexual e identidade de gênero (homofobia e transfobia). À época do julgamento, esperava análise perante a Comissão de Constituição, Justiça e Cidadania do Senado o PLS nº 515/2017, que altera a Lei Caó e a modalidade qualificada de injúria para adicionar ao rol de características expressamente protegidas a orientação sexual, o gênero, o sexo, a identidade de gênero, a condição de pessoa idosa, a origem e a condição de pessoa com deficiência.

A ADO foi proposta pelo Partido Popular Socialista em 19 de dezembro de 2013[144] e trazia pedidos semelhantes aos do MI, como o reconhecimento formal da existência de omissão inconstitucional do Poder Legislativo e sua cientificação (com prazo razoável) para a adoção das providências necessárias à concretização dos mandamentos de criminalização contidos nos incisos XLI e XLII do artigo 5º da Constituição Federal. Mais interessante, porém, foi seu pedido subsidiário: caso não

[144] Contou, também, com *amici curiae* como o Grupo Gay da Bahia – GGB; a ABGLT; o Grupo de Advogados pela Diversidade Sexual – GADVS; a Associação Nacional de Juristas Evangélicos – ANAJURE; a Frente Parlamentar "Mista" da Família e Apoio à Vida; o Grupo Dignidade – Pela Cidadania de Gays, Lésbicas e Transgêneros; a Convenção Brasileira de Igrejas Evangélicas Irmãos Menonitas – COBIM; o PSTU; o Conselho Federal da Psicologia; a Associação Nacional de Travestis e Transexuais – ANTRA e a Defensoria Pública do Distrito Federal. Essa composição, aliada ao contexto político-social, deixam clara que havia intensa pressão social de grupos LGBTQIA+ por sua inserção no rol de grupos protegidos contra a discriminação pela legislação penal brasileira, pressão essa que não teria sido correspondida pelo Poder Legislativo.

fosse possível exigir o preenchimento da lacuna existente, deveria o STF interpretar a Lei Caó de maneira que os atos de discriminação praticados em razão de orientação ou de identidade de gênero fossem compreendidos na definição ampla de discriminação de raça inaugurada no caso Ellwanger.

Esse pedido subsidiário foi concedido. Ao julgar os casos, o plenário do STF entendeu, por maioria, e nos termos do voto do ministro relator, Celso de Mello, que havia de fato mora inconstitucional por parte do Congresso Nacional e que, enquanto a mora não fosse sanada, a Lei Caó deveria ser interpretada de forma a considerar a comunidade LGBTQIA+ como grupo protegido de discriminação de raça. O relator, nesse sentido, fez referência explicita ao julgamento que inaugurou o entendimento para alcançar sua conclusão:

> Já se viu, a partir do importante precedente firmado no julgamento plenário do HC 82.424/RS, que o conceito de racismo – que envolve clara manifestação de poder – permite identifica-lo como instrumento de controle ideológico, de dominação política, de subjugação social e de negação da alteridade, da dignidade e da humanidade daqueles que, por não integrarem o grupo social dominante nem pertencerem ao estamento que detém posição de hegemonia em uma dada estrutura social, são considerados "outsiders" e degradados, por isso mesmo, à condição de verdadeiros marginais do ordenamento jurídico, expostos, em consequência de odiosa e injusta inferiorização, a uma perversa e profundamente lesiva situação de exclusão do sistema de proteção do Direito.
>
> Daí a constatação de que o preconceito e a discriminação resultante da aversão aos homossexuais e aos demais integrantes do grupo LGBT (típicos componentes de um grupo vulnerável) constituem a própria manifestação – cruel, ofensiva e intolerante – do racismo, por representarem a expressão de sua outra face: o racismo social.

O resultado do julgamento da ADO 26 e do MI 4.337/DF foi a consolidação da transformação, por meio de interpretação judicial, do rol exaustivo de características protegidas da Lei Caó em um rol aberto e exemplificativo, em decorrência direta da pressão de grupos sociais discriminados que, por não possuírem representatividade política, foram incapazes de garantir sua proteção penal por vias legislativas. No caso do artigo 20, isso significa que são puníveis as manifestações que incitam ou induzem a discriminação ou o preconceito contra quaisquer grupos que, nas palavras do relator, "não integrarem o grupo social dominante nem pertencerem ao estamento que detém posição de hegemonia em uma dada estrutura social, são considerados 'outsiders' e degradados". A corte ainda não estabeleceu critérios mais precisos que possam informar o comportamento dos destinatários da norma e julgamentos posteriores.

Ambos os julgamentos revelam, assim, outra dificuldade inerente à tipificação penal de discursos de ódio (e de outras condutas discriminatórias), que se soma ao desafio de se detalhar, no texto legal, as manifestações penalmente toleráveis e intoleráveis: mesmo quanto é taxativa quanto aos grupos protegidos, a norma penal está sujeita a pressões sociais e políticas que podem impelir o Judiciário a expandir sua amplitude e garantir certo grau de flexibilidade quando o Legislativo demora a agir[145]. Essa flexibilidade pode ser positiva em outros instrumentos legais, por tornar a norma permeável à dinâmica dos conflitos sociais na história, mas é indesejada na legislação penal, pois cria abertura, incerteza e obscuridade.

Sempre haverá, portanto, situações em que a lei penal não poderá trazer uma solução satisfatória e clara para os conflitos sociais e de valores que estão envolvidos na criminalização de discursos de ódio, mesmo que o legislador se esforce para agir conforme a exigência de taxatividade. Isso porque diversas das variáveis envolvidas na regulação dos discursos de ódio são mutáveis conforme o contexto histórico-social. Grupos que se consideram vulneráveis exercerão pressão política para que os discursos que os atingem sejam criminalizados, e grupos ideológicos ou religiosos exercerão pressão política para que sua expressão seja protegida.

[145] Conforme ensina FREDMAN, é essencial lembrar que esses grupos, justamente por sua condição de vulnerabilidade e exclusão, costumam ter sua representatividade política comprometida, o que dificulta sua participação no processo legislativo, e, consequentemente, pode impedi-los de inserir sua característica discriminada no rol trazido pela legislação penal. Nesses casos, os grupos excluídos se voltam para o judiciário na esperança de incorporar suas características no rol protegido, argumentando pela ampliação do alcance das categorias listadas pelo legislador (2011, p. 113).

É difícil crer que uma taxatividade plenamente satisfatória possa ser atingida em meio a essas disputas históricas e sociais, mas o legislador pode mitigar esses problemas se posicionando firmemente e restringindo a repressão penal apenas aos discursos cuja intolerabilidade é mais clara: aqueles que incitam condutas discriminatórias de forma explicita e que não são proferidos em contextos protegidos por outros valores constitucionais. Pode, também, responder de forma mais célere às demandas sociais mantendo a legislação atualizada quando a sociedade reconhece que certos grupos vulneráveis merecem proteção especial do Estado.

2.2.4. O desafio da dependência de intermediários

A taxatividade e a correta comunicação da gravidade do ilícito são somente o ponto de partida da eficácia preventiva da norma penal. Mesmo quando o Estado é capaz de transmitir a declaração de gravidade da conduta prevista na lei penal, a eficácia pode ser bastante comprometida se a sanção prometida não é concretizada pela efetiva aplicação da norma. A percepção de que o Estado é capaz de esclarecer os crimes e condenar os infratores é condição de eficácia da norma, mas ela depende do sistema de persecução penal, do policiamento, do processo e do contexto em que o crime ocorre. Se não há concretização da pena perante os olhos dos destinatários, a declaração de gravidade perde sentido, a ameaça se torna vazia e a ordem normativa perde força.

Conforme foi explicado na seção 1.2 deste trabalho, no contexto contemporâneo, discursos de ódio são predominantemente proferidos através da internet, e, mais especificamente, nas principais plataformas de redes sociais. Esse meio de comunicação, para além de criar oportunidades para a ocorrência de mais discursos de ódio graves, também oferece obstáculos à identificação de usuários e, consequentemente, à aplicação de medidas regulatórias baseadas na previsão e aplicação de sanções, como é o caso da norma penal.

Fundamentalmente, esses obstáculos surgem porque a gigantesca maioria dos crimes cometidos através da internet envolvem no mínimo três agentes: o autor do crime, a vítima e um intermediário. Toda comunicação na internet é intermediada pelos agentes que controlam a infraestrutura pela qual os dados são transmitidos. Esses intermediários são tanto as pessoas jurídicas que fornecem acesso à internet, conectando os terminais (computadores, celulares e outros dispositivos) à infraestrutura central da rede, quanto as pessoas jurídicas que fornecem serviços e aplicações que, para seu funcionamento, exigem que os dados provenientes dos usuários passem por seus servidores.

A intermediação das comunicações na internet faz com que certas informações sobre os usuários e suas atividades, como seu endereço IP[146], o caminho percorrido pelos dados e o horário em que a transmissão ocorreu (os chamados "metadados" ou, na nomenclatura da legislação brasileira, "registros de conexão" e "registros de acesso"[147]) sejam armazenadas pelos provedores intermediários. Isso porque os computadores e servidores utilizados pelos provedores para a oferta de serviços coletam informações sobre como e quando estão sendo utilizados. Informações que são requeridas para o cadastro dos usuários em certos serviços e aplicações, como seu nome, seu endereço de e-mail e seu endereço residencial (entre outros dados pessoais), também estão entre aquelas que podem ser armazenadas pelos intermediários que as requereram. Mais importante, porém, é que normalmente esses dados são acessíveis diretamente somente pelos próprios provedores, que detêm controle dessa infraestrutura. Na "superfície" visível da internet, por assim dizer, essas informações não são de acesso público, apesar de seu valor inestimável como evidência para o esclarecimento de crimes e outras condutas ilícitas quando não está clara a identidade do autor.

146 A principal tecnologia que transmite dados entre as extremidades da internet é denominada protocolo TCP/IP (*Transmission Control Protocol/Internet Protocol* ou Protocolo de controle de Transmissão/Protocolo de Internet). Esse protocolo é responsável por dividir os dados que serão transmitidos em "pacotes" que, quando chegam ao seu destino, são reagrupados para formar o conteúdo original. A cada pacote de dados que será enviado é adicionado o endereço IP do remetente e do destinatário, um código numérico que identifica determinado computador conectado à Internet em um determinado momento. Sempre que um usuário se conecta à Internet, seu computador recebe de seu provedor de acesso um endereço IP que permite que pacotes de dado encontrem seu destino (LEONARDI, 2012, p. 13).

147 Conforme o Marco Civil da Internet (Lei 12.965/2013), em seu artigo 4º: "VI – registro de conexão: o conjunto de informações referentes à data e hora de início e término de uma conexão à internet, sua duração e o endereço IP utilizado pelo terminal para o envio e recebimento de pacotes de dados; (...) VIII – registros de acesso a aplicações de internet: o conjunto de informações referentes à data e hora de uso de uma determinada aplicação de internet a partir de um determinado endereço IP".

Na superfície, usuários podem atuar e se comunicar por um véu de aparente anonimato ou de aparente pseudonimato. Em alguns casos, podem publicar conteúdo sem qualquer identificação pública, enquanto em outros podem adotar nomes e aparências falsas ou até se passar por outras pessoas (GAGLIARDONE et al., 2015, p. 14-15). É possível, inclusive, a criação de perfis administrados por programas de computador ("bots"), o que cria ainda mais obstáculos (JONES, 2018, p. 104).

Esse véu é, por um lado, meramente aparente, pois, a não ser que o usuário utilize ferramentas e técnicas que mascaram as informações que individualizam sua conexão[148], sua identificação a partir dos registros de conexão e sua responsabilização são, em última instância, possíveis. Por outro lado, ele é suficiente para que as autoridades de persecução penal, quando atuam sobre denúncias de atos ilícitos cometidos pela internet, dependam da obtenção de informações armazenadas pelos intermediários para fazerem valer seus objetivos de esclarecimento de crimes[149].

Em outras palavras, nos casos em que a identificação e localização de um usuário suspeito a partir informações acessíveis ao público é impossível, a aplicação da norma penal se torna inteiramente dependente de alguma forma de colaboração ou cooptação dos intermediários. Pode-se dizer, por isso, que as plataformas são intermediários em dois sentidos. Elas são agentes intermediários porque são meio para a comunicação dos usuários, mas também o são porque intermediam a relação dos Estados com as evidencias que são necessárias para a devida compreensão de fatos potencialmente ilícitos.

É importante entender que, a depender do espaço de comunicação em que um usuário publica um conteúdo ilícito, podem estar disponí-

[148] Quando utiliza um VPN, por exemplo, "o computador do usuário se conecta normalmente à Internet por meio de um provedor de acesso local e, posteriormente, conecta-se a um servidor *proxy* que pode estar localizado em qualquer parte do mundo. Com isso, o computador do usuário passa a utilizar o endereço IP desse servidor *proxy*, e não o endereço IP de sua conexão local." (LEONARDI, 2012, p. 195).

[149] Munido do endereço IP, coletado por um intermediário, um segundo intermediário, como uma empresa de telecomunicação, pode associá-lo a um usuário contratante e, assim, tornar possível sua identificação e localização no mundo físico. Nota-se, assim, que raramente a dependência se limita a um único intermediário. Muitas vezes é necessário obter e cruzar informações coletadas por mais de um intermediário para que seja possível identificar um infrator.

veis mais ou menos informações públicas que auxiliem em sua identificação. Algumas plataformas têm finalidades que incentivam a publicidade e transparência da verdadeira identidade do usuário. Em uma plataforma voltada a interações profissionais, como o LinkedIn[150] (em que usuários criam perfis com o objetivo de formar conexões profissionais e encontrar oportunidades de carreira), por exemplo, é mais provável que as pessoas tornem disponíveis em seus perfis dados como seus verdadeiros nomes e currículos, de forma que o uso de ferramentas de anonimato e pseudonimato seja limitado principalmente àquelas que realizam atividades ilícitas[151]. Outras plataformas, porém, fornecem aos usuários oportunidades de comunicação superficialmente anônima como seu diferencial. É o caso do 4chan, site de compartilhamento de texto e imagens que se tornou famoso justamente por criar espaços de comunicação que se transfiguraram em fontes de teorias da conspiração e discursos extremistas (RIEGER et al., 2021). Nele, os usuários são identificados por uma sequência aleatória de números, suficiente para permitir interações minimamente organizadas, mas insuficiente para sua identificação sem a obtenção de dados armazenados pelo provedor da aplicação.

A maior parte das redes sociais de grande capilaridade (como o Facebook, o Twitter e o Instagram) se encontra em um ponto intermediário. As políticas das plataformas podem ser mais ou menos rigorosas quanto a possibilidade de usuários criarem perfis que não refletem sua identidade[152] (aqui se incluem, também, perfis que representam pessoas

[150] "A nossa missão é conectar profissionais do mundo todo, tornando-os mais produtivos e bem-sucedidos. Os nossos serviços foram criados para promover oportunidade econômica aos usuários, permitindo a você e a milhões de outros profissionais se encontrar, trocar ideias, aprender, buscar oportunidades ou funcionários, trabalhar e tomar decisões em uma rede de relacionamentos de confiança." Cf. Contrato do Usuário LinkedIn, disponível em: https://br.linkedin.com/legal/user-agreement Acesso em: 2 fev. 2022.

[151] Isso não quer dizer que a plataforma não sofra o uso de perfis falsos para o cometimento de fraudes, apenas que o uso de perfis falsos por usuários comuns é menos provável, dados os incentivos resultantes das funcionalidades da rede. Cf. Perfis "fakes": Como identificá-los e não cair em armadilhas? | LinkedIn. Disponível em: https://www.linkedin.com/pulse/perfis-fakes-como-identific%C3%A1-los-e-n%C3%A3o-cair-em-armadilhas-tais-targa/?originalSubdomain=pt. Acesso em: 2 fev. 2022.

[152] Por exemplo: enquanto o Facebook exige que pessoas se conectem usando o nome real, com o fim de evitar a falsificação de identidade e manter um ambiente seguro (Cf. Repre-

jurídicas e personas criadas para fins de entretenimento), mas seu uso para a construção de uma rede de amigos e conhecidos faz com muitos disponibilizem seus nomes e outros dados verdadeiros em seus perfis públicos. A ausência de mecanismos de verificação de identidade pela plataforma, contudo, faz com que o uso de perfis falsos ("fakes") para o cometimento de fraudes e para a propagação de desinformação e de discursos de ódio seja frequente em todas elas[153].

Nessa linha, é de se esperar que uma considerável parcela dos discursos criminosos em redes sociais seja propagada através de algum grau de obscuridade, o que insere essas manifestações no rol de condutas que só são efetivamente puníveis se as autoridades forem capazes de obter informações controladas por intermediários. Mesmo que grande parte dos discursos de ódio menos graves propagados em redes sociais seja resultado do comportamento impulsivo de pessoas comuns, como sugeriu BROWN (2018, p. 304), em muitos casos não é possível sequer ter certeza de que um perfil denunciado não está se passando por terceiro sem que haja confirmação mediante cruzamento de registros de conexão e de acesso.

Assim, muitas investigações e ações criminais baseadas em denúncias de propagação de discursos de ódio em redes sociais demandam interações entre as autoridades e os provedores que controlam as plataformas, na forma, por exemplo, de ordens judiciais de obtenção de registros de acesso e conexão. No Brasil, essas ordens têm fundamento principalmente no Marco Civil da Internet (Lei 12.965/2013), que prevê tanto a obrigação de retenção de registros por provedores de conexão e de aplicação (por um período que viabilize seu uso em processos cíveis ou criminais, já que as evidências digitais, se não preservadas adequadamente,

sentação falsa | Central de Transparência. Disponível em: https://transparency.fb.com/pt-br/policies/community-standards/account-integrity-and-authentic-identity/. Acesso em: 2 fev. 2022), o Twitter permite que os usuários criem contas de paródias e fã clubes, entre outras, desde que não tentem se passar por outras pessoas (Política de contas de paródias, feed de notícias, comentários e fã-clubes. Disponível em: https://help.twitter.com/pt/rules-and-policies/parody-account-policy. Acesso em: 2 fev. 2022).

[153] Cf. MATTHEWS, J. How fake accounts constantly manipulate what you see on social media – and what you can do about it. Disponível em: http://theconversation.com/how-fake-accounts-constantly-manipulate-what-you-see-on-social-media-and-what-you-can-do-about-it-139610 Acesso em: 2 fev. 2022.

são particularmente voláteis[154]), quanto a obrigação de entrega desses dados às autoridades mediante ordem judicial[155]. Também outros diplomas, como a Lei de Interceptação (Lei nº 9.296/96), a Lei dos Delegados (Lei 12.830/13) e a Lei das Organizações Criminosas (Lei nº 12.850) preveem obrigações de entrega de dados no curso de investigações criminais em hipóteses mais restritas.

Nos casos mais simples, os representantes legais das plataformas no país em que ocorre a investigação respondem às demandas de forma célere e colaborativa, entregando os dados relevantes conforme determinado pela legislação. Esses casos mais simples são a maioria, já que discursos de ódio em geral em regra estão atrelados a conflitos sociais territorializados, o que se traduz em orador, audiência e alvo na mesma jurisdição – ainda que possa ser necessária a cooperação de intermediários para que um suspeito ou réu seja identificado se emitiu o discurso numa rede social. Nos casos mais complexos, porém, podem estar presentes fatores que limitam a eficiência desses procedimentos, tornando o processo de esclarecimento do crime conflituoso, lento ou até completamente inviável.

Esses casos mais complexos ocorrem principalmente quando o intermediário armazena os dados necessários para o esclarecimento do crime fora da jurisdição em que discurso de ódio foi propagado e, se valendo dessa situação, contesta a ordem de entrega de informações de determinados usuários (BANKS, 2010, p. 236; GAGLIARDONE et al., 2015, p. 13). Isso é bastante comum, na medida em que as empresas que controlam as plataformas de redes sociais atuam globalmente, mas com sua infraestrutura de servidores sediada em um número pequeno de jurisdi-

[154] Art. 13. Na provisão de conexão à internet, cabe ao administrador de sistema autônomo respectivo o dever de manter os registros de conexão, sob sigilo, em ambiente controlado e de segurança, pelo prazo de 1 (um) ano, nos termos do regulamento; (...) Art. 15. O provedor de aplicações de internet constituído na forma de pessoa jurídica e que exerça essa atividade de forma organizada, profissionalmente e com fins econômicos deverá manter os respectivos registros de acesso a aplicações de internet, sob sigilo, em ambiente controlado e de segurança, pelo prazo de 6 (seis) meses, nos termos do regulamento.

[155] Art. 22. A parte interessada poderá, com o propósito de formar conjunto probatório em processo judicial cível ou penal, em caráter incidental ou autônomo, requerer ao juiz que ordene ao responsável pela guarda o fornecimento de registros de conexão ou de registros de acesso a aplicações de internet.

ções. Nesses casos, as autoridades precisam se valer de mecanismos de cooperação internacional para obter os registros de acesso, entre outros dados pessoais que possam facilitar a identificação e imputação do autor do crime (PERRY; OLSSON, 2009, p. 196).

Mecanismos de cooperação internacional bilateral que determinam o procedimento para entrega de dados (os chamados *Mutual Legal Assistance Treaties,* ou MLATs) são, em geral, considerados lentos, trabalhosos e ineficientes, principalmente no contexto contemporâneo em que Estados precisam cada vez mais coletar informações armazenadas ao redor do mundo por empresas multinacionais para solucionar crimes que afetam seus cidadãos (ABREU, 2018, p. 234; GAGLIARDONE et al., 2015, p. 15). Exatamente por isso, tribunais brasileiros têm dispensado[156] autoridades de investigação da obrigação de seguir esses procedimentos quando os dados requisitados se referem a usuários brasileiros, o que pode causar insegurança. Ainda, a persecução de crimes cometidos de forma transnacional muitas vezes exige que todos os países envolvidos considerem a conduta como criminosa e adotem padrões legais de coleta de evidências semelhantes para que haja cooperação (HILDEBRANDT, 2014, p. 14-15; WALL, 2015, p. 12), o que é particularmente problemático no caso dos discursos de ódio. Como a cultura jurídica de diferentes países tem por consequência uma valorização diferente da liberdade de expressão e de seus limites, a regulação sobre o tema varia muito no campo internacional.

Tratados internacionais multilaterais que tentam padronizar tanto a criminalização de determinadas condutas quanto os procedimentos para compartilhamento internacional de evidências digitais têm sido construídos para buscar solução para esses empecilhos, mas, no caso dos discursos de ódio, mesmo eles têm seu alcance limitado por divergências culturais ou processuais (ALKIVIADOU, 2018, p. 2). Enquanto podem acelerar a colaboração entre os países que os incorporam, não são capazes de incluir todas as principais potências que concentram a maior

[156] A título de exemplo, ver **Corte Especial determina que Google entregue dados de e-mail armazenados nos EUA. Jusbrasil**, Disponível em: <https://stj.jusbrasil.com.br/noticias/100548774/corte-especial-determina-que-google-entregue-dados-de-e-mail-armazenados-nos-eua>. Acesso em: 25 jan. 2023.

parte dos provedores de aplicação que atuam internacionalmente e que divergem sobre os limites da livre expressão.

É o caso, por exemplo, da Convenção sobre Crimes Cibernéticos, elaborada em Budapeste, pelo Conselho da Europa, em 2001[157]. A Convenção tem como principais objetivos: (i) a harmonização das legislações nacionais penais relativas aos crimes cibernéticos; (ii) a promoção de alterações nas legislações processuais nacionais, principalmente para fins de conceder poderes investigativos e de persecução que permitam a obtenção de provas eletrônicas confiáveis e (iii), o estabelecimento de um rápido e efetivo regime de cooperação e troca de informações entre as nações signatárias (KOOPS, 2010, p. 747).

O Conselho da Europa elaborou, em 2003, um Protocolo Adicional à Convenção relativo à incriminação de discurso de ódio, objetivando uniformizar as legislações penais nacionais que tratam de discursos racistas e xenófobos intermediados pela internet[158]. Ainda que não fizessem parte do Conselho da Europa, os Estados Unidos da América detinham a posição de observador e por isso podiam ratificar tratados elaborados pelo Conselho. Nesse contexto, a assinatura do Protocolo Adicional pelos Estados Unidos seria de grande importância para a obtenção de resultados úteis, pois parte significante dos provedores de serviços de internet estão sob sua jurisdição territorial (NEMES, 2002, p. 197).

O país já havia ratificado a Convenção de Budapeste, cooperando com a investigação e punição de crimes como violação de direito autoral, posse de pornografia infantil e fraude. Entretanto, como o Protocolo Adicional exigia explicitamente a criminalização de discursos de natureza racista e xenófoba (definidos como quaisquer textos, imagens ou representações de ideias desse tipo, incluindo o negacionismo do Holocausto[159]) cometidos por intermédio da internet, as autoridades americanas declararam que não o ratificariam, visto que essas exigências con-

[157] Disponível em: https://www.coe.int/en/web/cybercrime/the-budapest-convention Acesso em: 31 jan. 2022.

[158] Disponível em: https://rm.coe.int/168008160f Acesso em: 31 jan. 2022.

[159] No original: *"any written material, any image or any other representation of ideas or theories, which advocates, promotes or incites hatred, discrimination or violence, against any individual or group of individuals, based on race, colour, descent or national or ethnic origin, as well as religion if used as a pretext for any of these factors"*.

flitavam com suas garantias constitucionais de liberdade de expressão[160]. Assim, ainda que essencial para a resolução célere de uma parcela dos casos de discurso de ódio em redes sociais, a cooperação internacional para a resolução de crimes é limitada pela baixa velocidade de mecanismos bilaterais e pelas divergências de cultura jurídica que limitam o desenvolvimento de sistemas multilaterais de colaboração (BANKS, 2010, p. 237).

Pode-se conjecturar que atualmente são poucos os casos em que a investigação é difícil ou impossível em razão da ausência de mecanismos de cooperação internacional eficazes, já que muitas das grandes empresas multinacionais que controlam as plataformas de redes sociais possuem representantes legais nos países em que atuam e devem estar habituadas a colaborar com governos[161]. Contudo, o início da década de 2020 foi marcado pelo surgimento e popularização de plataformas menores que se propagandeiam como protetoras da liberdade de expressão de seus usuários, adotando postura ativamente contrária ao cumprimento de ordens judiciais, o que intensificou o problema.

Exemplo desse tipo de postura é a do aplicativo de comunicação por mensagens instantâneas Telegram[162], desenvolvido na Rússia e cuja empresa controladora é sediada em Dubai, nos Emirados Árabes Unidos. Ainda que não seja considerado uma rede social em sentido estrito defendido na introdução deste trabalho, tendo em vista a ausência de perfis de usuários acessíveis por outros usuários e conectados por sistemas de recomendação de conteúdo, o Telegram possui diversas características que permitem o compartilhamento massivo de informações entre grupos de pessoas unidas por seus interesses, o que tam-

[160] O documento que contém essa declaração foi arquivado em https://web.archive.org/web/20060209153034/http://www.usdoj.gov/criminal/cybercrime/COEFAQs.htm#QE1 Acesso em: 31 jan. 2022.

[161] Cf. por exemplo: "TSE assina parceria com Facebook Brasil e WhatsApp Inc. para combate à desinformação nas Eleições 2020. Disponível em: https://www.tse.jus.br/imprensa/noticias-tse/2020/Setembro/tse-assina-parceria-com-facebook-brasil-e-whatsapp-inc-para-combate-a-desinformacao-nas-eleicoes-2020. Acesso em: 2 fev. 2022" e "TSE firma parceria com o Google para combater desinformação nas Eleições 2020. Disponível em: https://www.tse.jus.br/imprensa/noticias-tse/2020/Outubro/tse-firma-parceria-com-google-para-combater-desinformacao-nas-eleicoes-2020. Acesso em: 2 fev. 2022".

[162] Acessível em: https://web.telegram.org. Acesso em 5 abr. 2022.

bém o torna fonte de problemas semelhantes. Assim como seu principal concorrente, o Whatsapp, o aplicativo acabou concentrando um grande fluxo de desinformação e de outras manifestações ilícitas, principalmente no período eleitoral, já que suas funcionalidades permitem a comunicação privada entre dois ou mais usuários. Mas, diferentemente do Whatsapp, sua empresa controladora decidiu por não atender a propostas de cooperação e ordens judiciais emitidas por governos, criando dificuldades sérias para autoridades.

No início de 2022, o Tribunal Superior Eleitoral (TSE) firmou acordos de cooperação com diversas plataformas para facilitar e coordenar o controle de desinformação de cunho eleitoral durante as eleições, o que deu origem, por exemplo, a ferramentas de denúncia direta de conteúdo ilícito por usuários do Whatsapp. Ao procurar construir pontes semelhantes com o Telegram entrando em contato com sua sede, o TSE se viu ignorado pela plataforma[163] que, apesar de estar presente em pelo menos 45% dos celulares brasileiros[164], não possuía representação legal no país.

O STF, em inquérito relacionado à utilização de plataformas digitais para a promoção de atos antidemocráticos, também tentou, inicialmente sem sucesso, contato com a plataforma para obter informações que auxiliassem na condução de suas investigações[165] e para demandar a remoção de conteúdo considerado problemático. Diante dos contatos frustrados, as autoridades brasileiras se voltaram ao bloqueio do aplicativo no território nacional, medida que já foi tomada em onze países diferentes por razões similares[166]. A ameaça de bloqueio, consolidada pelo ministro

163 Cf. TSE vê Telegram como desafio em combate à desinformação nas Eleições 2022. Disponível em: https://tecnoblog.net/noticias/2021/06/14/tse-ve-telegram-como-desafio-em-combate-a-desinformacao-nas-eleicoes-2022/. Acesso em: 1 fev. 2022.

164 Cf. OLHAR DIGITAL. Telegram amplia base de usuários e já está em 45% dos smartphones brasileiros Olhar Digital, 5 mar. 2021. Disponível em: https://olhardigital.com.br/2021/03/05/internet-e-redes-sociais/telegram-base-usuarios-celulares-brasileiros/. Acesso em: 1 fev. 2022.

165 Cf. Entenda por que há risco de a Justiça banir o Telegram no Brasil. JOTA Info, 18 jan. 2022. Disponível em: https://www.jota.info/opiniao-e-analise/analise/entenda-por-que-ha-risco-de-a-justica-banir-o-telegram-no-brasil-18012022. Acesso em: 2 fev. 2022.

166 Cf. Na mira do TSE em função da eleição, Telegram já foi alvo de bloqueios em 11 países. Disponível em: https://oglobo.globo.com/politica/na-mira-do-tse-em-funcao-da-eleicao-telegram-ja-foi-alvo-de-bloqueios-em-11-paises-1-25361170. Acesso em: 1 fev. 2022.

Alexandre de Moraes, do STF, levou a plataforma a modificar sua postura e a atender às ordens judiciais[167].

Há, nesse caso, um evidente problema de eficácia decorrente diretamente da dependência do Estado de cooperação com outras jurisdições e de cooperação com intermediários. Por mais que parte dos objetivos das autoridades tenham sido cumpridos, isso exigiu grande esforço político e jurídico por parte da Corte Constitucional. Para a facilitação de um único inquérito criminal foi necessária a ameaça autoritária de bloqueio da aplicação em território nacional, com altos custos para a população em geral e fundamento jurídico bastante questionável[168].

Em síntese, a persecução criminal de discursos de ódio e de outros crimes que ocorrem por intermédio das plataformas de redes sociais quase sempre exige alguma interação entre as autoridades de investigação e as empresas que detêm a infraestrutura de comunicação. Essa dependência pode representar um empecilho maior ou menor para a efetividade do processo a depender da complexidade do caso. Em casos mais simples, significa apenas que as autoridades terão que percorrer um passo a mais na sua investigação para determinação da identidade do infrator, o que pode ser célere ou lento a depender do treinamento das autoridades e da velocidade da resposta da plataforma[169]. Casos mais complexos, porém, adicionam várias barreiras à eficácia da persecução,

[167] Cf. Cerco ao Telegram no Brasil: entenda bloqueio e desbloqueio – 19/03/2022 – Poder – Folha. Disponível em: https://www1.folha.uol.com.br/poder/2022/03/entenda-o-bloqueio-do-telegram-as-alegacoes-de-pf-e-stf-e-suas-consequencias.shtml. Acesso em: 29 mar. 2022.

[168] A interpretação do dispositivo acionado pelo ministro Alexandre de Moraes para determinar o bloqueio do Telegram está em discussão nas ações relativas aos bloqueios do Whatsapp (ADPF 403 e ADI 5527), que ocorreram entre 2015 e 2016. O ministro alega que o artigo 12 do Marco Civil da Internet permite o bloqueio como sanção a provedores que não se sujeitam à legislação brasileira ou que não cumprem ordens judiciais. Contudo, nos poucos votos publicados nas decisões sobre o Whatsapp, predomina a posição de que essa sanção só está disponível quando os provedores violam normas do MCI que dispõem sobre proteção de dados pessoais. A decisão que determinou o bloqueio do Telegram, portanto, é de fundamento jurídico bastante contestável. Cf. Bloqueio judicial do WhatsApp é inconstitucional, diz Fachin. Disponível em: https://www.conjur.com.br/2020-mai-28/bloqueio-judicial-whatsapp-inconstitucional-fachin. Acesso em: 29 mar. 2022.

[169] Cf., por exemplo: Perfis fakes: Responsáveis por racismo contra Maju Coutinho são condenados – Migalhas. Disponível em: https://www.migalhas.com.br/quentes/321400/perfis-

como o uso por investigados de tecnologias que mascaram registros de acesso e conexão, a necessidade de cooperação internacional (que pode depender de mecanismos lentos ou ser inviabilizada por diferenças de cultura jurídica) e, em última instância, a incapacidade de atingir qualquer comunicação produtiva com intermediários.

Essas barreiras criam um cenário em que somente uma parcela dos discursos de ódio criminalizados são efetivamente puníveis, parcela essa que não contém, necessariamente, os discursos mais perigosos. Em termos de conteúdo, alcance e impacto persuasivo, não há diferença inerente entre os discursos de fácil e difícil persecução. Grupos extremistas podem facilmente se organizar mediante a utilização de perfis falsos e técnicas que tornam a identidade de seus membros inacessível, além de usar ferramentas para propagar conteúdo ilícito de forma mais rápida, como os *bots*[170]. Nesses casos, suas manifestações são tão públicas e têm alcance tão grande quanto quaisquer outras, mas os oradores são de difícil identificação.

Como os usuários de um país compartilham as redes sociais com usuários de outros países, eles observam constantemente a prática de discursos de ódio que não são efetivamente puníveis na jurisdição em que se encontram. Essa impunidade aparente contribui para a percepção de um Estado impotente frente aos discursos de ódio em redes sociais, percepção essa que se agrava quando é levada em consideração a quantidade massiva de manifestações ilícitas que são propagadas diariamente nas plataformas.

2.2.5. O desafio da escala

Tanto o desafio da tipificação taxativa quanto o desafio da dependência dos intermediários são mitigáveis, ainda que com certos custos. No caso da tipificação, é possível atingir um grau de clareza que gere efeitos positivos, mesmo que não ideais, a partir da especificação das manifestações puníveis e da não-criminalização de discursos de ódio em contex-

-fakes--responsaveis-por-racismo-contra-maju-coutinho-sao-condenados. Acesso em: 1 fev. 2022.

[170] Cf., por exemplo: Twitch anuncia que deletou 15 milhões de bots que promoviam ódio e assédio. Disponível em: https://www.uol.com.br/start/ultimas-noticias/2022/01/13/twitch-anuncia-que-deletou-15-milhoes-de-bots-que-promoviam-odio-e-assedio.htm. Acesso em: 1 fev. 2022.

tos que atraem muita incerteza. O alcance da norma penal, nesses casos, será severamente limitado, mas isso contribuirá para a eficácia nos casos taxativamente proibidos. No caso da dependência dos intermediários, medidas poderiam ser propostas para reduzir o número de situações em que as autoridades não são capazes de demandar de forma célere informações armazenadas pelas plataformas.

No Brasil, seria possível, por exemplo, determinar que as empresas que oferecem versões para brasileiros de suas plataformas estabeleçam sede e equipe de representação legal em território nacional para atuarem no Brasil, assim como mecanismos de acesso remoto a seus servidores localizados no estrangeiro que permitam a obtenção de registros por autoridades. Assim, seriam reduzidas as situações em que a cooperação internacional é necessária. É isso que propõe o PL 2630/2020[171], que institui a "Lei Brasileira de Liberdade, Responsabilidade e Transparência na Internet" (popularmente conhecida como "Lei das Fake News", por sua finalidade original declarada de facilitar o combate à desinformação), em seu artigo 32:

> Art. 32. Os provedores de redes sociais e de serviços de mensageria privada deverão ter sede e nomear representantes legais no Brasil, informações que serão disponibilizadas em seus sítios na internet, bem como manter acesso remoto, a partir do Brasil, aos seus bancos de dados, os quais conterão informações referentes aos usuários brasileiros e servirão para a guarda de conteúdos nas situações previstas em lei, especialmente para atendimento de ordens de autoridade judicial brasileira.

Outra forma de acelerar a cooperação entre intermediários e autoridades de persecução penal seria determinar que as plataformas que atuam em território nacional devem fornecer, automaticamente, os registros de acesso dos usuários que publicam conteúdo ilícito detectado e sancionado pela própria plataforma. Assim, não seria necessária a requisição de dados específica no contexto da investigação criminal de um determinado caso de discurso de ódio. Os casos detectados pelos provedores, por si só, já serviriam de estopim para investigação e forneceriam as informações relevantes às autoridades.

[171] O inteiro teor do PL está disponível em: https://www.camara.leg.br/proposicoesWeb/fichadetramitacao?idProposicao=2256735. Acesso em 3 fev. 2022.

A legislação alemã de combate a discursos de ódio e desinformação em redes sociais, a *Netzwerkdurchsetzungsgesetz*, ou NetzDG, foi reformada em 2021 para prever que as plataformas são obrigadas a enviar o conteúdo de manifestações ilícitas e os registros de acesso de seus oradores para uma base de dados controlada pelas autoridades de persecução penal. Essencialmente, a norma criou uma obrigação de denúncia de casos de discurso de ódio e desinformação pelas plataformas e um canal para sua efetivação[172], como forma de facilitar a aplicação de normas penais no ambiente digital.

Essas propostas possuem custos relevantes. Ao estabelecer um requisito de representação legal para atuação no Brasil, o PL 2630/2020 limita o acesso de usuários brasileiros a serviços e aplicações que não cumprem essa obrigação, restringindo seu acesso à internet a um número inferior de provedores de aplicação. O caso da NetzDG levanta sérias preocupações sobre privacidade e segurança da informação, na medida em que o Estado passaria a controlar uma base de dados que concentraria conteúdo de comunicações e dados pessoais de uma grande quantidade de usuários. Ainda, pode-se questionar se as autoridades não passariam a depender ainda mais da atividade das plataformas, na medida em que o estopim de grande parte de suas investigações criminais seriam casos selecionados arbitrariamente pelos provedores.

De forma mais drástica, podem ser propostas medidas que buscam desincentivar o anonimato e o pseudonimato nas plataformas. São recorrentes, no legislativo brasileiro, tentativas de tornar o acesso às plataformas dependentes da confirmação da identidade do usuário a partir de dados pessoais contidos em documentos oficiais, como nome, RG e CPF[173]. Outros Estados, normalmente de viés autoritário, também consideram ilícito o uso de ferramentas técnicas usadas para garantir o anoni-

[172] Cf. Germany tightens online hate speech rules to make platforms send reports straight to the feds. TechCrunch, Disponível em: https://social.techcrunch.com/2020/06/19/germany-tightens-online-hate-speech-rules-to-make-platforms-send-reports-straight-to-the-feds/. Acesso em: 3 fev. 2022

[173] Um exemplo dessa postura está nos PLs 3389/2019 e 2763/2020, eventualmente apensados ao PL 2360/2020 e rejeitados. Respectivamente disponíveis em: https://www.camara.leg.br/propostas-legislativas/2207075; https://www.camara.leg.br/propostas-legislativas/2207075 e https://www.camara.leg.br/propostas-legislativas/2256735. Acesso em 4 fev. 2022.

mato real, como VPNs[174]. Em geral, porém, essas propostas são recebidas negativamente, as vezes porque são pouco eficazes (é difícil fiscalizar o uso de ferramentas como as proibidas), mas principalmente porque o anonimato, apesar de seu efeito antiforense, é muitas vezes considerado positivo para a livre expressão. Dissidentes políticos de regimes autoritários utilizam a internet para denunciar violações de direitos humanos inclusive através de redes sociais populares, protegidos por pseudônimos e pela dificuldade de se rastrear um usuário sem a cooperação dos intermediários envolvidos. De forma similar, minorias políticas e grupos vulneráveis encontram espaço na internet para discutir suas dificuldades sem que sejam identificadas por possíveis agressores (CITRON, 2014, p. 60).

Dito isso, mesmo que desconsiderados seus custos, essas medidas não são capazes de solucionar o principal obstáculo à eficácia da norma penal na prevenção dos discursos de ódio em redes sociais: o desafio da escala. Na verdade, quaisquer outras que, hipoteticamente, fossem capazes de muito mitigar ou até solucionar os problemas da tipificação e da dependência, esbarrariam nesse mesmo problema.

O desafio ou questão da escala, conforme denominação utilizada por GILLESPIE, se refere a uma característica fundamental das comunicações em plataformas de redes sociais que as torna diferentes, do ponto de vista da regulação, de outros meios de comunicação (2018a, p. 74). Como explica o autor, a necessidade de se regular manifestações em meios de comunicação, por si só, não é nova. Tanto o conteúdo publicado em mídia impressa quanto em mídia televisiva são objeto de algum nível de regulação desde sua concepção. O que difere as redes sociais contemporâneas de qualquer experiencia anterior são a quantidade de usuários, a quantidade de conteúdo e a velocidade em que esse conteúdo circula (2018a, p. 75).

As redes sociais se caracterizam por permitirem que qualquer usuário se torne um produtor e publicador de conteúdo para audiências potencialmente enormes. Se antes existiam filtros sociais, burocráticos e corporativos que definiam quem teria acesso a espaços de grande exposição, esses filtros já não são tão relevantes nos novos espaços de comu-

[174] Cf., por exemplo, The Russian VPN Ban 2022 [Which VPNs Are Banned in Russia?]. Disponível em: https://www.cloudwards.net/russian-vpn-ban/. Acesso em: 4 fev. 2022.

nicação. Como resultado, a quantidade de conteúdo circulando, gerada por um número de usuários na casa dos bilhões, torna simplesmente impossível a execução de certas medidas de controle, como, por exemplo, a verificação cuidadosa da licitude de cada publicação por olhos humanos.

ROMEO CASABONA também considera a escala um dos principais obstáculos a eficácia da norma penal nos espaços digitais. O autor reitera que esses espaços englobam um número colossal de usuários que são, ao mesmo tempo, potenciais vítimas e agentes criminosos (2006, p. 86). Não fosse esse o caso, seria plausível acreditar que os problemas que envolvem a investigação de crimes na internet, como os véus de anonimato e pseudonimato, a dependência dos intermediários e a necessidade de cooperação internacional são, até certo ponto, contornáveis. Contudo, o sistema penal sequer é capaz de processar a quantidade de publicações potencialmente ilícitas em redes sociais que atingem grupos vulneráveis em território nacional diariamente.

Considere-se, por exemplo, situação hipotética em que o ordenamento jurídico brasileiro passe a adotar uma obrigação como aquela prevista na NetzDG. A Lei passaria a exigir que as plataformas, ao identificar publicações em língua portuguesa que possam ser consideradas discursos de ódio criminalizados[175], enviassem para uma base de dados controlada pelo Ministério Público ou pela Polícia Federal os registros de acesso dos autores da publicação e o conteúdo das comunicações. Considere-se nessa situação hipotética, também, que não existem obstáculos para a investigação e que, por isso, os dados enviados permitem a identificação adequada dos autores e sua localização em território nacional em todos os casos, restando apenas o inquérito policial, o oferecimento de denúncia pelo Ministério Público e o julgamento quanto a licitude ou não do discurso no decorrer do devido processo legal.

Hoje, os relatórios de transparência das plataformas não oferecem dados sobre quantos casos de discurso de ódio foram identificados espe-

[175] Isso não quer dizer que só discursos de ódio em português poderiam causar danos a grupos vulneráveis brasileiros, tendo em vista que, em um mundo globalizado, a reputação de um grupo social também é construída no âmbito internacional. Trata-se apenas de um critério hipotético que pode evitar que as autoridades brasileiras se envolvam em excessivos casos de manifestações publicadas por usuários não situados em sua jurisdição.

cificamente em língua portuguesa ou de usuários brasileiros. É possível estimar, contudo, a partir dos números totais, que a quantidade de casos que seriam enviados para as autoridades de persecução penal brasileiras provavelmente estaria na casa das dezenas de milhões, ou, de forma muito conservadora, na casa das centenas de milhares anuais, dado que os brasileiros representam uma parcela significativa da base de usuários global. Nota-se, por exemplo, que apenas entre janeiro e junho de 2021 o Youtube removeu cerca de 200 mil vídeos que, de acordo com a plataforma, continham discursos de ódio, além de 100 milhões de comentários de usuários pela mesma razão[176]. No mesmo período, o Twitter removeu cerca de 1.6 milhões de publicações de sua plataforma por serem consideradas tentativas de propagação de ódio[177]. A Meta, também no primeiro semestre de 2021, agiu sobre cerca de 55 milhões de publicações pelo mesmo motivo[178].

Como os conceitos de discurso de ódio previstos nas regulações dessas plataformas são relativamente semelhantes ao que se prevê como crime na legislação brasileira (principalmente em razão da abertura do tipo penal do *caput* do artigo 20 da Lei Caó), é plausível também crer que boa parte dos casos enviados para as autoridades brasileiras seriam dignos de motivar inquérito policial e, potencialmente, de oferecimento de denúncia pelo Ministério Público[179].

[176] Cf. Cumprimento das diretrizes da comunidade do YouTube – Google Relatório de Transparência. Disponível em: https://transparencyreport.google.com/youtube-policy/removals?hl=pt_BR&videos_by_country=period:2021Q3;region:BR&lu=comments_removal_reason&comments_by_source=period:2021Q1&comments_removal_reason=period:2021Q2. Acesso em: 4 fev. 2022.

[177] Cf. Aplicação das Regras – Central de Transparência do Twitter. Disponível em: https://transparency.twitter.com/pt/reports/rules-enforcement.html. Acesso em: 4 fev. 2022.

[178] Cf. Community Standards Enforcement | Transparency Center. Disponível em: https://transparency.fb.com/data/community-standards-enforcement/hate-speech/facebook/. Acesso em: 4 fev. 2022.

[179] Nota-se, também, que, pelo princípio da obrigatoriedade, que impera no Direito Brasileiro, o Ministério Público é obrigado a oferecer denúncia sempre que estiverem presentes as condições da ação penal, não podendo arquivar inquérito policial exclusivamente por critério de oportunidade. Se os indícios de ocorrência de crime estiverem presentes, o caso deverá ser remetido a um juízo competente, ainda que com a finalidade de pedir por seu arquivamento (MAGLIARELLI, 2017, p. 283).

Naturalmente, o sistema brasileiro de persecução penal teria muitas dificuldades, nessa situação hipotética, para processar centenas de milhares de casos de discurso de ódio em redes sociais anualmente, de forma que a ausência de obstáculos à investigação não seria suficiente para garantir a eficácia da norma penal. Se tivesse qualquer pretensão de solucionar e processar todos os casos, teria que atropelar diversas garantias do devido processo legal, garantias essas que tornam possíveis, no âmbito do processo penal, as essenciais discussões sobre a gravidade e tolerabilidade dos discursos de ódio no caso concreto.

A realidade, porém, é ainda mais complexa. O sistema de persecução penal brasileiro não é exposto a centenas de milhares de casos de discursos de ódio potencialmente criminosos mensalmente porque, ausente uma obrigação como aquela prevista na NetzDG, não é capaz de (e nem deveria) vigiar tudo que é dito nas plataformas digitais. Na verdade, os poucos casos que efetivamente são levados ao judiciário são aqueles que são denunciados por usuários, pela imprensa ou por autoridades que os presenciaram. Dentre esses, considerando a existência do desafio da dependência, que muito prejudica a eficiência das investigações e dos processos, menos ainda são efetivamente esclarecidos e resultam em aplicação da pena em tempo hábil.

O Judiciário brasileiro dispõe de pelo menos um exemplo que pode validar esse modelo. Em 2010, após a vitória da então candidata à presidência Dilma Rousseff em todos os nove estados nordestinos, uma estudante de São Paulo publicou em seu perfil na rede social Twitter a seguinte frase: "Nordestisto (sic) não é gente, faça um favor a Sp, mate um nordestino afogado!"[180]. A publicação gerou grande indignação na rede social, levando outros usuários a reproduzirem-na massivamente para fins de denúncia e crítica[181]. A mobilização dos usuários, somada à consequente cobertura midiática do caso, levou à abertura de inquérito policial[182] e consequente

[180] Cf. Jovem é condenada por mensagem contra nordestinos no Twitter. Disponível em: http://g1.globo.com/sao-paulo/noticia/2012/05/condenada-estudante-que-publicou-mensagem-contra-nordestinos-em-sp.html. Acesso em: 19 jan. 2022.

[181] Pelo menos uma das republicações pedia expressamente pelo reconhecimento da publicação original como crime nos termos do artigo 20 da Lei Caó.

[182] Cf. Polícia Civil de SP abre inquérito por suspeita de racismo no Twitter. Disponível em: http://g1.globo.com/brasil/noticia/2010/11/policia-civil-abre-inquerito-por-suspeita-de-racismo-no-twitter.html. Acesso em: 19 jan. 2022.

denúncia da estudante pelo Ministério Público pela prática do crime do artigo 20, § 2º, da Lei Caó, ou seja, pela incitação de discriminação e preconceito por intermédio dos meios de comunicação social. A denúncia resultou em sua condenação, em primeira instância, à pena de prestação de serviço comunitário e pagamento de multa.

Alguns aspectos do caminho que levou à condenação da estudante permitem ilustrar o déficit de eficácia dos crimes de discurso de ódio. Em primeiro lugar, a publicação da estudante não foi a única com esse teor discriminatório publicada durante as eleições de 2010. Na verdade, de acordo com a cobertura da imprensa, ambas as eleições de Dilma Rousseff (em 2010 e 2014) foram marcadas por uma grande quantidade de publicações discriminatórias em redes sociais contra a população nordestina[183] que não parecem terem sido respondidas pelas autoridades. Apesar disso, esse caso em específico teve repercussão particularmente grande, foi denunciado massivamente e muito divulgado na plataforma e na imprensa, o que o destacou de outros que ficaram impunes. Não há registros que indiquem que esse período também foi caracterizado por uma quantidade extraordinária de processos e condenações por manifestações discriminatórias, o que seria o resultado esperado dada a grande quantidade de publicações.

Em segundo lugar, não existem evidências que levem a crer que a estudante era uma oradora influente, que era conhecida até a repercussão do caso ou que, por isso, detinha poder de convencimento sobre uma grande audiência em sua rede social. Pelo contrário, tudo indica que seu caso só repercutiu e que sua mensagem só se alastrou por causa do sentimento de revolta dos poucos que observaram sua publicação originalmente[184]. Nesse sentido, sua publicação, apesar da virulência do

[183] Cf. Redes sociais têm pico de manifestações contra nordestinos no domingo. Disponível em: https://www.correiobraziliense.com.br/app/noticia/especiais/eleicoes-2014/2014/10/28/noticias-eleicoes-2014,454771/redes-sociais-tem-pico-de-manifestacoes-contra-nordestinos-no-domingo.shtml. Acesso em: 20 jan. 2022.

[184] Mesmo a juíza do caso, na sentença, reconheceu que a acusada não podia prever a repercussão que sua mensagem poderia ter, ainda que isso não tenha sido considerado causa que justificasse a exclusão do dolo. Cf. Jovem é condenada por mensagem contra nordestinos no Twitter. Disponível em: http://g1.globo.com/sao-paulo/noticia/2012/05/condenada-estudante-que-publicou-mensagem-contra-nordestinos-em-sp.html. Acesso em: 19 jan. 2022.

conteúdo[185], não tinha grande potencial lesivo até sua repercussão por aqueles que a repudiaram. Ela provavelmente não alcançaria uma audiência considerável se fosse ignorada, ainda que essa possibilidade sempre exista tendo em vista o fenômeno das audiências invisíveis das redes sociais[186]. Seria, em outras palavras, uma entre várias outras semelhantes.

Em terceiro lugar, a publicação não foi identificada em decorrência de alguma forma de policiamento realizado pelas autoridades investigativas. O inquérito policial só foi iniciado após sua denúncia pelos usuários e pela imprensa, de forma que, não fosse por essa mobilização, muito provavelmente passaria despercebida pelas autoridades como tantas outras passaram e passam diariamente.

Se é plausível extrapolar o que ocorreu nesse caso para a prática geral de repressão penal dos discursos de ódio nas redes sociais, o que se argumenta aqui é que as autoridades de investigação e persecução penal não são capazes, sozinhas, de dar conta de todos os casos de discurso de ódio que circulam nas plataformas, mesmo se estivessem desimpedidas de qualquer obstáculo à investigação de casos específicos. Elas dependem de intensa mobilização social ao redor de um determinado caso para que haja iniciativa para seu esclarecimento e a consequente aplicação limitada da norma.

Por isso, uma gigantesca parcela dos casos passa despercebida ou não alcança destaque suficiente para impelir as autoridades a oferecer uma resposta. Esses casos impunes não são necessariamente muito graves, visto que podem ter audiências muito pequenas, mas sua visível proliferação nas redes sociais gera desconfiança na aplicação da norma penal. Os casos que são efetivamente processados, porém, também não são necessariamente os mais graves e perigosos, mas sim os que recebem maior repúdio de outros usuários e da imprensa e que, portanto, são denunciados. Se tornam, assim, verdadeiros "bodes expiatórios" selecionados pelo repúdio público, exemplos utilizados para tentar garantir o

[185] Para uma análise cuidadosa da gravidade do conteúdo da mensagem publicada pela estudante, cf. (MARTINS; MARTINS, 2019).

[185] Sobre essa questão, cf. seção 1.2.1 deste trabalho.

efeito dissuasório da pena em meio a uma situação de impunidade generalizada[187].

Há de se considerar, porém, se a punição de alguns casos, de forma firme e pública, não seria suficiente para atribuir efeito preventivo à norma penal, para concretizar a ameaça de pena aos olhos de seus destinatários e para dar força ao ordenamento, pelo menos à primeira vista. Poder-se-ia argumentar, também nesse sentido, que um aumento da pena dos crimes de discurso de ódio em redes sociais, como é proposto em diversos Projetos de Lei brasileiros, seria bem-vindo, já que a punição severa de alguns poucos poderia contrabalancear o efeito negativo da impunidade de muitos.

Não seria o caso. Como já foi explicado, entende-se que é a certeza de punição que dá força dissuasória para a norma penal, de forma que a impunidade generalizada torna pouco relevante a intensidade de pena. No caso específico dos discursos de ódio em redes sociais, o problema da escala ainda faz com que os poucos casos de condenação de que se tem ampla notícia sejam contrapostos, aos olhos dos destinatários da norma, a muitos outros publicados diariamente e ignorados pelas autoridades, o que pode tornar o efeito dissuasório dessas condenações ainda menos impactante. Além disso, como lembra GOMES, essa abordagem não só não atingiria os fins que propõe, como também afrontaria ditames constitucionais como a proporcionalidade (a pena não seria determinada pela gravidade do crime) e a igualdade (aqueles condenados não são selecionados de forma verdadeiramente aleatória, mas sim através de filtros sociais e burocráticos que costumam levar a condenação apenas dos *outsiders*) (2003, p. 136). O aumento de pena, aqui, não seria ilegítimo apenas por sua ineficácia.

[187] O então presidente da OAB de São Paulo, Luiz Flávio Borges D'Urso, divulgou nota de repúdio especificamente contra a publicação da estudante, pedindo que sua condenação sirva de exemplo "aos demais usuários dos sites de relacionamentos, para que tenham responsabilidade sobre as opiniões que expressam e o que escrevem". O GLOBO. OAB-SP repudia declarações de estudante de Direito acusada de preconceito contra nordestinos. Disponível em: https://oglobo.globo.com/politica/oab-sp-repudia-declaracoes-de-estudante-de-direito-acusada-de-preconceito-contra-nordestinos-2930746. Acesso em: 20 jan. 2022.

2.3. Conclusões e caminhos possíveis

Conforme foi discutido na seção anterior, são algumas as razões pela qual a eficácia preventiva da repressão penal dos discursos de ódio em redes sociais é limitada.

A tipificação taxativa de discursos de ódio é excessivamente complexa, o que prejudica a comunicação clara da gravidade das condutas e a consequente mudança de comportamento dos destinatários da norma. A dificuldade na tipificação decorre principalmente das controvérsias sobre os limites da liberdade de expressão e da mutabilidade do contexto social e das dinâmicas entre grupos sociais. Essas controvérsias criam incentivos para a elaboração de tipos penais excessivamente abertos que visam a punição da maior parte dos discursos de ódio, mas que, na verdade, delegam para o judiciário e para o cidadão a demarcação de limites, dificultando a orientação de comportamento. Além disso, a punição de discursos cuja licitude é excessivamente controversa pode conflitar com os valores de uma parcela considerável dos destinatários, limitando ainda mais seu efeito preventivo. Uma técnica legislativa verdadeiramente taxativa poderia obter resultados melhores, mas tem como consequência necessária uma restrição do âmbito de atuação da norma penal, que não será capaz de abarcar uma grande parcela dos discursos de ódio que também contribuem para o prejuízo cumulativo da reputação de grupos vulneráveis.

Em segundo lugar, a investigação criminal de discursos de ódio em redes sociais é altamente dependente de interações produtivas entre autoridades públicas e as empresas que detém controle sobre as plataformas, já que as informações que permitem a correta identificação dos autores de uma determinada publicação são armazenadas exclusivamente na infraestrutura que intermediou essa comunicação. Essa dependência pode ter maior ou menor impacto a depender da complexidade do caso. Em casos mais simples, significa apenas que as autoridades terão que percorrer um passo a mais na sua investigação para determinação da identidade do infrator. Casos mais complexos adicionam várias barreiras à eficácia da persecução, como o uso por investigados de tecnologias que mascaram registros de acesso e conexão, a necessidade de cooperação internacional (que pode depender de mecanismos lentos ou ser inviabilizada por diferenças de cultura jurídica) e, em última instância, a incapacidade de atingir qualquer comunicação produtiva com o setor privado. É plausível crer que essas barreiras prejudicam a persecução penal de uma parcela não insignificante dos discursos de ódio em redes sociais, o que contribui para a ineficácia de mecanismos preventivos gerais, já que, ausente a aplicação da norma em uma quantidade significativa de casos, a ameaça de punição e o efeito dissuasor da norma são prejudicados.

Em terceiro lugar, mas mais importante, a quantidade extraordinária de conteúdo potencialmente criminoso que percorre as redes sociais diariamente coloca em questão a própria capacidade de o sistema de justiça criminal investigar, denunciar e processar casos de discurso de ódio suficientes para fazer valer o efeito preventivo geral da norma penal. A ausência de formas efetivas de policiamento de conteúdo pelas autoridades faz com que sejam processados somente os casos que recebem muita atenção de outros usuários e da imprensa ou que são capturados aleatoriamente. O resultado é que esses oradores em particular acabam se tornando bodes expiatórios, condenados com o objetivo de contrabalancear os efeitos negativos da impunidade na eficácia preventiva geral. Mesmo se houvesse, contudo, uma forma das autoridades entrarem em contato com todo conteúdo potencialmente ilícito publicado em redes sociais, é difícil acreditar que seriam capazes de lidar com todos esses casos.

Assim, em relação à pergunta proposta no início deste capítulo (se é válida a expectativa de eficácia subjacente à produção legislativa penal sobre discursos de ódio no Brasil), argumenta-se aqui que a eficácia da norma penal encontra limites significativos ao almejar a prevenção de discursos de ódio publicados em redes sociais. Os PLs mencionados que se propõem a combater esses discursos em específico dificilmente atingirão seus fins preventivos, pois não solucionam os obstáculos aqui delineados. Assim, a ampliação dessa repressão penal deve ser rejeitada em um juízo prognóstico de ineficácia.

Pode ser questionado se o mesmo poderia ser dito também sobre as leis penais já postas ou sobre PLs que não buscam atingir discursos de ódio em redes sociais. Mais ainda, considerando que a eficácia da norma penal é um pressuposto para sua legitimidade, pode-se questionar se esse juízo seria suficiente não só para rejeitar esses PLs, mas também para justificar, pelo menos no campo teórico, a descriminalização dos discursos de ódio no Brasil ou o reconhecimento da inconstitucionalidade dessas criminalizações.

Não seria esse o caso, principalmente porque o juízo de ineficácia aqui formulado é limitado. Afirmar que a norma penal é incapaz de prevenir a ocorrência de discursos de ódio em redes sociais não é o mesmo que dizer que a norma penal é ineficaz também em outros contextos. Com exceção do problema da taxatividade, que é mitigável com o uso de boa técnica legislativa, os outros obstáculos aqui listados são especificamente associados à proliferação de discursos de ódio em plataformas digitais.

É plausível crer que a criminalização dos discursos de ódio pode exercer efeitos preventivos relevantes em outros espaços de comunicação em que esses obstáculos não perduram, como em meios de comunicação em massa tradicionais (como a televisão e o rádio). É, no mínimo, muito difícil provar o contrário (pelo menos no âmbito deste trabalho), de forma que considerar os tipos penais brasileiros totalmente ineficazes como ferramentas de proteção de bens jurídicos associados aos membros de grupos vulneráveis e, assim, argumentar por sua ilegitimidade, seria precipitado.

Além disso, a norma penal pode ter efeitos não-preventivos positivos no combate aos efeitos dos discursos de ódio, já que sua criminalização é uma declaração do Estado de que certas atitudes discriminatórias são intoleráveis e de que os grupos vulneráveis são dignos de proteção. Ainda que isso não seja suficiente para legitimar a norma (o efeito preventivo é o único que pode ser defendido a partir de argumentos empíricos), trata-se de um argumento relevante quando se considera o objetivo de reafirmação da reputação e dignidade dos membros de grupos vulneráveis. Uma eventual descriminalização poderia ter efeitos criminógenos, dado que passaria uma mensagem oposta, de que certos discursos e condutas devem ser tolerados. Assim, a ideia deve ser tratada com bastante cautela.

A despeito dessa discussão, parece claro que as plataformas digitais têm impacto significativo no debate público e que, por isso, os limites da norma penal aqui discutidos resultam em um déficit de prevenção que deve ser de alguma forma endereçado pela política criminal. Se grande parte dos discursos de ódio no debate público não é atingida pelos efeitos preventivos da norma penal, ela só pode ser considerada insuficiente como medida regulatória. Nesse sentido, conforme explica Ulrich SIEBER, quando a repressão penal encontra limites para sua eficácia ao enfrentar desafios contemporâneos, a política criminal se vê diante de dois caminhos possíveis: (i) a ampliação e "desfronteirização" do Direito Penal, como forma de mitigar esses limites a partir da antecipação de punibilidade, da redução de garantias processuais ou da construção de estruturas internacionais de investigação e punição; e (ii) o desenvolvimento de medidas alternativas de prevenção penal (fora do Direito Penal e, também, fora do Direito) (2008, p. 284).

A ampliação das fronteiras do Direito Penal não parece ser uma solução desejável ou satisfatória para os obstáculos à eficácia da repressão dos discursos de ódio em redes sociais. A antecipação da punibilidade já é inerente à criminalização dos discursos de ódio, visto que seu objetivo, em última instância, é a prevenção de atos concretos de discriminação e violência que tem como alvo membros de grupos vulneráveis. Conforme foi tratado, seria mais positivo para a eficácia da norma penal que seu alcance fosse reduzido para casos de discurso de ódio mais graves e cuja intolerabilidade é menos controversa.

Mecanismos que reduzem as garantias processuais como forma de facilitar a obtenção de provas ou ferramentas de vigilância e cooptação das agentes privados (como as plataformas) para monitoramento são problemáticos por diversas razões, mas, mesmo que isso não fosse verdade, não são capazes de solucionar o problema da escala. Isso vale também para mecanismos de cooperação internacional, que já enfrentam dificuldades por causa de diferenças de cultura jurídica. Ainda que tivesse livre acesso a todas as informações e evidências necessárias para o esclarecimento do crime, o sistema de persecução penal de um país não seria capaz de tratar todos os casos com o mínimo de cuidado para garantir segurança jurídica e um resultado justo.

O aumento indiscriminado de penas para discursos de ódio praticados em redes sociais, ainda, tem pouquíssimo a contribuir, visto que não soluciona qualquer um dos problemas de aplicação da norma que foram apresentados neste capítulo.

Resta, assim, a busca ou construção de medidas alternativas, não-penais ou até não-jurídicas, que superem esses obstáculos de forma a prevenir a ocorrência ou os efeitos nocivos dos discursos de ódio que a norma penal não é capaz de regular de forma eficaz.

Aqui deve ser destacada a relevância permanente de medidas educativas de médio e longo prazo que valorizem a empatia, empoderem grupos vulneráveis e mitiguem conflitos sociais. Embora exista a necessidade de coibir no curto prazo a proliferação de discursos de ódio, os problemas estruturais que são sua causa fundamental só podem ser solucionados com políticas públicas de longo prazo que são, por isso, indispensáveis e prioritárias a quaisquer outras. Essas medidas educativas podem ser objeto de política pública ou até resultado da organização da sociedade civil[188]. Sempre serão positivas por preservarem a liberdade de expressão.

Mas, no curto prazo, e diante dos obstáculos enfrentados pelas medidas estatais de regulação de discurso de ódio (especialmente pela norma penal), ganhou tração na literatura especializada[189] a defesa de uma forma em particular de se regular discursos de ódio em redes sociais: a prevenção da proliferação dos discursos de ódio de seus efeitos pelas próprias plataformas que intermediam as comunicações. Essa modalidade de regulação, que se traduz na atividade de moderação de conteúdo, e sua relação com os obstáculos e limites discutidos nesta seção, serão objeto do próximo capítulo.

[188] Como exemplo desse tipo de abordagem, OLIVA e ANTONIALLI citam o movimento alemão #Ichbinhier (ou "#Euestouaqui"), grupo que tem por objetivo intervir sobre comentários que disseminam ódio em plataformas na Internet, o que reduz seu impacto persuasivo (2018, p. 38).

[189] Sem qualquer pretensão de esgotar os autores que expressam esse posicionamento, são exemplos dos defendem que a política criminal deve se voltar para a regulação privada de conteúdo ilícito BAKALIS, 2018; BANKS, 2010; CITRON, 2014; GAGLIARDONE et al., 2015; KATYAL, 2001; KOOPS, 2010; NEMES, 2002; ROMEO CASABONA, 2006; TSESIS, 2001.

3. A MODERAÇÃO DE CONTEÚDO COMO ALTERNATIVA AO AVANÇO DA REPRESSÃO PENAL DOS DISCURSOS DE ÓDIO

Conforme foi argumentado no primeiro capítulo deste trabalho, os obstáculos à regulação tradicional da livre expressão inerentes à internet e, especialmente, às redes sociais, estimularam a busca por novas oportunidades regulatórias. Essa busca resultou em uma relação triangular entre governos, intermediários de internet e usuários, relação essa que tem como ponto focal o uso estratégico das capacidades técnicas que permitem que empresas controlem o fluxo de informação que passa por sua infraestrutura.

Quando inserida na longa história da regulação da expressão, essa relação triangular é, no máximo, uma novidade ainda em construção. Governos passaram muito recentemente a cooptar as plataformas de forma a fazer valer sua legislação (indiretamente, portanto) em novos espaços de comunicação. Medidas tradicionais de regulação, ou seja, aquelas em que o Estado busca controlar a expressão diretamente por meio da aplicação de sanções (como a repressão penal), não foram abandonadas, mas os indícios de sua baixa eficácia redirecionaram os olhares de tomadores de decisão e de estudiosos do discurso de ódio e de outras manifestações perigosas para as oportunidades inerentes à atividade regulatória das próprias plataformas. Como essa atividade, por si só, também é bastante recente, ainda carecem de resposta diversas perguntas sobre sua eficácia, sobre seus efeitos e sobre quão necessária é a interferência estatal para seu aperfeiçoamento.

De tal forma, o primeiro objetivo deste terceiro capítulo, que será tratado na seção 3.1, é explorar a atividade de moderação de conteúdo das plataformas de redes sociais como uma alternativa à repressão penal dos discursos de ódio, observando, particularmente, se essa atividade parece ser capaz de superar os desafios da taxatividade, da dependência e da escala. O segundo objetivo deste capítulo, que será na seção 3.2, é discutir como o Estado pode, a partir de determinadas abordagens (regulatórias ou não regulatórias) organizar, orientar ou incentivar a moderação de conteúdo de forma contribuir para seu aprimoramento. Sua proposta não é trazer respostas finais para as questões levantadas, visto que são objeto de debates contemporâneos intensos, mas sim refletir sobre oportunidades de regulação de discurso de ódio diversas daquelas que ocupam um espaço central, em particular, na abordagem político-criminal brasileira.

3.1. Oportunidades de prevenção

De forma bastante restritiva, pode ser definida como "moderação de conteúdo" a atividade exercida pelas plataformas[190] de redes sociais que visa a adequação do conteúdo elaborado e publicado por seus usuários aos objetivos e regras definidos nos documentos que estabelecem os fins da plataforma e suas obrigações contratuais (MYERS WEST, 2018, p. 3). Em outras palavras, a moderação de conteúdo seria o *enforcement* das regras e padrões de discurso definidas pelas plataformas, que concentra todas as ferramentas de que elas dispõem para construir de um espaço de comunicação em que estão ausentes manifestações e condutas consideradas por elas como danosas ou intoleráveis (entre elas, os discursos de ódio).

Vista desse ponto de vista estrito, a moderação de conteúdo compreende ria particularmente a aplicação de sanções previstas nos regulamentos das plataformas após a identificação de infrações. Fala-se aqui, portanto, por exemplo, da filtragem ou retirada de circulação de conteúdo ilícito, do banimento de usuários cuja atividade infratora é reiterada, da publicação de alertas a outros usuários quanto ao caráter sen-

[190] Alguns autores denominam o mesmo fenômeno de forma mais específica, separando a moderação de conteúdo em geral da moderação de conteúdo comercial. No primeiro caso, estariam incluídas também as comunidades digitais em que a moderação é exercida voluntariamente por membros, enquanto o segundo caso se refere exclusivamente à moderação exercida pelas próprias plataformas (MYERS WEST, 2018, p. 3). Como este trabalho trata especificamente da atividade das plataformas, essa classificação mais precisa não é necessária.

sível ou obsceno de uma determinada publicação ou, ainda, da restrição de acesso a um determinado conteúdo por critérios de localização geográfica ou idade do usuário.

Essa, porém, pode ser considerada uma visão excessivamente superficial do fenômeno. Para alguns, o exercício da moderação de conteúdo não se estabelece apenas como uma reação à inserção de conteúdo danoso por usuários, mas sim como uma característica definidora das redes sociais, cujo objetivo declarado e distintivo é conectar oradores e audiências (GILLESPIE, 2018b, p. 202). O relevante, aqui, é que nas redes sociais essa conexão não se dá de forma puramente orgânica (como quando um usuário busca manualmente conteúdo que lhe é interessante em uma enciclopédia digital), mas sim por meio de tecnologias que direcionam o fluxo de informação conforme padrões pré-determinados.

Quando um usuário recebe uma recomendação de conteúdo que pode ser de seu interesse, essa interação, que é determinante para o sucesso de uma rede social, ocorre mediada por ferramentas que, a partir de características de seu perfil, do perfil do criador do conteúdo recomendado e do conteúdo em si, são capazes de, automaticamente, selecionar, filtrar e determinar o alcance e a audiência de publicações. Argumenta-se, nesse sentido, que ao construírem e manipularem essas ferramentas, as plataformas também estão moderando conteúdo, ainda que não somente com o objetivo de adequá-lo ao que é permitido conforme seus regulamentos (GILLESPIE, 2018b, p. 202). Nesse caso, a moderação ocorre com o objetivo de criar um espaço de comunicação em que os usuários se sentem estimulados a participar de mais interações, o que amplia seu contato com anúncios e, consequentemente, traz maior retorno financeiro.

Vista desta forma mais ampla, a atividade de moderação não pode ser considerada menos do que essencial para o sucesso comercial de uma rede social (GILLESPIE, 2018a, p. 5). Toda plataforma de rede social modera conteúdo de uma forma ou de outra, pois a ausência de moderação reduziria consideravelmente sua utilidade como meio de comunicação. Contida nessa visão, porém, também está a constatação de que quase toda interação que ocorre entre usuários de plataformas é, em menor ou maior grau, influenciada por decisões de moderação tomadas por aqueles que desenvolveram sua arquitetura. São decisões que, diretamente, ainda que nem sempre de forma controlada ou consciente, afetam o alcance e o impacto persuasivo do conteúdo gerado por usuários (Idem, p. 21).

É essa constatação que revela, em todos os níveis da atividade da moderação de conteúdo, uma enorme oportunidade de se limitar a ocorrência de discursos de ódio e de seus efeitos nocivos para além do que é possível mediante medidas tradicionais de regulação (assumindo, é claro, a capacidade das plataformas de distinguir, nesse processo, manifestações toleráveis e intoleráveis).

Isso não quer dizer que as plataformas não precisam lidar com muitos dos mesmos desafios que são enfrentados pelas autoridades públicas. Na verdade, a moderação de conteúdo é uma tarefa extremamente difícil, assim como é a regulação jurídica da liberdade de expressão (GILLESPIE, 2018a, p. 6). A tomada de posicionamento sobre a tolerabilidade dos discursos de ódio e a escala em que são publicadas manifestações potencialmente danosas são problemáticas. Contudo, diferentemente dos Estados, que dependem das plataformas e de outros Estados para fazerem valer suas regras, as plataformas possuem capacidade de ingerência direta sobre o fluxo de informação que corre em sua infraestrutura. Diferente da sanção penal, que por sua gravidade e por seu mecanismo de prevenção exige um grau altíssimo de taxatividade e estabilidade, as técnicas de moderação das plataformas podem se fundamentar em regulamentos mais flexíveis. Por fim, diferente dos Estados, as plataformas prometem a implementação de ferramentas autônomas que podem superar o desafio da escala. É esse potencial de superação de desafios à eficácia que será explorado a seguir.

3.1.1. Ingerência direta e independência

Desde já, um ponto que pode ser levantado sobre a eficácia da moderação de conteúdo como ferramenta de regulação dos discursos de ódio é que ela se limita apenas aos espaços de comunicação sob controle de cada plataforma. Essa crítica é válida. De fato, o Facebook não tem ingerência sobre outras plataformas ou sobre qualquer comunicação que ocorre fora de espaços digitais, de forma que seria exagerado propor que a atividade de moderação possa ser suficiente para conter a propagação dos discursos de ódio como um todo, ainda que seja extremamente relevante tendo em vista sua configuração contemporânea.

Por outro lado, dentro desses espaços de comunicação as plataformas possuem capacidade de ingerência que não encontra igual em espaços de comunicação analógicos. Diferentemente das normas elaboradas pelo Estado, que dependem do alinhamento de uma série de circunstâncias para serem eficazes, as decisões tomadas pelas plataformas, quando dentro dos limites técnicos de sua arquitetura, são executáveis independentemente de qualquer atitude dos afetados, de terceiros, de fronteiras territoriais ou até da completa identificação do infrator.

A moderação de conteúdo compreende uma gama extensa de medidas de intervenção no que seria o "fluxo orgânico" das comunicações. Todas elas podem limitar, de alguma forma, o alcance e o impacto persuasivo de publicações identificadas e consideradas infratoras, o que as torna relevantes ferramentas de prevenção dos discursos de ódio e de seus efeitos nocivos. Algumas dessas medidas são mais restritivas à liberdade de expressão, enquanto outras são gradualmente menos intensas, o que dá as plataformas a possibilidade de calibrar sanções e infrações a partir de uma avaliação de gravidade.

O efeito de prevenção de efeitos lesivos ocorre da forma mais evidente quando a plataforma age diretamente sobre o conteúdo infrator. É o caso quando ela o remove do espaço de comunicação, ou seja, o torna completamente inacessível para todos os usuários[191]. Até o momento da remoção, a publicação produz efeitos lesivos, mas a plataforma age no sentido de fazê-los cessarem assim que possível. De forma similar, muitas plataformas utilizam sistemas de filtragem que são capazes de comparar uma nova publicação a outras que já foram consideradas ilícitas anteriormente[192]. Buscam, assim, evitar que uma publicação nociva sequer entre em circulação, exercendo o que KLONICK denomina "moderação *ex ante*" (2017, p. 1636).

[191] O pesquisador SRINIVASAN e sua equipe identificaram também um inesperado efeito dissuasório na aplicação de sanções de remoção de conteúdo ao observarem a comunidade digital ChangeMyView, hospedada na rede social Reddit (https://www.reddit.com/). Os pesquisadores observaram que os usuários afetados por remoção modificavam seu comportamento após a sanção, buscando adequá-lo às regras da comunidade. Eles questionam se esse resultado não é particular a essa comunidade, voltada a debates construtivos, mas afirmam que, se confirmado em outros espaços, pode dar fundamento para estratégias de moderação que enfocam essa medida. Cf. (SRINIVASAN et al., 2019).

[192] Esse tópico será tratado em maiores detalhes na seção 3.1.3.

Ao invés de remover uma publicação lesiva, a plataforma também pode reduzir seu alcance ao torná-la indisponível por um período ou para um grupo específico de usuários. Quando o conteúdo é considerado danoso especificamente a crianças ou adolescentes, a um determinado processo eleitoral ou somente no contexto cultural de um ou outro país, existem ferramentas que podem ser utilizadas para que o conteúdo seja acessível somente a usuários mais velhos, somente após o fim do processo eleitoral (KURTZ; DO CARMO; VIEIRA, 2021, p. 14) ou somente a usuários que não estão acessando a plataforma por conexões do país específico[193].

Quando utilizam suas ferramentas de recomendação e priorização de conteúdo (o chamado "ranqueamento" de publicações) para restringir o alcance de discursos de ódio, as plataformas também estão moderando. Ainda que a função principal dessas ferramentas seja fazer com que certas publicações tenham maior alcance que outras (o que viabiliza o fenômeno da "viralização"), elas também podem ser utilizadas para limitar o destaque a alguns tipos de conteúdo que não estejam alinhados aos objetivos das plataformas, fazendo com que apareçam menos nos sistemas de busca e nas páginas principais de outros usuários (KURTZ; DO CARMO; VIEIRA, 2021, p. 15).

Plataformas também podem disputar o impacto persuasivo de uma determinada manifestação problemática[194]. Elas podem ocultar conteúdo e condicionar seu acesso pelo usuário a leitura de um aviso, um alerta de que aquela publicação pode conter informações enganosas, imprecisas ou equivocadas, mídia violenta ou perturbadora etc. Podem,

[193] O chamado *"geoblockling"*, cujos impactos são discutidos em detalhes em (TRIMBLE, 2016).

[194] O Twitter, ao descrever suas "medidas corretivas", afirma limitar a visibilidade de conteúdo problemático sempre que possível de forma a evitar medidas mais restritivas como a remoção ou o banimento. Para isso, a plataforma limita a presença do conteúdo nas ferramentas de busca. (Cf. Nossas opções de medidas corretivas. Disponível em: https://help.twitter.com/pt/rules-and-policies/enforcement-options. Acesso em: 11 mar. 2022). O Youtube adota estratégia semelhante, retirando algumas funcionalidades de vídeos que se encontram "próximos à linha de remoção e possam ofender alguns espectadores". Esses vídeos não são sugeridos a usuários pela plataforma e não podem ser comentados (Cf. Recursos limitados para determinados vídeos – Ajuda do YouTube. Disponível em: <https://support.google.com/youtube/answer/7458465>. Acesso em: 11 jul. 2020).

também, anexar ao conteúdo sinalizado como problemático fontes de dados que disputam suas afirmações, como matérias de agências de checagem de fatos e relatórios de organizações da sociedade civil.

Discursos de ódio e outras publicações problemáticas também podem ser combatidas mediante sanções aplicadas aos usuários que as publicam. Condutas infratoras reiteradas podem levar à suspensão ou ao banimento de uma conta. O acesso do usuário à rede social pela conta utilizada será limitado e, mesmo que ele crie outra conta, terá de reconstruir sua rede de contatos e, consequentemente, sua audiência. Em redes que permitem que o usuário seja remunerado por seu conteúdo, como o Youtube, sua punição por comportamento indesejado pode ser a perda dessa prerrogativa (a chamada "desmonetização" de sua conta)[195]. Nesses casos, objetiva-se tanto uma forma de neutralização do infrator (que não poderá se aproveitar dos contatos da conta banida para difundir mais publicações) quanto uma forma de dissuasão de novas condutas infratoras (que podem levar ao fim de ganhos financeiros).

Todas essas medidas, assim como outras similares, têm como característica fundamental sua independência de atos ou informações de terceiros. As medidas que são aplicadas ao conteúdo problemático em si são eficazes tanto nos casos em que o usuário infrator é facilmente identificável quanto nos casos em que ele utiliza uma falsa identidade. O alcance da manifestação será restrito ou eliminado a despeito de qualquer véu de anonimato que cubra seu orador. Da mesma forma, medidas aplicadas ao usuário independem de sua identificação ou localização geográfica, pois a rede social é a mesma para todos os usuários, mudando apenas o local em que a conexão é estabelecida.

Essa eficácia independente é possível porque, por mais variadas que sejam, as medidas aplicadas pelas empresas que controlam as plataformas se aproveitam (e são resultado) de sua arquitetura, ou seja, de sua estrutura técnica, da forma como foram construídas (ou programadas) e das decorrentes regras que regem seu funcionamento (LESSIG, 2006, p. 81). A possibilidade, por exemplo, de se impedir o acesso de um usuário pela conta que utilizou para infringir as regras da plataforma só existe porque sua participação na rede social foi condicionada, desde o

195 Sobre o uso da desmonetização como mecanismo de governança e moderação de conteúdo pelo Youtube, cf. (CAPLAN; GILLESPIE, 2020).

início, à criação de uma conta. Da mesma forma, a possibilidade de se restringir ou manipular o alcance de uma determinada publicação só existe porque a plataforma foi construída de forma a atribuir aos seus administradores ferramentas técnicas que os permitem modificar esse fluxo de informação e se sobrepor à vontade de seus usuários.

Em outras palavras, os desenvolvedores e controladores das plataformas elaboraram sua arquitetura de forma a conservar para si o poder de exercer regulação fática, de efetivamente impedir, de forma pontual e eficaz, a ocorrência de atos, manifestações e efeitos que consideram problemáticos por meio do "código", ou seja, da forma como a plataforma é programada (LESSIG, 2006, p. 93). Esse código é manipulável de tal forma que novas ferramentas podem ser construídas, sobrepostas e atualizadas conforme a necessidade de seus criadores. Isso não significa que absolutamente tudo é possível mediante alteração da arquitetura das plataformas (afinal, o código também é limitado pela criatividade humana, por recursos financeiros e pelo estado da arte da ciência da computação), mas significa que a ingerência dos controladores das plataformas sobre o conteúdo que elas intermediam cria uma infinitude de respostas potencialmente eficazes a discursos de ódio e outras manifestações problemáticas.

Dito isso, o valor da eficácia e utilidade dessas medidas deve ser contrabalanceado com um inerente risco de opacidade. Como a moderação de conteúdo pode ocorrer independentemente da ação e do conhecimento de terceiros, ela pode ter efeitos restritivos à liberdade de expressão que ocorrem sem que as plataformas se coloquem em posição que viabilize o controle público ou a prestação de contas (MCINTYRE; SCOTT, 2009, p. 2; SUZOR et al., 2019, p. 1527). Na ausência de incentivos que tornem a atividade regulatória da plataforma minimamente transparente, decisões erradas dos responsáveis pela moderação podem levar publicações a desaparecerem sem razão, usuários a serem desligados de suas audiências sem justificativa e, especialmente quando são utilizadas ferramentas de ranqueamento, certas manifestações podem ter seu alcance ampliado ou reduzido sem qualquer conhecimento ou possibilidade de protesto dos afetados.

Nesse sentido, aqueles que detém o controle sobre as plataformas também são os únicos que detém a informação detalhada sobre como esse controle é exercido, informação essa que, em muitos casos, é essencial para que haja previsibilidade e controle sobre sua atividade, tão impactante no debate público. Quando não há obrigação legal nesse sentido, como é o caso na maior parte dos países, cabe a eles a decisão do quanto revelar para aplacar pressões políticas, econômicas e sociais por mais transparência.

3.1.2. Os regulamentos das plataformas e sua taxatividade

Quando as redes sociais se tornaram populares, a moderação de conteúdo era, de fato, conduzida de forma bastante opaca (KLONICK, 2017, p. 1630). Ainda que os Termos de Uso já existissem, por sua função de estabelecer relação contratual entre usuário e plataforma, as regras que guiavam a atividade de moderação não eram públicas ou, quando eram, eram pouco claras. Na prática, os responsáveis por moderar conteúdo (revisores) seguiam protocolos internos, muitas vezes genéricos e permeáveis a valores subjetivos, que tornavam a moderação uma tarefa pouco compreensível, previsível ou controlável pelos afetados ou por outros agentes externos (KLONICK, 2017, p. 1631).

Esse cenário mudou, quando, pressionadas por maior transparência após sucessivos escândalos ou de forma espontânea, as plataformas passaram a definir e divulgar em maiores detalhes suas regras de moderação[196]. Nos próprios Termos de Uso ou em documentos anexos, as plataformas passaram a descrever o que é e o que não é tolerável em seus espaços de comunicação, associando infrações a essas regras às sanções mencionadas na seção anterior. Em 2023, quando este trabalho foi escrito, os regulamentos das plataformas eram particularmente minuciosos, principalmente se comparados às legislações nacionais que tratam de temas semelhantes.

Assim como no caso das legislações nacionais, porém, a definição do que pode ou não ser dito ou, nesse caso, do que é e do que não é discurso de ódio, também é desafiadora para as plataformas, principalmente considerando que elas abarcam usuários de vários países com cul-

[196] A publicação inicial das políticas de comunidade do Facebook ocorreu 14 dias após Mark Zuckerberg ser convocado para responder questionamentos de Senadores, que, em muitos momentos, se mostraram particularmente preocupados com a opacidade das atividades da plataforma. Cf. Publishing Our Internal Enforcement Guidelines and Expanding Our Appeals Process. About Facebook, 24 abr. 2018. Disponível em: https://about.fb.com/news/2018/04/comprehensive-community-standards/. Acesso em: 15 abr. 2021.

turas jurídicas muito diferentes. Como não há consenso sobre a questão entre as legislações nacionais ou em documentos internacionais, as plataformas adotam seus próprios fundamentos teóricos para desenvolver os regulamentos, moldados também por interesses econômicos e pressão política dos ordenamentos com maior poder de persuasão.

Mesmo assim, as plataformas têm algumas vantagens sobre o legislador penal na definição de regras, conceitos e sanções, que podem mitigar o impacto do desafio da taxatividade sobre a eficácia de sua atividade de moderação.

Em primeiro lugar, o fato de que as sanções aplicadas pelas plataformas são muito mais brandas do que a pena estatal faz com que não haja um requisito de taxatividade tão intenso para sua legitimação. Ainda que os impactos sobre a liberdade de expressão justifiquem certo controle sobre a atividade de moderação de conteúdo das plataformas, esse controle não precisa ser tão criterioso quanto o controle do poder de punir dos Estados, cujo efeito sobre os afetados é muito mais grave.

Em segundo lugar, é plausível crer que, para sua eficácia, a taxatividade dos regulamentos das plataformas é menos relevante que a taxatividade da norma penal, pois o conhecimento desses regulamentos pelos afetados não é essencial para os principais mecanismos de prevenção da moderação de conteúdo. Para atingir seu efeito dissuasório, a norma penal precisa comunicar precisamente o que é e o que não é permitido, pois só assim seu destinatário poderá modificar seu comportamento conforme esse mandamento e, então, evitar a prática da conduta proibida. Por mais que os regulamentos das plataformas também possam ter efeito dissuasório semelhante (usuários não querem ter suas contas bloqueadas ou suas publicações removidas e, por isso, podem ajustar seu comportamento se tiverem conhecimento das regras), grande parte da eficácia da moderação de conteúdo decorre da possibilidade de prevenção fática de discursos de ódio e de seus efeitos, com o controle técnico, mediado pela arquitetura da plataforma, de seus alcances e impactos persuasivos.

Por fim, mesmo não havendo exigência tão intensa de taxatividade, as plataformas são dotadas de muito mais flexibilidade para construir, alterar e atualizar seus regulamentos do que os Estados, o que permite que suas definições sejam rapidamente aperfeiçoadas como reação a novos acontecimentos ou casos já julgados (MYERS WEST, 2018, p. 5).

Também podem, nesse sentido, criar extensos róis exemplificativos de forma a ilustrar com maior clareza conceitos abstratos e que seriam de difícil compreensão para o usuário comum, facilitando a comunicação da regra.

Exemplo dessa flexibilidade são os Padrões da Comunidade do Facebook. No primeiro bimestre de 2023[197], eles descreviam que, para evitar a criação de um "ambiente de intimidação e de exclusão que, em alguns casos, pode promover violência no meio físico", a plataforma proíbe o discurso de ódio, definido como:

> [...] um ataque direto a pessoas, e não a conceitos e instituições, baseado no que chamamos de características protegidas: raça, etnia, nacionalidade, deficiência, religião, casta, orientação sexual, sexo, identidade de gênero e doença grave

Para além do conceito em si, os padrões apontam que "ataques" são "discursos violentos ou desumanizantes, estereótipos prejudiciais, declarações de inferioridade, expressões de desprezo, repugnância ou rejeição, xingamentos e apelos à exclusão ou segregação.", trazendo, também, um rol de exemplos e de tipos classificados quanto à sua gravidade, reproduzido a seguir:

> **Nível 1**
>
> Conteúdo visando um indivíduo ou grupo de pessoas (incluindo todos os grupos, salvo os que são considerados grupos não protegidos responsabilizados pelo cometimento de crimes violentos ou ofensas sexuais ou que representem menos da metade de um grupo), nos moldes das referidas características protegidas ou status de imigração com:
>
> **Discurso violento** ou apoio de forma escrita ou visual.
>
> Imagem ou discurso degradante sob a forma de **comparações, generalizações** ou declarações de comportamento não qualificadas (de forma visual ou escrita) voltadas para ou sobre: Insetos; Animais culturalmente percebidos como inferiores física ou intelectualmente; Sujeira, bactérias, doenças e excrementos; Predadores sexuais; Subumanidade; Criminosos sexuais e vio-

[197] Cf. Community Standards Enforcement | Transparency Center. Disponível em: <https://transparency.fb.com/data/community-standards-enforcement/hate-speech/facebook/>. Acesso em: 4 fev. 2023.

lentos; Outros criminosos (incluindo, entre outros, "ladrões" e "assaltantes de banco" ou afirmando que "todo [característica protegida ou semiprotegida] é 'criminoso'").

Declarações **negando a existência**.

Deboche do conceito, de eventos ou de vítimas de crimes de ódio, mesmo que nenhuma pessoa real apareça na imagem.

Comparações ou generalizações desumanizantes designadas, ou **afirmações comportamentais** (por escrito ou visuais) que incluam: Pessoas negras e macacos ou seres semelhantes a macacos; Pessoas negras e equipamentos agrícolas; Caricaturas de pessoas negras com prática de blackface; Judeus e ratos.; Judeus comandando o mundo ou controlando grandes instituições, como redes de mídia, a economia ou o governo; Negação ou distorção de informações sobre o Holocausto; Muçulmanos e porcos; Muçulmanos e relações sexuais com cabras ou porcos; Mexicanos e seres semelhantes a vermes; Mulheres como objetos domésticos ou referência à mulher como propriedade ou "objeto"; Pessoas transgêneras ou não binárias sendo chamadas de "isso"; Dalits, pessoas de casta registrada ou de "casta inferior" como trabalhadores braçais.

Nível 2

Conteúdo que vise uma pessoa ou um grupo de pessoas com base em características protegidas contendo:

Generalizações afirmando inferioridade (por escrito ou visuais) sob as seguintes formas:

Deficiências físicas são definidas em termos de: Higiene, incluindo, entre outros, sujo, imundo, fedorento; Aparência física, incluindo, entre outros, feio, medonho;

Deficiências mentais são definidas em termos de: Capacidade intelectual, incluindo, entre outros, burro, imbecil, idiota; Educação, incluindo, entre outros, analfabeto, atrasado; Saúde mental, incluindo, entre outros, doente mental, retardado, louco, maluco.

Deficiências morais são definidas em termos de: Traços de personalidade culturalmente tidos como negativos, incluindo, entre outros, covarde, mentiroso, arrogante e ignorante; Termos pejorativos relacionados a atividades sexuais, incluindo, entre outros, vagabunda, vadia, pervertido.

Outras **declarações de inferioridade**, definidas em termos de: Expressões sobre a falta de adequação, incluindo, entre outras, inútil, incapaz;

Expressões sobre ser melhor/pior do que outra característica protegida, incluindo, entre outras: "Eu acredito que os homens são superiores às mulheres."; Expressões sobre desvio das normas, incluindo, entre outras, esquisito, anormal.

Expressões de desprezo (de forma visual ou escrita), definidas como: Autoadmissão de intolerância com base em características protegidas, incluindo, entre outras, homofóbico, islamofóbico, racista; Expressões indicando que uma característica protegida não deveria existir. Expressões de ódio, incluindo, entre outras, desprezo, repulsa.

Expressões de desaprovação, incluindo, entre outras, não respeito, não gosto, não me importo.

Expressões de repulsa (de forma visual ou escrita), definidas como: Expressões que sugiram que o alvo causa náusea, incluindo, entre outras, vômito, regurgitação; Expressões de repulsa ou de nojo, incluindo, entre outros, vil, nojento, eca.

Xingamentos, exceto certas expressões baseadas em gênero em um contexto de término de relação romântica, como nos seguintes casos: Referir-se ao alvo como genitália ou ânus, incluindo, entre outros, arrombado, pau no cu, cuzão, escroto; Termos profanos ou frases com a intenção de insultar, incluindo, entre outros, corno, puta, piranha, arrombado, fodido; Termos ou frases solicitando participação em atividade sexual ou contato com a genitália, o ânus, as fezes ou a urina, incluindo, entre outros, chupa meu pau, lambe meu cu, come merda.

Nível 3

Conteúdo dirigido a uma pessoa ou grupo de pessoas com base em sua(s) característica(s) protegida(s), com qualquer um dos seguintes itens:

Segregação sob a forma de conclamações, declarações de intenção, declarações intencionais ou condicionais, ou declarações que defendem ou apoiem a segregação.

Exclusão por meio de conclamações, declarações de intenção, declarações intencionais ou condicionais, ou declarações que defendam ou apoiem a exclusão, definidas como: **Exclusão explícita**, como expulsar certos grupos ou dizer que eles não são permitidos.; Exclusão política, como negar o direito à participação política.; **Exclusão econômica**, no sentido de negar o acesso aos direitos econômicos e limitar a participação no mercado de trabalho; **Exclusão social**, no sentido de negar o acesso a espaços físicos e

> online e serviços sociais, exceto a exclusão baseada em gênero em grupos de saúde e de apoio.
>
> Conteúdo que descreva ou prejudique pessoas com **calúnias**, definidas como palavras intrinsecamente ofensivas e usadas para lançar afrontas segundo as características acima. (grifos nossos)

Além disso, o mesmo regulamento toma posições firmes quanto a discursos de ódio praticados em determinados contextos, considerando expressamente permitidos os discursos de ódio compartilhados com o objetivo de conscientizar e educar e os discursos satíricos. Permite, também, o uso de palavras e termos que poderiam ser considerados discurso de ódio quando são usados de maneira autorreferente ou para fortalecer uma causa.

Ao construírem róis exemplificativos como esses, que não são comuns em legislações penais e podem ser atualizados frequentemente, as plataformas facilitam a comunicação das regras de comportamento com seus destinatários, o que viabiliza certo efeito dissuasório, ainda que ele não seja essencial para a eficácia da moderação de conteúdo. Evidentemente, essa flexibilidade também pode ser vista como um ponto problemático, já que a falta de um procedimento consolidado e público de elaboração de regras pode criar insegurança e imprevisibilidade para os afetados pela moderação[198].

Para avaliar se a moderação é capaz de prevenir a ocorrência e os efeitos de discursos de ódio sem prejuízo excessivo à liberdade de expressão é mais importante, porém, saber se aquilo que está descrito nos regulamentos é o que realmente guia a moderação na prática. Afinal, são os regulamentos disponíveis que determinam os critérios da relação contratual entre usuário e plataforma e permitem a crítica e contribuição para o aperfeiçoamento das regras, já que não há processo democrático para sua elaboração ou algo semelhante a uma "juris-

[198] Nota-se que as políticas sobre discurso de ódio nos Padrões da Comunidade do Facebook foram alteradas um total de quatro vezes só durante o ano de 2021, o que seria impensável no caso de legislação voltada a restringir a liberdade de expressão. Cf. Community Standards Enforcement. Disponível em: <https://transparency.facebook.com/community-standards-enforcement#hate-speech>. Acesso em: 2 mar. 2022.

prudência" acessível ao público[199]. Se não há igualdade entre as regras publicadas que descrevem a regulação e a regulação em si, não há possibilidade de controle. Os revisores podem estar, por exemplo, removendo conteúdo que deveria ser tolerado ou restringindo a proliferação de manifestações legítimas sem conhecimento dos afetados.

Aqui há espaço para preocupações. Vazamentos publicados por veículos de imprensa e pesquisas (KELLER; LEERSSEN, 2019, p. 28; MYERS WEST, 2018, p. 5) revelaram que, em algumas plataformas, os revisores de conteúdo continuam seguindo parâmetros e políticas internas, não disponíveis ao público e que contêm regras diferentes dos regulamentos acessíveis. É difícil avaliar o quão diferentes esses parâmetros são dos regulamentos públicos, ou se isso é uma prática generalizada entre as plataformas, mas essa disparidade pode agir contra os objetivos de prevenção almejados.

Isso porque, como revelou pesquisa conduzida por WEST, usuários que são afetados pela moderação de conteúdo, mas que não compreendem a razão de sua publicação ou conta ter sido sancionada, tendem a construir narrativas e explicações para seus casos que atribuem à plataforma motivações ocultas (2018, p. 15). É o caso, por exemplo, dos usuários que acreditam que estão sendo perseguidos por sua posição ideológica, ou que estão sendo alvo de uma conspiração por se posicionarem publicamente. É plausível crer que essa dinâmica pode influenciar a opinião pública sobre as atividades de moderação das plataformas e levar a pelo menos uma consequência nociva aos efeitos dissuasórios dos regulamentos: ao invés de interpretarem as regras e a moderação de conteúdo como forças positivas para a construção de um ambiente saudável de debate, ou como um sinal de que seu comportamento deve ser

[199] Um exemplo de experimento nesse sentido é o Comitê de Supervisão do Facebook, órgão independente criado para sugerir alterações nas políticas do Facebook e tomar decisões sobre casos difíceis. É importante destacar, porém, que apesar de o Comitê publicar suas decisões, tomadas com *input* de diversos membros da comunidade global, essas decisões não necessariamente são replicadas ou sequer replicáveis por moderadores de conteúdo que atuam em casos do dia-a-dia da plataforma, por sua complexidade. Novamente, trata-se de informação que seria necessária para avaliar a controlabilidade das regras da plataforma. Cf. Comitê de Supervisão | Julgamento independente. Transparência. Legitimidade. Disponível em: https://www.oversightboard.com/. Acesso em: 26 jan. 2023.

adequado, usuários afetados podem enxergá-las como uma ameaça à sua livre expressão que deve ser enfrentada.

As plataformas devem mirar um objetivo oposto. Elas têm a oportunidade de explicar suas decisões e suas regras da forma mais transparente possível como uma forma de educação de seus usuários. Quanto mais informação for revelada aos afetados pela moderação de conteúdo, mais bem informados eles estarão sobre as regras que ditam a comunicação para tomar decisões sobre como melhor integrar sua comunidade digital (CITRON; NORTON, 2011, p. 1477; MYERS WEST, 2018, p. 15-16). Nesse sentido, conforme aponta FAGAN, as plataformas podem atuar como "empreendedoras de normas", utilizando sua arquitetura e seu potencial de difusão e viralização de informação para propagar também boas práticas de comunicação na internet (2018, p. 5).

3.1.3. Soluções propostas para o desafio da escala

Apesar das plataformas terem mais facilidade e opções que Estados para intervir sobre publicações que seus regulamentos consideram discursos de ódio, a eficácia de sua atividade também depende de elas serem capazes de identificar essas publicações entre as milhões que são introduzidas em sua infraestrutura diariamente. Assim, as plataformas são tão impactadas pelo desafio da escala quanto as autoridades públicas, exceto, talvez, pelo fato de que cada uma só precisa lidar com as publicações de seus usuários, enquanto caberia às autoridades de persecução penal identificar e sancionar discursos de ódio criminalizados publicados em diversos meios.

No início de suas atividades, quando o número de publicações diárias não era tão grande, as plataformas evitavam o monitoramento proativo de publicações, atribuindo aos próprios usuários a identificação de manifestações infratoras e sua denúncia (LLANSÓ, 2020, p. 1). Publicações denunciadas eram encaminhadas para os então pequenos times de moderação, que decidiam se elas de fato deveriam ser removidas ou seus autores sancionados com base em discussões, protocolos e padrões internos.

Ao longo do tempo, com o crescimento da base de usuários das plataformas e o aumento da pressão externa por um tratamento mais rígido de publicações problemáticas, esse modelo de moderação passou a ser insuficiente (ALKIVIADOU, 2018, p. 15; KLONICK, 2017, p. 1633).

As denúncias dos usuários não cobriam a grande maioria de conteúdo problemático e os pequenos times internos de moderação também não eram mais capazes de suprir a demanda crescente. Dessa sobrecarga surgiu a primeira solução proposta pelas plataformas para o desafio da escala, que, àquela época, começava a se tornar impactante: a contratação e o treinamento de grandes times de revisores de conteúdo, muitas vezes terceirizados[200], para receber as denúncias de usuários e monitorar a plataforma em busca de conteúdo potencialmente problemático, exercendo moderação proativa.

A contratação de revisores humanos (em oposição ao uso de ferramentas automatizadas, que serão discutidas ainda nessa seção), ainda é o principal recurso de moderação de conteúdo de várias plataformas. Hoje, em 2022, a empresa Meta alega que contrata mais de 15 mil revisores de conteúdo ao redor do mundo, que, juntos, analisam conteúdo em mais de 50 idiomas diferentes no Facebook e no Instagram[201]. Essa abordagem, que viabilizou a atividade de moderação de conteúdo em uma escala maior, tem pontos positivos, mas levanta questionamentos importantes.

Por um lado, a identificação e avaliação de gravidade de manifestações problemáticas, especialmente de discursos de ódio, demanda um olhar atento para questões contextuais e subjetivas que só podem ser detectadas e interpretadas pela sensibilidade de uma pessoa treinada para e dedicada a cumprir essa tarefa. A percepção de ironia, humor e outras nuances, principalmente em um espaço digital em que elementos contextuais como o tom da voz e as expressões faciais não estão presentes, é uma capacidade eminentemente humana. No mesmo sentido, é possível a contratação e divisão de times de revisores com diferentes origens, dedicados a lidar com publicações de idiomas e culturas específicas (KLONICK, 2017, p. 1635), de modo que questões regionais e de linguagem extremamente relevantes para a compreensão da mensagem de ódio não passem desapercebidas.

200 Como explica KLONICK, já em 2009 o Facebook contratou seu primeiro time de revisão externo na Índia, separando pela primeira vez a atividade de moderação de conteúdo da atividade de definição das regras (2017, p. 1634).

201 Cf. Como as equipes de análise trabalham | Central de Transparência. Disponível em: https://transparency.fb.com/pt-br/enforcement/detecting-violations/how-review-teams-work/. Acesso em: 10 mar. 2022.

Por outro lado, a contratação e manutenção de grandes equipes de revisores representa altos custos, econômicos e humanos. O treinamento e supervisão adequada de milhares de pessoas para a realização de tarefas desafiadoras como a identificação e avaliação de discursos de ódio, na velocidade demandada por agentes externos, é cara e, de certa forma, acessível apenas às plataformas mais populares e financeiramente bem-sucedidas[202]. Ainda, pesquisas apontam que a atividade de moderação coloca os revisores em contato com conteúdo violento, pornográfico e malicioso que pode causar profundas feridas psicológicas no médio e longo prazo (STEIGER et al., 2021). A garantia de condições de trabalho que preservem a saúde mental desses funcionários representa um custo ainda maior.

Além disso, quanto mais pessoas estão envolvidas na atividade de moderação, maior a probabilidade de decisões inconsistentes, justamente porque a avaliação de manifestações problemáticas envolve, em muitos casos, percepções subjetivas do revisor. Para garantir segurança e padronização, se torna necessário diminuir o uso de critérios subjetivos na análise de licitude dos discursos de ódio e treinar as equipes de revisores para o uso de critérios cada vez mais objetivos (KLONICK, 2017, p. 1635). A análise de nuances linguísticas e fatores contextuais acaba perdendo espaço, na identificação e avaliação de discursos de ódio, para critérios objetivos, mas limitados, como a presença de vocabulário chulo, combinações de palavras e expressões e a comparação com casos julgados anteriormente. A vantagem inerente ao uso de seres humanos para decisões difíceis que impactam a liberdade de expressão acaba sendo prejudicada justamente pela escala da atividade, ou seja, pela necessidade de se controlar e supervisionar o trabalho de milhares de revisores.

As plataformas encontraram o maior limite para a moderação humana novamente em seu crescimento. Assim como o modelo dependente de denúncias de usuários, a moderação por revisores contratados se tornou insuficiente conforme as plataformas (e as pressões a que elas estavam sujeitas) cresciam ainda mais. A constatação de que não era possível contratar e treinar pessoas suficientes para monitorar as plata-

[202] Como aponta KLONICK, treinar pessoas para superarem seus vieses culturais e reações emocionais para a aplicação objetiva de regras é esforço análogo ao treinamento de juízes para aplicação da lei (2017, p. 1643).

formas e analisar todas as denúncias de usuários levou seus controladores a defenderem uma segunda proposta de solução para o desafio da escala: o uso de ferramentas de detecção e remoção automática de conteúdo.

De início, em algumas plataformas, essas ferramentas eram dedicadas especialmente à contenção de publicações que violavam Direitos Autorais (KELLER, 2018, p. 6). Elas eram capazes de comparar mídia previamente enviada por detentores de Direito Autoral com publicações já inseridas ou em processo de inserção nos servidores das plataformas[203]. Assim, elas poderiam ser usadas para auxiliar o trabalho dos revisores humanos, remetendo a eles as publicações identificadas para análise mais profunda e diminuindo a necessidade de monitoramento. Também poderiam impedir, sem a necessidade de intervenção humana, a inserção de conteúdo potencialmente ilícito nas redes sociais.

Com o tempo e o aprimoramento dessas ferramentas, elas passaram a ser utilizadas também para detectar nudez, pornografia infantil (a partir de bases de dados de imagens e vídeos já capturados anteriormente, tanto pelas plataformas quanto por autoridades públicas)[204], imagens divulgadas sem consentimento[205], símbolos associados a grupos extremistas ou terroristas e outros tipos de conteúdo que violavam os regulamentos das plataformas, mas cuja identificação, em regra, não exigia análise contextual complexa[206].

[203] A ferramenta mais conhecida com essa função é o Content ID, do Youtube, que extrai uma "*hash*" (uma "impressão digital única") dos vídeos enviados pelos detentores de direitos autorais e a utiliza como padrão de comparação para identificação e remoção rápida de violações (OLIVA; ANTONIALLI; GOMES, 2021, p. 2). Para saber mais, Cf. Como funciona o Content ID – Ajuda do YouTube. Disponível em: https://support.google.com/youtube/answer/2797370?hl=pt-BR. Acesso em: 9 mar. 2022.

[204] Cf. Google, Facebook and Twitter to block "hash lists" of child abuse. BBC News, 10 ago. 2015. Disponível em: https://www.bbc.com/news/uk-33844124. Acesso em: 9 mar. 2022.

[205] Cf. Facebook asks users for nude photos in project to combat "revenge porn" The Guardian, 7 nov. 2017. Disponível em: https://www.theguardian.com/technology/2017/nov/07/facebook-revenge-porn-nude-photos. Acesso em: 9 mar. 2022.

[206] É importante destacar que quase toda identificação de conteúdo nocivo exige algum grau de análise contextual, ainda que em alguns casos falsos positivos sejam menos prováveis. No caso de nudez, por exemplo, são diversos os relatos de publicações artísticas ou que lidavam com temas não sexuais, como a amamentação e a população indígena, que foram

A opinião majoritária, à época, era que essas ferramentas não estavam prontas para detectar discursos de ódio e outras manifestações complexas. Em 2017, também quando respondia às perguntas de senadores americanos, Mark Zuckerberg, por exemplo, afirmou que acreditava que ainda levaria muito tempo (pelo menos 5 anos) para que manifestações como os discursos de ódio pudessem ser detectadas automaticamente, tendo em vista que a tecnologia ainda não era sofisticada o suficiente e incorria em uma taxa de erro intolerável. Durante a mesma ocasião, disse que naquele ano a rede social Facebook era moderada por uma equipe de mais de 20 mil revisores, número que foi considerado insuficiente pelos parlamentares.

A previsão "pessimista" não foi confirmada, já que as plataformas passaram a utilizar essa tecnologia na moderação de discursos de ódio muito mais cedo. Já em 2018, o próprio Facebook passou a gradualmente implementar sistemas como esses para detectar discurso de ódio proativamente em texto e imagens publicados por seus usuários, assumindo o risco de incorrer um número alto de erros, mas ampliando consideravelmente o número de publicações efetivamente sancionadas pela plataforma[207]. Esse risco era compensado pelo fato de que as publicações identificadas proativamente eram encaminhadas para as equipes de revisores, de forma que a palavra final sobre sua identificação como discurso de ódio sancionável ainda era de seres humanos. As ferramentas, nesse caso, atuavam como auxiliares aos revisores humanos, direcionando sua atenção para publicações com maiores chances de serem consideradas problemáticas.

A partir do segundo trimestre de 2019, porém, as decisões tomadas por ferramentas de detecção automática ganharam mais peso no Face-

removidas incorretamente. Mesmo remoções relacionadas à nudez infantil já foram alvo de polêmica, como quando o Facebook excluiu foto histórica famosa de uma menina, nua, fugindo de um bombardeio na guerra do Vietnam. Cf. Fury over Facebook "Napalm girl" censorship. BBC News, 9 set. 2016. Disponível em: https://www.bbc.com/news/technology-37318031. Acesso em: 9 mar. 2022.

[207] Cf. Relatório de Aplicação dos Padrões da Comunidade, edição de novembro de 2019. Sobre o Facebook, 13 nov. 2019. Disponível em: https://about.fb.com/br/news/2019/11/relatorio-de-aplicacao-dos-padroes-da-comunidade-edicao-de-novembro-de-2019/. Acesso em: 10 mar. 2022.

book.[208] De acordo com a empresa, o desenvolvimento contínuo desses sistemas teria trazido confiança suficiente para que uma parte dos discursos de ódio detectados fossem removidos automaticamente, ou seja, sem a necessidade de confirmação por um revisor humano. Também de acordo com a empresa, isso só ocorreria quando o conteúdo fosse "idêntico ou quase idêntico" a imagens ou texto removidos anteriormente pela equipe de revisores, ou quando o conteúdo "correspondesse muito" a ataques comuns que violam as regras da plataforma. Para que os erros fossem toleráveis, os sistemas passariam por "revisões de rotina", além de estarem sujeitas a apelações de usuários afetados que se sentissem prejudicados.

Quando este livro foi escrito, o uso de ferramentas como essas havia se tornado comum em todas as grandes plataformas, mas o peso das decisões tomadas automaticamente não era claro em todos os casos. Enquanto a empresa Meta continuava admitindo usar sistemas de detecção automática para remover conteúdo sem intervenção humana em suas redes sociais (Facebook e Instagram), outras plataformas não eram tão detalhadas quanto ao seu uso dessas ferramentas. Nos relatórios de transparência do Youtube, por exemplo, afirmava-se que a detecção automática, especificamente na busca por vídeos que contêm discurso de ódio, era apenas um complemento ao sistema de denúncias, e que, por isso, se limitava a enviar materiais potencialmente problemáticos para revisão humana. No mesmo sentido, em entrevista em 2019[209], o então CEO do Twitter, Jack Dorsey, afirmou que a contratação de quantidades massivas de revisores não era viável como medida de médio e longo prazo para a plataforma. Seria necessária, na sua opinião, a implementação de ferramentas que monitorassem todos as publicações e enviassem as "mais interessantes" para os revisores, que, só então, fariam seu julgamento[210].

[208] Idem.

[209] Cf. How Twitter needs to change | Jack Dorsey. Disponível em: https://www.springest.net/tedtalks/how-twitter-needs-to-change-jack-dorsey. Acesso em: 9 mar. 2022.

[210] Nota-se, entretanto, que em razão da pandemia do Coronavírus e da consequente necessidade de trabalho em casa, o Twitter teve que ampliar consideravelmente o uso de ferramentas automatizadas em sua moderação já em 2020. Essa alteração repentina rendeu inclusive um pedido de desculpas pela grande probabilidade de que erros fossem cometidos durante esse período por causa da ausência de capacidade de análise de contexto An update on our continuity strategy during COVID-19. Disponível em: https://blog.

Dentre as (poucas) alternativas, o uso de ferramentas de detecção automática de conteúdo, seja como auxílio ao trabalho de grandes equipes de revisores, seja como sistema de decisão independente, parece ser a única promessa eficaz de solução do desafio da escala. Isso porque é, pelo menos em teoria, escalável enquanto houver processamento computacional disponível, diferentemente da contratação de revisores, cuja expansão é muito mais custosa pelas razões econômicas e psicológicas que foram mencionadas (OLIVA; ANTONIALLI; GOMES, 2021, p. 2). Além disso, são ferramentas capazes de identificar discursos de ódio antes que atinjam uma grande audiência, limitando seu alcance e, consequentemente, sua capacidade de atingir a reputação de grupos vulneráveis.

Contudo, a tecnologia é muito recente e ainda precisa passar por um longo processo de aprimoramento para que as decisões que decorrem do seu uso sejam confiáveis e sua taxa de erros seja tolerável[211]. Assim como no caso dos revisores humanos, o uso da ferramenta não deve levar ao sancionamento de formas lícitas de expressão, restringindo de forma excessiva o exercício de um direito fundamental dos usuários. Ainda que as pressões a que as plataformas estão sujeitas incentivem sua implementação o mais rápido possível, é essencial destacar que pelo menos dois desafios devem ser superados para que seja possível afirmar que as ferramentas de detecção automática são uma solução final para a questão da escala.

3.1.3.1. Dois desafios da detecção automática de discursos de ódio

Uma compreensão simplificada de como essas ferramentas funcionam é suficiente e necessária para que esses desafios sejam explorados. Sistemas de detecção automática de conteúdo são algoritmos computacio-

twitter.com/en_us/topics/company/2020/An-update-on-our-continuity-strategy-during-COVID-19. Acesso em: 9 mar. 2022.

[211] A convivência com falsos negativos e falsos positivos é tão inevitável quanto a convivência com erros humanos. Por essa razão, não se exige a perfeição na detecção automática de conteúdo, mas seu uso deve ser justificado por uma taxa de erros tolerável. Nota-se, porém, que existem autores, como LLANSÓ, que acreditam que a detecção automática de conteúdo, por sua opacidade e velocidade, é uma forma de censura que restringe a liberdade de expressão de forma injustificável independentemente de sua qualidade ou acurácia (2020, p. 5).

nais, programas de computador que seguem passos pré-determinados para chegarem a um resultado a partir de um comando inicial[212].

Esses algoritmos que tomam decisões sobre conteúdo, em geral, são desenvolvidos a partir de um processo denominado "aprendizado de máquina" (ou, em inglês, *machine learning*)[213], ou seja, a partir do processamento de um banco de dados de decisões anteriores, tomadas por seres humanos. Em outras palavras, o algoritmo "aprende a decidir" ao ler e identificar padrões em uma grande quantidade de decisões anteriores. No caso específico dos discursos de ódio, o algoritmo aprende a identificar discursos de ódio ao encontrar padrões no conteúdo e, em certos casos, em aspectos contextuais de publicações que já foram identificadas e avaliadas por revisores humanos. Se o banco de dados for composto por publicações que foram julgadas conforme os critérios de moderação previstos nos regulamentos das plataformas, espera-se que os algoritmos "aprendam a decidir" conforme esses mesmos critérios.

Quando confrontado com uma publicação nova, recém inserida nos servidores da rede social, o algoritmo observa se os padrões que identificou nas publicações constantes no banco de dados estão presentes. Quanto mais a publicação se assemelhar aos padrões identificados pelo algoritmo, maior a chance de ela ser marcada como um discurso de ódio e removida automaticamente ou enviada para revisores. Ferramentas desse tipo podem, inclusive, identificar padrões que sequer são percebidos por seres humanos e, por isso, têm o potencial de tomar decisões com grande consistência se, e somente se, forem alimentadas por bancos de dados de qualidade.

Por essa razão, o primeiro desafio para o desenvolvimento de um bom sistema de detecção automática é a construção de um banco de dados composto por decisões adequadas, ou seja, por decisões corretas que foram tomadas conforme os critérios de identificação e avaliação de discursos de ódio das plataformas. Caso o banco de dados usado para o aprendizado contenha decisões problemáticas, seja por divergirem das

212 Para uma visão didática e aprofundada sobre o funcionamento de algoritmos de tomada de decisões e das técnicas de aprendizado de máquina, cf. (DESAI; KROLL, 2017).

213 Como lembra GILLESPIE, porém, alguns desses algoritmos não utilizam tecnologias tão sofisticadas, conservando apenas a capacidade de comparação de conteúdo novo com conteúdo previamente julgado (GILLESPIE, 2020, p. 3).

regras das plataformas, esses erros serão, inevitavelmente, replicados pelo algoritmo.

Construir um banco de dados ideal, não enviesado e consistente é difícil, novamente, por causa da controvérsia do objeto de análise. A identificação e avaliação de discursos de ódio é uma atividade que exige a observação de diversas questões contextuais que vão além do conteúdo da mensagem. Além disso, é uma atividade que está muito sujeita a interferências dos vieses humanos.

Informações contextuais como o alcance, a repercussão, as características do orador e as características da audiência, em geral, não estão registradas junto ao conteúdo da mensagem nos bancos de dados utilizados para o treinamento dos algoritmos e, por isso, não são levadas em consideração pela máquina (SALVADOR; NÓBREGA LUCCAS; SILVA, 2020, p. 338). Bancos de dados também devem ser criados contendo publicações de diferentes idiomas, de forma que questões linguísticas regionais conservem sua relevância. Quanto aos vieses, o pertencimento a determinado grupo político ou social pode levar revisores a priorizarem, ainda que de forma subconsciente, a remoção de conteúdo de grupos em conflito em casos em que há incerteza, como manifestações políticas, artísticas e humorísticas. Esses vieses podem não ser facilmente detectáveis na moderação humana, mas podem ser capturados e exagerados pelas máquinas que tentam replicar essa atividade.

Uma alternativa a ter que lidar com o contexto e com outros critérios que abrem espaço para subjetividade seria, de fato, tornar a avaliação do algoritmo o mais objetiva possível, eliminando essas variáveis (SALVADOR; NÓBREGA LUCCAS; SILVA, 2020, p. 339). É muito mais fácil ensinar uma máquina a identificar padrões em texto e imagens (como combinações de palavras chulas, vocabulário desumanizador e símbolos de ódio) do que ensiná-la a lidar com a intenção do orador, com o contexto histórico-social ou até com conflitos de direitos. Dificilmente as inúmeras disputas teóricas inerentes à regulação dos discursos de ódio, como os debates sobre os limites da expressão artística, política ou religiosa, serão resolvidas a ponto de se tornarem instruções claras e objetivas a serem seguidas de forma consistente por um algoritmo[214].

[214] Um exemplo de problema decorrente da ausência de análise de contexto foi a remoção automática de um trecho da declaração de independência dos EUA por um algoritmo do

No entanto, assim como a simplificação do treinamento dos revisores de conteúdo, a simplificação do treinamento dos algoritmos levaria a uma análise limitada e, consequentemente, a um excesso de falsos positivos e falsos negativos[215]. Ainda que as ferramentas se tornem cada vez mais sofisticadas, potencialmente identificando nuances linguísticas, como a ironia, não parece plausível crer que isso será suficiente para uma identificação e avaliação precisa de discursos de ódio[216]. Esse tipo de limitação coloca em dúvida se essas ferramentas deveriam ser usadas como sistemas de tomada de decisão e sancionamento independentes, como ocorre em redes como o Facebook e o Instagram, ou se deveriam permanecer (pelo menos no âmbito de manifestações mais comple-

Facebook em 2018, sob o pretexto de que aquele trecho configura discurso de ódio. Cf. Facebook Algorithm Flags, Removes Declaration of Independence Text as Hate Speech. Reason.com, 3 jul. 2018. Disponível em: https://reason.com/2018/07/03/facebook-algorithm-flags-removes-declara/. Acesso em: 14 jul. 2020.

215 Destaca-se aqui o trabalho de DIAS OLIVA, ANTONIALLI e GOMES, que identificaram em um algoritmo utilizado para identificação de publicações "tóxicas" uma propensão a considerar publicações de membros de grupos vulneráveis (especialmente a comunidade LGBT) mais tóxicas do que de indivíduos membros de grupos extremistas. Os pesquisadores sugerem que isso pode ocorrer porque, no processo de aprendizagem, os algoritmos estabelecem correlações com base na probabilidade de uma determinada palavra ou expressão aparecer em conteúdo considerado tóxico por aqueles que construíram o banco de dados (2021, p. 30). Em outras palavras, sugerem que, para o algoritmo, é mais relevante para a medição da "toxicidade" a presença de algumas expressões na publicação (que muitas vezes são ressignificadas por grupos vulneráveis como forma de empoderamento) do que o significado da publicação em si.

216 Além disso, como lembra GILLESPIE, mesmo quando o banco de dados é construído adequadamente, há um problema inerente em utilizar aprendizado de máquina para o desenvolvimento de ferramentas de detecção automática: como esses algoritmos são treinados para decidir de forma consistente com decisões fundamentadas em políticas e regulamentos anteriores, a tendencia, ao longo do tempo, é que essas políticas sejam atualizadas, mas que os algoritmos continuem decidindo com base nas decisões anteriores (GILLESPIE, 2020, p. 3). A atualização do treinamento dos algoritmos, por isso, também é um desafio. Durante a invasão da Ucrânia pela Rússia, por exemplo, o Facebook alterou seu regulamento para, nesse contexto, permitir discursos extremos relacionados ao conflito armado de forma a evitar a censura de manifestações de resistência da população ucraniana. Isso seria impossível se a moderação fosse realizada inteiramente por meio de algoritmos. Cf. Facebook allows posts urging violence against invading Russians. Disponível em: https://www.aljazeera.com/news/2022/3/11/facebook-allows-posts-urging-violence-against-russian-invaders. Acesso em: 11 mar. 2022.

xas) como sistemas de auxílio ao trabalho dos revisores humanos, que são dotados de sensibilidade não compartilhada pelas máquinas (GILLESPIE, 2020, p. 3).

O segundo desafio da detecção automática de conteúdo é garantir que os fundamentos das decisões estejam expostos para crítica, tanto pelos usuários afetados, que fazem uso dos sistemas de contestação das plataformas, quanto por terceiros (externos ou associados às plataformas) interessados em avaliar, revisar e aprimorar o desempenho da atividade de moderação de conteúdo. Se não é possível saber os fundamentos de uma decisão, o usuário afetado não pode nem entender seus erros para adequar seu comportamento, nem construir uma defesa. Da mesma forma, a opacidade das decisões não permite o controle e a melhoria da moderação de conteúdo, cujos efeitos são extremamente relevantes para o debate público e para o exercício de direitos fundamentais.

O problema é que, no processo de aprendizado de máquina, o algoritmo identifica padrões nos bancos de dados, mas não é necessariamente capaz de traduzir esses padrões para linguagem inteligível a seres humanos (SALVADOR; NÓBREGA LUCCAS; SILVA, 2020, p. 341). Justamente por isso, é desafiador identificar exatamente que critérios estão sendo levados em consideração pela ferramenta quando ela decide que uma determinada publicação é um discurso de ódio. O algoritmo afirma que uma publicação provavelmente é um discurso de ódio, mas não é capaz de dizer o que, exatamente, o fez chegar a essa conclusão.

Desenvolvedores e pesquisadores devem trabalhar no sentido de construir algoritmos capazes de, no mínimo, apontar a regra ou conjunto de regras que foi violado pela publicação do usuário, dentre aquelas dispostas nos regulamentos das plataformas[217]. Considerando o grau de detalhamento que as plataformas apresentam em suas regras, isso

[217] Nota-se, inclusive, que a exigibilidade de explicação de decisões automatizadas tem ganhado status de direito em legislações relacionadas à proteção de dados (já que dados pessoais são frequentemente tratados de forma automatizada). O principal exemplo brasileiro é a Lei Geral de Proteção de Dados (Lei nº 13.709/2018), que em seu artigo 20 dispõe sobre o direito à revisão e ao acesso aos critérios utilizados em decisões automatizadas. Art. 20. O titular dos dados tem direito a solicitar a revisão de decisões tomadas unicamente com base em tratamento automatizado de dados pessoais que afetem seus interesses, incluídas as decisões destinadas a definir o seu perfil pessoal, profissional, de consumo e de crédito ou os aspectos de sua personalidade. § 1º O controlador deverá fornecer, sempre

significaria criar uma ferramenta capaz de afirmar que uma determinada manifestação não é meramente um discurso de ódio, mas sim, por exemplo, "uma incitação à violência (tipo de mensagem) em razão de orientação sexual (característica protegida do alvo)". Outra opção (complementar), seria apresentar ao usuário afetado pela decisão exemplos de casos similares que foram usados como base pelo algoritmo. Bastaria que a ferramenta encontrasse outros casos na base de dados que também apresentassem os mesmos padrões identificados na publicação identificado como discurso de ódio. Se cumpridas essas duas condições, torna-se possível comparar casos ou, até, afirmar que casos do banco de dados foram julgados de forma incorreta, em desconformidade com a melhor interpretação das regras.

São dois, portanto, os desafios que devem ser superados para que as plataformas possam prosseguir com o uso de ferramentas de detecção automática de conteúdo como resposta para a questão da escala de forma responsável e eficaz: as tecnologias envolvidas devem evoluir no sentido de (i) melhorar a qualidade e reduzir a incerteza das decisões e no sentido de (ii) viabilizar sua compreensão e controle. O primeiro objetivo depende do segundo. O aprimoramento das decisões e a avaliação dos processos de aprendizado só são possíveis se houver a possibilidade de julgar a qualidade de decisões sendo tomadas no dia a dia das plataformas, o que depende de um grau mínimo de transparência. Não está claro, ainda, se um dia será possível automatizar completamente a moderação conteúdo. Hoje, porém, é possível afirmar que os algoritmos cumprem o importante papel de auxiliar o trabalho árduo e potencialmente traumatizante dos revisores humanos, o que é uma vitória da tecnologia por si só.

3.2. Breves notas sobre a intervenção dos Estados na moderação de conteúdo

As plataformas dispõem de recursos, capacidades e ferramentas que são oportunas para a superação de boa parte dos obstáculos que tornam ineficaz a prevenção dos discursos de ódio e de seus efeitos em seus espaços de comunicação pela repressão penal. A possibilidade de ingerência

que solicitadas, informações claras e adequadas a respeito dos critérios e dos procedimentos utilizados para a decisão automatizada, observados os segredos comercial e industrial.

direta na arquitetura das aplicações, de elaboração de regulamentos flexíveis e do uso de ferramentas de detecção automática de conteúdo tornam a prevenção possível em espaços em que a regulação tradicional é difícil. Por essas razões, a atividade de moderação de conteúdo parece ser uma alternativa viável, capaz de preencher o déficit de eficácia preventiva penal que impera em espaços digitais de comunicação.

Naturalmente, ainda existem muitos espaços para aprimoramento desse esforço de prevenção. Críticas ao modo como as plataformas conduzem a moderação de conteúdo, válidas ou não, são bastante comuns. Do ponto de vista da qualidade de suas decisões, pode-se criticá-las tanto por sancionarem conteúdo em excesso (atingindo manifestações legitimas) quanto por não sancionarem conteúdo o suficiente ou na velocidade esperada (permitindo a proliferação de manifestações problemáticas).

Do ponto de vista dos procedimentos de moderação de conteúdo, algumas plataformas podem ser criticadas por serem pouco transparentes quanto a suas motivações, quanto ao treinamento de seus revisores, quanto às suas políticas internas e quanto ao grau de influência de algoritmos na tomada de decisões. Por fim, podem ser criticadas também por oferecerem poucas informações e recursos aos usuários que querem contestar decisões, o que é particularmente relevante considerando que a contestação é essencial para a identificação de erros a serem corrigidos.

Dito isso, questiona-se de que forma os Estados deveriam agir para fomentar a evolução positiva da moderação de conteúdo, já que nenhuma dessas críticas se sobrepõem ao fato de que a moderação de conteúdo foi muito melhorada desde sua concepção. Como foi explicado anteriormente, a interação entre Estados e intermediários não é uma mera possibilidade, mas sim uma característica fundamental das dinâmicas que regulam a liberdade de expressão na era digital que pode servir de força motora para movimentos de aprimoramento positivos. Os detalhes de como essa interação deve ocorrer, contudo, são pauta de um debate muito mais complexo: qual deve ser o grau e a forma da intervenção do poder público na atividade das plataformas para que direitos fundamentais sejam preservados da melhor maneira possível?

Problemas surgem já na discussão sobre a fundamentação de qualquer intervenção do poder público na atividade das plataformas, já que são controladas por empresas privadas. A moderação de conteúdo tem seu fundamento jurídico na relação contratual entre usuário e empresa, formalizada pela adesão aos Termos de Uso ou a outros documentos semelhantes no momento de ingresso na plataforma. Dentro dessa relação contratual, as empresas conservariam, em tese, a sua capacidade de modificar, de forma discricionária, suas regras e restringir conteúdo, desde que com a anuência dos usuários (MCINTYRE; SCOTT, 2009, p. 2-3).

A ideia de que os Estados precisam regular plataformas ou, de alguma outra forma, interferir em seus regulamentos e procedimentos, costuma se fundamentar nos impactos sociais dessas atividades de moderação inclusive sobre pessoas que não as utilizam. As plataformas, hoje, são grandes o suficiente para que seu efeito sobre o debate público seja significativo (GILLESPIE, 2018b, p. 203), tanto porque suas decisões de moderação interferem na livre expressão dos usuários, quanto porque sua arquitetura, em si, viabiliza uma série de condutas danosas cujos efeitos nocivos se propagam por todo tecido social. Além disso, não se trata apenas de efeito sobre como pessoas comuns se expressam no seu dia a dia, mas também sobre como autoridades públicas e agentes políticos utilizam espaços digitais para se comunicar com cidadãos e eleitores (LIDSKY, 2018, p. 3; NUNZIATO, 2018, p. 74). Essa atividade privada afeta o exercício de direitos fundamentais de uma parcela considerável da população mundial, o que justificaria, ao menos, a necessidade de prestação de contas (SUZOR, 2016, p. 3). No debate brasileiro, essa ingerência do Estado na atividade das plataformas poderia, inclusive, ser justificada com base na teoria da eficácia horizontal dos direitos fundamentais, como é proposto por MENDES e FERNANDES (2022, p. 43).

O fato de que há um debate sobre o caráter público ou privado dos espaços de comunicações digitais torna especialmente desafiadora a definição de como as interações entre Estados e plataformas devem ocorrer. Os governos devem determinar que as plataformas regulem conteúdo nos termos exatos de sua legislação? Ou bastaria a criação de incentivos que, indiretamente, orientassem a atividade de moderação? Essas relações devem ser voluntárias ou involuntárias? Formais ou informais? Abaixo, serão apresentadas e discutidas algumas abordagens possíveis, sem a pretensão de que um caminho ideal seja determinado.

3.2.1. A ausência de intervenção formal como caminho possível

Apesar das plataformas serem alvo de diversas críticas, é essencial reconhecer avanços relevantes durante a última década. As grandes redes sociais, que sequer disponibilizavam suas políticas de moderação ao público até a segunda metade da década passada, hoje possuem regulamentos extremamente sofisticados e acessíveis, empregam grandes equipes de revisores de conteúdo e investem muitos recursos em cooperação e no desenvolvimento de ferramentas que visam a superação dos desafios inerentes à sua atividade.

Como grande parte dessa evolução parece ter ocorrido antes da existência de regulação jurídica claramente direcionada a essa atividade, poder-se-ia argumentar que a intervenção formal do Estado é desnecessária, que as plataformas serão capazes de, sozinhas, determinar o melhor caminho de sua regulação interna e buscar o aprimoramento dos defeitos da moderação. Ao longo do tempo, eventuais problemas seriam solucionados e as empresas, quando necessário e de maneira informal, colaborariam voluntariamente com o poder público, fornecendo informações ou modificando seus regulamentos de acordo com o que é pedido.

Essa posição, porém, deixa de levar em consideração que esses avanços não ocorreram num vácuo político e econômico. Eles são, na verdade, o resultado de anos de pressões econômicas e governamentais difusas sobre as plataformas. Como já foi tratado na seção 1.2. deste trabalho, quando os Estados encontram obstáculos para a aplicação de suas legislações em espaços digitais, eles se utilizam das plataformas para fazer valer seus interesses, pois elas possuem as ferramentas apropriadas para tal. A interferência estatal na atividade das plataformas não se dá, nesse sentido, apenas pela regulação. Em grande parte dos casos, apesar da demonstração de causalidade ser difícil, existem indícios de que mudanças foram motivadas pela mera ameaça de regulação por um ou mais Estados, o que pode ser considerado uma forma de coerção (CITRON, 2018, p. 1048), ou por movimentos de repúdio da opinião pública a escândalos, que ameaçam a manutenção de uma base lucrativa de usuários.

São dois os problemas de se advogar pela manutenção desse cenário. Em primeiro lugar, a ausência de formalidade nas intervenções e a expectativa de resultados positivos apenas provenientes da pressão política, econômica ou de ameaças pouco claras, por mais que possam ser recompensados, causam incerteza e confusão. As plataformas estão, afinal, atuando em meio de um turbilhão de posicionamentos, debates e perspectivas sobre os limites da liberdade de expressão, tópico extremamente controverso. Compelidas por incentivos muitas vezes contraditórios, resultantes da diferença de cultura jurídica dos mais diversos ordenamentos e das divergências entre agentes políticos de um mesmo Estado, as plataformas podem ser levadas a agir sobre conteúdo em excesso. Restringiriam, assim, a liberdade de expressão de seus usuários de forma a evitar regulação motivada por uma suposta insuficiência de suas atividades, deixando em segundo plano o rigor procedimental, a transparência, o controle a fundamentação adequada de suas decisões.

Isso não significa que a intervenção formal não pode incorrer em alguns desses problemas, afinal, regulações e orientações oficiais contraditórias e descoordenadas também podem causar confusão e incentivar a moderação exacerbada. No mínimo, porém, a intervenção formal é resultado do processo democrático, o que permite um debate público minimamente transparente sobre a regulação das plataformas que não é possível quando sua atividade é direcionada somente por pressões difusas e opacas. O segundo problema do cenário acima descrito é justamente esse: se a intervenção do Estado na atividade das plataformas ocorre mediante ameaças de regulação e outras pressões informais, então essa intervenção não está sujeita ao controle democrático, afastando ainda mais o usuário da gestão de sua expressão nos espaços digitais de comunicação.

Não se trata de rejeitar a ideia de que as plataformas seguem um ideal de responsabilidade corporativa que leva ao aprimoramento da moderação de conteúdo. Trata-se, na verdade, de reconhecer que a manutenção do cenário atual significa a manutenção de pressões difusas e incertas que podem ser profundamente prejudiciais ao exercício da livre expressão. Se o Estado deve influenciar a moderação de conteúdo, então ele deve fazê-lo sob o escrutínio do processo democrático e com o objetivo de assumir o papel de guia das plataformas para uma atividade preventiva efetiva, oferecendo orientações claras e que garantam segurança jurídica.

3.2.2. Colaboração voluntária e regulação

A intervenção formal do Estado na atividade de moderação de conteúdo das plataformas pode ocorrer de pelo menos duas formas: (i) pela criação de parcerias voluntárias com as empresas controladoras de forma a garantir atitudes pontuais ou de médio e longo prazo; ou (ii) pela regulação jurídica dessa atividade, modificando regras de responsabilidade para incentivar determinados comportamentos ou criando regras específicas de *compliance*.

Quanto à primeira opção, o principal exemplo internacional é o Código de Conduta para a Luta Contra os Discursos Ilegais de Incitação ao Ódio, firmado entre algumas das maiores empresas controladoras de plataformas (Microsoft, Twitter, Youtube e Facebook) e a Comissão Europeia, em 2016[218]. No Brasil, exemplos de mecanismos formais de colaboração são as parcerias firmadas entre o TSE e as plataformas com o objetivo de coibir desinformação durante o processo eleitoral.

O Código de Conduta sublinhou tanto a importância de as empresas promoverem a livre expressão quanto seu compromisso de combate aos discursos de ódio através da moderação de conteúdo e educação de seus usuários (ALKIVIADOU, 2018, p. 13). Em particular, ao firmarem o Código, as empresas se comprometeram a avaliar a maioria das denúncias de discurso de ódio em suas plataformas em menos de 24 horas, removendo aquelas que violassem seus regulamentos ou que fossem consideradas ilegais conforme documentos da própria Comissão Europeia[219].

O acordo também permitiu que a Comissão monitorasse e relatasse a eficácia da atividade de moderação de conteúdo das plataformas entre

[218] Desde a criação do Código de Conduta, outras empresas foram introduzidas nesse grupo, entre elas Intagram, Jouxvideo, Snapchat, DailyMotion e Tiktok. Cf. The EU Code of conduct on countering illegal hate speech online. Text. Disponível em: https://ec.europa.eu/info/policies/justice-and-fundamental-rights/combatting-discrimination/racism-and-xenophobia/eu-code-conduct-countering-illegal-hate-speech-online_en. Acesso em: 8 mar. 2022.

[219] Conforme dita o Código de Conduta: *Upon receipt of a valid removal notification, the IT Companies to review such requests against their rules and community guidelines and where necessary national laws transposing the Framework Decision 2008/913/JHA, with dedicated teams reviewing requests. The IT Companies are to review the majority of valid notifications for removal of illegal hate speech in less than 24 hours and remove or disable access to such content, if necessary.*

2016 e 2021[220], revelando um crescimento considerável na porcentagem de manifestações removidas nas primeiras 24 horas após sua denúncia. Ao fim de 2016, de acordo com relatório da Comissão, as plataformas teriam avaliado apenas 40% dos casos denunciados nas primeiras 24 horas. Esse número aumentou para 81% em 2021, o que foi considerado resultado bastante positivo (OLIVA; ANTONIALLI, 2018, p. 30).

No Brasil, o TSE firmou acordos de cooperação voluntária com algumas das plataformas de maior impacto no pleito eleitoral brasileiro, com o objetivo de limitar a propagação de conteúdo desinformativo durante as eleições de 2022[221]. Compromissos variados foram assumidos pelas plataformas, a depender de seu funcionamento. Facebook e Instagram, por exemplo, passaram a identificar publicações relacionadas às eleições e redirecionar seus usuários para informações oficiais sobre o processo eleitoral, o que representou um aumento de cerca de 250 mil acessos aos sites oficiais do TSE desde o início de 2022. O Whatsapp desenvolverá um *chatbot* para que os eleitores interajam com o TSE por meio de mensagens, tirando dúvidas quanto ao processo eleitoral. São medidas não restritivas, voltadas a disputar o impacto persuasivo de manifestações problemáticas e a promover um debate de maior qualidade durante as eleições.

Colaborações voluntárias formalizadas são particularmente interessantes, pois refletem um ânimo verdadeiro das plataformas em alinharem seus interesses com os do poder público. Elas permitem a construção de medidas conjuntas, não coercitivas, de combate a manifestações problemáticas e, também, o monitoramento colaborativo de metas e

[220] Esse monitoramento é executado em um experimento anual, em que diversas organizações da sociedade civil são selecionadas para denunciar manifestações que consideram discursos de ódio. As denúncias, então, são acompanhadas e seus resultados registrados e enviados à comissão pelas organizações, o que permite uma estimativa da velocidade de resposta das plataformas a denúncias de usuários. Cf. 6th Evaluation of the Code of Conduct. 2021. Disponível em: https://ec.europa.eu/info/sites/default/files/aid_development_cooperation_fundamental_rights/assessment_of_the_code_of_conduct_on_hate_speech_on_line_-_state_of_play__0.pdf. Acesso em: 8 mar. 2022.

[221] Documentos foram assinados com Twitter, TikTok, Facebook, Kwai, Whatsapp e Google. Cf. Veja as novidades nos acordos de parceria do TSE com as plataformas digitais. Disponível em: https://www.tse.jus.br/imprensa/noticias-tse/2022/Fevereiro/veja-as-novidades-nos-acordos-de-parceria-do-tse-com-as-plataformas-digitais. Acesso em: 11 mar. 2022.

obrigações que as plataformas acreditam que serão capazes de alcançar e que, se não forem atingidas, podem ser revistas. Além disso, diferentemente da regulação, que deve se aplicar de forma genérica a diversas plataformas, as colaborações voluntárias podem determinar medidas que são específicas ao funcionamento de cada aplicação, o que contribui para sua eficácia.

Sua fraqueza também está, ironicamente, no requisito de voluntariedade. Como ficou claro quando o TSE teve muitas dificuldades em firmar parceria com o Telegram no início de 2022[222], se uma plataforma que tem grande impacto no país não tiver interesse em colaborar com o poder público, os mecanismos de colaboração voluntária não surtem o efeito desejado, o que motiva a criação de obrigações vinculantes mediante regulação jurídica.

Nessa segunda opção, o Estado pode legislar no sentido de obrigar as empresas controladoras a alterarem seu regulamento, a divulgarem informações periodicamente, a cumprirem determinadas metas para o julgamento de conteúdo ou, até, a modificarem a arquitetura de suas plataformas.

A criação de regras especiais de responsabilidade civil de forma a incentivar ou desincentivar determinados comportamentos das plataformas foi particularmente relevante no início dos esforços de sua regulação. No Brasil, o artigo 19 do Marco Civil da Internet (Lei 12.965/2014) estabelece que os provedores de aplicação apenas são responsáveis por danos causados por conteúdo publicado por terceiros se descumprirem ordem judicial de remoção[223]. Regra similar é apresentada na Section 230(c)(1), introduzida no ordenamento jurídico dos EUA pelo *Communications Decency Act*, de 1996, que também afasta dos provedores de ser-

[222] Conforme discutido na seção 2.2.4.

[223] Art. 19. Com o intuito de assegurar a liberdade de expressão e impedir a censura, o provedor de aplicações de internet somente poderá ser responsabilizado civilmente por danos decorrentes de conteúdo gerado por terceiros se, após ordem judicial específica, não tomar as providências para, no âmbito e nos limites técnicos do seu serviço e dentro do prazo assinalado, tornar indisponível o conteúdo apontado como infringente, ressalvadas as disposições legais em contrário.

viço a condição de serviço editorial, isentando-os de responsabilidade por conteúdo publicado por terceiros[224].

A opção por isentar as plataformas de responsabilidade objetivava, à época de sua implementação, desincentivar o monitoramento e a moderação proativa de conteúdo por provedores, concentrando as discussões sobre os limites à liberdade de expressão no âmbito do judiciário, algo que contradiz posturas mais recentes de autoridades públicas. Em razão dessa mudança de postura, a crítica a essa isenção de responsabilidade é frequente tanto no Brasil quanto nos EUA, vinda principalmente daqueles que acreditam que, se fossem responsabilizadas pelos danos causados por conteúdo publicado por seus usuários, as plataformas passariam a atuar de forma mais rigorosa para a prevenção e remoção de discursos de ódio, de desinformação e de outras manifestações problemáticas[225].

Essas críticas são pouco produtivas. Pautar a regulação das plataformas em discussões sobre sua responsabilidade por casos específicos pode levar à conclusão de que elas estão sendo omissas no combate a manifestações problemática quando isso não é necessariamente verdade. Responsabilizar as plataformas por casos que escaparam do filtro da moderação significa desconsiderar a existência de verdadeiros esforços de construção de uma estrutura de autorregulação ao longo dos anos, que merecem ser premiados. Se a manutenção de conteúdo problemático é punida, mas a remoção de conteúdo legítimo não é, o resultado de uma regulação desse tipo seria um incentivo claro à remoção excessiva de conteúdo e não ao aperfeiçoamento dessa estrutura (OLIVA; ANTONIALLI, 2018, p. 36).

Por essa razão, legislações nacionais mais recentes que visam a regulação da moderação de conteúdo passaram a estabelecer obrigações de *compliance* mais detalhadas, ditando metas e orientando as plataformas a construírem sua autorregulação de forma a alinhar seus interesses aos

224 No texto original, em inglês: *"No provider or user of an interactive computer service shall be treated as the publisher or speaker of any information provided by another information content provider"*.

225 No Brasil, a constitucionalidade do artigo 19 do Marco Civil foi questionada no STF mediante Recurso Especial 1.037.396/SP, com repercussão geral, interposto já em 2014, mas ainda não julgado pela Corte. Para uma síntese dos principais argumentos trazidos por aqueles que defendem a inconstitucionalidade do dispositivo, cf. (LOTTENBERG; VAINZOF, 2020).

interesses do Estado. Internacionalmente, o exemplo mais rigoroso de regulação dessa espécie é a já mencionada NetzDG, legislação alemã voltada a combater discursos de ódio e desinformação pelo estabelecimento de critérios de transparência e metas vinculantes de velocidade para a moderação de conteúdo. No Brasil, o PL 2630/2020[226], que institui a "Lei Brasileira de Liberdade, Responsabilidade e Transparência na Internet", parece ser a primeira grande iniciativa no sentido de criar obrigações claras de transparência e de modificação procedimento de moderação de conteúdo.

Antes de estabelecer as regras de colaboração com o poder público mencionadas no capítulo anterior, a NetzDG já era considerada particularmente dura quando elaborada, em 2017, por ter transformado o compromisso firmado no Código de Conduta da Comissão Europeia em regra geral para todas as plataformas de redes sociais com mais de 2 milhões de usuários atuantes na Alemanha. A lei obriga essas plataformas a removerem conteúdo "claramente ilegal" (constante no Código Penal Alemão) em até 24 horas após o recebimento de uma denúncia por usuário, sob pena de multas de até 50 milhões de Euros em caso de infração. Conteúdo que não é claramente ilegal deve ser avaliado em até 7 dias, prazo que pode ser estendido se a empresa contrata agência externa reconhecida para executar a atividade de moderação[227].

Por mais que a intenção por trás da obrigação de remoção em até 24 horas seja compreensível (afinal, discursos de ódio se tornam mais perigosos conforme permanecem mais tempo expostos ao público), alguns questionamentos devem ser levantados. O prazo de 24 horas parece ser fundado em uma expectativa de que as plataformas são capazes de determinar, corretamente, a legalidade de uma determinada manifestação em prazo muito mais curto do que seria determinado durante um processo penal, por um juiz. Obviamente, a moderação de conteúdo não contém todas as garantias que o processo penal contém, até porque seu resultado é muito menos lesivo aos direitos fundamentais do orador

[226] O inteiro teor do PL está disponível em: https://www.camara.leg.br/proposicoesWeb/fichadetramitacao?idProposicao=2256735. Acesso em 3 fev. 2022.

[227] O critério de determinação das plataformas que são objeto da legislação se encontra no artigo 1.1(2), enquanto a obrigação de remoção se encontra no artigo 3.2 (2). Para o texto original da lei, cf. https://www.bmj.de/DE/Themen/FokusThemen/NetzDG/NetzDG_EN_node.html. Acesso em 3 fev. 2022.

de um discurso de ódio. Mas vincular o prazo de 24 horas a uma multa grave se torna um incentivo para o aumento da velocidade de revisão a qualquer custo.

Considerando que a análise adequada da licitude de um discurso de ódio demanda uma reflexão aprofundada sobre o contexto e o conteúdo da manifestação avaliada, esse incentivo o que pode representar uma grave ameaça à liberdade de expressão dos usuários, assim como seria no caso da responsabilização civil das plataformas por conteúdo publicado por terceiros. A experiência do Código de Conduta da Comissão Europeia demonstrou que a ameaça de multa não é necessária para que as plataformas aprimorem sua atividade de moderação. Mais importante é o monitoramento organizado dessa atividade e a elaboração de recomendações a partir dos resultados desse monitoramento.

No Brasil, o PL 2630/2020 (que institui a "Lei Brasileira de Liberdade, Responsabilidade e Transparência na Internet")[228], foi elaborado originalmente com o objetivo de combater a propagação de conteúdo desinformativo, mas foi modificado ao longo do tempo para incorporar uma série de demandas de legisladores por regulação da atividade de moderação de conteúdo das plataformas.

O PL se aplica às plataformas de redes sociais, aos serviços de mensageria instantânea (como o Whatsapp e o Telegram) e às ferramentas de busca (como o Google) com mais de 10 milhões de usuários registrados no Brasil. Ele obriga as plataformas, por exemplo, a terem representação legal no território nacional (art. 32, de forma a viabilizar ordens judiciais) e a publicarem relatórios de transparência semestrais com informações relativas à sua atividade de moderação (arts. 7 a 11). No caso dos

[228] Este trabalho analisou a versão disponibilizada como inteiro teor do PL no site da Câmara dos Deputados, disponível em: https://www.camara.leg.br/proposicoesWeb/fichadetramitacao?idProposicao=2256735. Acesso em 3 fev. 2023. É importante notar que outras versões surgiram após a elaboração da versão final deste trabalho e, dado que a tramitação ainda não havia acabado neste momento, é provável que outras surgirão entre o envio do manuscrito para publicação e a chegada do livro às livrarias. A opção por não analisar o PL 2630/2020 em maiores detalhes neste trabalho se deu pelo fato de que, apesar de seu caráter inovador e relevante, sua tramitação tem sido particularmente confusa e opaca, com versões bastante diferentes surgindo frequentemente e circulando pelo legislativo de forma não facilmente acessível. Qualquer análise nesse momento correria o risco de se tornar obsoleta em pouco tempo.

serviços de mensageria, estabelece inclusive obrigações de modificação de sua arquitetura (arts. 11 e 12)[229]. Essas obrigações, se descumpridas, poderiam ser respondidas com sanções que vão desde multas até a proibição da oferta do serviço em território nacional.

Legislações voltadas a ditar os rumos da moderação de conteúdo, (como a NetzDG e o PL 2630/2020, ainda em tramitação no momento de elaboração deste trabalho) são muito recentes e, por isso, seus efeitos devem ser observados de perto para que a sociedade possa traçar os próximos passos na construção de uma relação positiva e eficaz entre Estado e plataformas. No mínimo, parece plausível crer que são esforços que contribuirão mais para o objetivo de prevenção dos discursos de ódio e de seus efeitos do que tentativas de facilitar a persecução penal, já que se fundam na compreensão de que as plataformas têm mais controle sobre os novos espaços de comunicação do que os Estados. Mesmo assim, apesar do caráter incipiente dessas medidas, parece ser possível elaborar, desde já, dois comentários sobre o que essas iniciativas não deveriam visar.

Em primeiro lugar, como já foi mencionado, as plataformas não devem ser punidas ou responsabilizadas por publicações individuais que não foram removidas em um prazo determinado ou que foram removidas inadequadamente. A regulação deve premiar esforços de melhoria constante da atividade de moderação, estabelecendo metas razoáveis de aperfeiçoamento da transparência, dos sistemas de contestação e apelação, das técnicas de identificação e redução de erros e, também, da capacidade de restrição da circulação de manifestações problemáticas (GILLESPIE, 2018b, p. 214). Punições devem ser utilizadas apenas se as plataformas demonstram desinteresse em aprimorar a moderação (FAGAN, 2018, p. 395). Nesses casos, a punição pode significar, por exemplo, uma suspensão de sua imunidade à responsabilização por danos causados por conteúdo de usuários. A obrigatoriedade de avaliação e remoção de conteúdo em um determinado prazo deve ser utilizada com cuidado, visto que prazos excessivamente curtos ou punições exces-

[229] O art. 12, inciso II, do PL, por exemplo, determina que os serviços de mensageria desabilitem, por padrão, a autorização do usuário para inclusão em grupos e em listas de transmissão ou mecanismos equivalentes de encaminhamentos de mensagens para múltiplos destinatários, objetivando limitar o alcance de mensagens problemáticas.

sivamente altas podem incentivar a remoção de conteúdo em prejuízo da análise técnica e aprofundada das manifestações denunciadas.

Em segundo lugar, as regulações nacionais devem evitar a criação de obrigações que conflitem muito com as de outros países, principalmente ao pautarem de forma explicita que tipo de conteúdo deve ser removido e que tipo de conteúdo deve ser mantido. A existência de regulação conflitante entre diversos ordenamentos incentiva as plataformas a tratarem usuários de países diferentes de forma diferente, o que, em última instância, pode levar a um efeito de balcanização da internet (CITRON, 2018, p. 1069), cujo principal diferencial como meio de comunicação é seu efeito globalizante. Por mais difícil que isso seja, deve existir um esforço internacional de construção de uma regulação que compreenda as diferentes culturas jurídicas e permita que as plataformas continuem aperfeiçoando e expandindo seus esforços de moderação, criando uma internet mais segura, mas que se mantenha global, livre e o berço de conexões humanas positivas.

3.2.3. Um possível papel para a repressão penal

Como último tópico deste trabalho, é interessante questionar brevemente se a repressão penal teria um papel para cumprir em uma estratégia de combate aos discursos de ódio em redes sociais focada na coordenação da atividade das plataformas pelo Direito. Por um lado, foi defendido que o uso tradicional da pena, buscando a punição individual dos oradores desses discursos, seria pouco eficaz. Por outro lado, é importante reconhecer que a repressão penal também poderia ser utilizada como incentivo para o aprimoramento das atividades de moderação de conteúdo, principalmente por meio da criação de crimes omissivos que tenham funcionários das plataformas como destinatários (e não, como é vedado na grande maioria dos casos pela Constituição Brasileira, a pessoa jurídica da empresa em si). Assim, a pena integraria a configuração triangular (que abarca Estado, plataformas e cidadãos) de regulação aqui defendida como solução para os desafios das abordagens tradicionais.

Assim como é o caso hoje com um diretor de *compliance*, seria possível atribuir a um ou mais indivíduos dentro de uma empresa provedora de rede social a função de dirigir o aprimoramento e a avaliação dos riscos da atividade de moderação de conteúdo. Eles assumiriam, nesse caso, a posição de garante. No caso de descumprimento grave das metas e obrigações determinados voluntariamente em códigos de conduta ou coercitivamente por meio de regulação, esses indivíduos poderiam ser responsabilizados criminalmente pela falta de diligência da empresa em evitar, o quanto possível, os danos à reputação de grupos vulneráveis decorrentes do discurso de ódio que circula em seus sistemas.

A princípio, essa construção hipotética parece compartilhar da eficácia das configurações regulatórias que foram discutidas nos itens anteriores. A repressão penal deixaria de pretender efeito preventivo direto e se tornaria ferramenta auxiliar para garantia do cumprimento das metas e obrigações que tornariam a moderação de conteúdo mais alinhada com os interesses do Estado. Seu novo papel não seria diferente daquele das multas previstas pela NetzDG.

Este trabalho, porém, rejeita essa abordagem, pelo menos por enquanto. Não porque ela possuiria indícios de ineficácia ou de ilegitimidade (o que não seria possível identificar sem um estudo mais aprofundado do assunto), mas sim porque não há razão, ainda, para que os Estados busquem novamente a pena como ferramenta de regulação de discursos de ódio.

Conforme foi mencionado anteriormente, os últimos anos foram marcados por um avanço positivo muito claro nas atividades de moderação de conteúdo. Eficiência, transparência e uma melhor comunicação entre poder público e plataformas foram só alguns dos aspectos aprimorados no combate aos discursos de ódio em redes sociais na última década. Se há a necessidade de regulação, não é porque um platô foi atingido, mas sim porque esses avanços estão sendo resultado de pressões descoordenadas, opacas e difusas que precisam se tornar objeto de controle democrático e sujeitas ao debate público.

Do uso da repressão penal como ferramenta de regulação decorrem custos gravíssimos às liberdades individuais. A pena, por essa razão, não deveria ser utilizada até a demonstração de que as outras abordagens regulatórias fracassaram ou são insuficientes para que o Estado atinja seu objetivo de prevenir condutas problemáticas. É isso que prega o ideal político-criminal da subsidiariedade, voltado a reduzir ao mínimo possível os custos sociais inerentes ao uso dessa ferramenta. O fato é que os Estados ainda estão descobrindo as configurações mais eficazes de interação com as plataformas, de forma que utilizar a pena para esses fins desde já seria ignorar a oportunidade de construção de uma estratégia regulatória que não dependa do braço forte do Estado e de todos os problemas que dele decorrem.

Existem diversas abordagens não-penais sendo testadas ao redor do mundo enquanto este trabalho é redigido. Só o tempo dirá se abordagens essas serão bem-sucedidas ou não. Se, eventualmente, as ferramentas jurídicas e extrajurídicas disponíveis se demonstrarem insuficientes para o combate aos discursos de ódio e a outras manifestações problemáticas em redes sociais, então a repressão penal retornará, justificadamente, para o debate regulatório. Espera-se, contudo, que esse não seja o caso, e que se revele possível uma política criminal que previna a ocorrência e os danos dos discursos de ódio e que, ao mesmo tempo, preserve as liberdades individuais tanto quanto possível.

CONCLUSÕES

É conveniente, antes de alguns comentários finais serem traçados, retomar e consolidar os principais pressupostos teóricos adotados e teses que foram defendidas no decorrer deste trabalho.

1. O Estado brasileiro pode interferir legitimamente na livre expressão para coibir determinados discursos, desde que demonstrando que esses discursos causam danos intoleráveis a outros valores constitucionalmente protegidos.

2. Discursos de ódio são um problema social relevante para o Direito, pois podem causar, em maior ou menor grau, danos à reputação social básica de grupos vulneráveis, fazendo com que seus membros não sejam reconhecidos como iguais, dignos de respeito e portadores do mesmos direitos que outros cidadãos. Assim, esses discursos podem aumentar sua propensão a sofrer atos de violência e discriminação.

3. Os discursos de ódio são aqueles que podem contribuir para o agravamento da vulnerabilidade de um grupo social. São manifestações que avaliam negativamente um grupo vulnerável, ou um indivíduo por ser membro de um grupo vulnerável, a fim de estabelecer que ele é menos digno de direitos, oportunidades ou recursos do que outros grupos ou indivíduos membros de outros grupos, e, consequentemente, legitimar a prática de discriminação e violência. Trata-se de um "conceito guarda-chuva", que compreende diferentes tipos de manifestações, aproximadas por algumas características. Seu enfrentamento possui uma finalidade: a proteção da reputação de grupos vulneráveis.

4. Nem todos os discursos de ódio são ilícitos. A busca por uma melhor resposta aos discursos de ódio deverá se pautar na análise dos instrumentos regulatórios disponíveis e de sua adequação a cada uma das condutas contidas nessa definição.

5. Mesmo que todos os discursos de ódio contribuam de alguma forma para o agravamento da vulnerabilidade de um grupo, essa contribuição será mais intensa e mais evidente em alguns discursos do que em outros. Como diferentes formas de regulação representam diferentes custos para a liberdade de expressão e para outros direitos fundamentais, aquelas mais custosas deveriam ser reservadas apenas aos discursos de ódio mais graves, em respeito a um ideal de proporcionalidade.

6. Uma regulação eficaz dos discursos de ódio é aquela capaz de prevenir sua ocorrência ou de tornar toleráveis seus efeitos nocivos, principalmente intervindo em seu alcance e impacto persuasivo, sem que haja interferência excessiva também em discursos que não são considerados problemáticos. Uma estratégia de enfrentamento ao discurso de ódio deverá coordenar diferentes instrumentos.

7. O cenário regulatório contemporâneo é marcado tanto pela migração dos discursos de ódio e de outras manifestações nocivas para as redes sociais quanto pelo protagonismo dessas plataformas em sua regulação. Nesse cenário, medidas tradicionais de combate aos discursos de ódio parecem ter perdido força, o que justifica a reanálise de sua eficácia.

8. Um olhar sobre a atividade legislativa e a legislação penal brasileira que trata dos discursos de ódio revela uma expectativa subjacente de que a norma penal será capaz de, de alguma forma, gerar efeitos socialmente positivos no combate ao discurso de ódio e à discriminação.

9. Se a eficácia da uma norma é sua capacidade de alcançar os fins pretendidos em sua elaboração mediante a produção de efeitos concretos, então a eficácia da norma penal é sua capacidade de proteger bens jurídicos mediante a prevenção de futuros delitos. Seus efeitos de prevenção são produzidos (i) mediante a publicação da norma, momento em que ela transmite a gravidade do ilícito e intimida com uma promessa de punição e (ii) mediante a aplicação da pena, momento em que concretiza a ameaça, preserva a força da norma, neutraliza e intimida o condenado. Todos esses efeitos dependem da interação da norma penal com diversas condições que precisam estar presentes na realidade social. O mandamento da norma precisa ser claro, precisa atingir seus destinatários e esses destinatários precisam estar aptos a orientar seus comportamentos conforme esse mandamento.

10. Para a norma penal ser eficaz, o Estado precisa ser capaz de esclarecer crimes e condenar os infratores, o que depende do sistema de persecução penal, do policiamento, do processo e do contexto em que o crime ocorre. A condenação é um pressuposto necessário para a aplicação da pena e a realização de qualquer efeito preventivo-especial, mas os efeitos preventivo-gerais também dependem da resolução de um percentual significativo de crimes.

11. É plausível considerar que os discursos de ódio com maior potencial lesivo são dignos de repressão penal. Sua lesividade indireta pode ser traduzida pela categoria de crime de lesão contra bem jurídico abstrato, etéreo; ou pela categoria de crime de perigo abstrato, com múltiplos bens jurídicos atingidos. Apesar disso, a repressão deve se apoiar em um juízo prognóstico de eficácia que determine uma considerável probabilidade de seu sucesso em prevenir a ocorrência da conduta incriminada.

12. Devido às limitações empíricas do juízo diagnóstico de eficácia, não é possível afirmar com certeza que a contínua propagação de discursos de ódio no debate público brasileiro é evidência de um déficit de eficácia da norma penal. É, contudo, forte indício, que deve motivar uma análise mais aprofundada da hipótese. Da mesma forma, a persistência de ideologias extremistas ou discriminatórias não pode ser atribuída à falência da norma penal, até porque a extirpação de ideologias sequer é sua função.

13. Para atingir o máximo possível de eficácia, a norma penal deve conter em si mesma os elementos suficientes para sua interpretação pelo destinatário e para orientação da jurisprudência, o que é desafiador no caso dos discursos de ódio. Isso porque, ainda que não haja consenso sobre esses discursos, a taxatividade penal requer que a norma seja clara quanto os limites de sua punibilidade. Ausente a taxatividade, o destinatário não pode regular seu comportamento, pois nunca terá segurança de que suas manifestações não ultrapassam o limite da legalidade.

14. A persecução criminal de discursos de ódio em redes sociais quase sempre exige alguma interação entre as autoridades de investigação e as empresas que detêm a infraestrutura de comunicação. Em casos mais simples, isso significa que as autoridades terão que percorrer um passo a mais na sua investigação para determinação da identidade do infrator. Casos mais complexos adicionam várias barreiras à eficácia da persecução, como o uso por investigados de tecnologias que mascaram registros de acesso e conexão, a necessidade de cooperação internacional e, em última instância, a incapacidade de atingir qualquer comunicação produtiva com intermediários. Essas barreiras criam um cenário em que somente uma parcela dos discursos de ódio criminalizados são efetivamente puníveis.

15. A quantidade de conteúdo que percorre as redes sociais diariamente coloca em questão a capacidade de o sistema de justiça criminal investigar, denunciar e processar casos de discurso de ódio suficientes para fazer valer o efeito preventivo-geral da norma penal. A ausência de formas efetivas de policiamento de conteúdo pelas autoridades faz com que sejam processados somente os casos que recebem muita atenção de outros usuários e da imprensa ou que são capturados aleatoriamente. Esses oradores acabam se tornando bodes expiatórios, condenados com o objetivo de contrabalancear os efeitos negativos da impunidade na eficácia preventiva geral. Mesmo se houvesse, contudo, uma forma das autoridades entrarem em contato com todo conteúdo potencialmente ilícito publicado em redes sociais, dificilmente seriam capazes de lidar com todos esses casos.

16. A eficácia da norma penal encontra limites significativos ao almejar a prevenção de discursos de ódio publicados em redes sociais. As propostas legislativas analisadas que se propõem a combater esses discursos em específico dificilmente atingirão seus fins preventivos, pois não solucionam os desafios aqui delineados (tipificação, dependência e escala). Devem ser rejeitados por um juízo prognóstico de ineficácia. Como as plataformas digitais têm impacto significativo no debate público, contudo, esse déficit de prevenção deve ser de alguma forma endereçado pela política criminal.

17. A ampliação das fronteiras do Direito Penal não parece ser uma solução desejável ou satisfatória. Mecanismos que reduzem as garantias processuais como forma de facilitar a obtenção de provas não são capazes de solucionar o desafio da escala. Isso vale também para mecanismos de cooperação internacional, que já enfrentam dificuldades por causa de diferenças de cultura jurídica. Resta, assim, a busca ou construção de medidas alternativas, não-penais ou até não-jurídicas, que superem esses obstáculos.

18. No longo prazo, medidas educativas que valorizem a empatia, empoderem grupos vulneráveis e mitiguem conflitos sociais são prioridade. Os problemas estruturais que causam os discursos de ódio só podem ser solucionados com políticas públicas de que preservam a livre expressão e que, por isso, são indispensáveis. Essas medidas educativas podem ser objeto de política pública ou até resultado da organização da sociedade civil.

19. Entre alternativas de curto prazo, ganhou tração na literatura especializada a defesa da prevenção da proliferação dos discursos de ódio de seus efeitos pelas próprias plataformas que intermediam as comunicações. As plataformas exercem essa regulação através da atividade de moderação de conteúdo, ou seja, da atividade que visa a adequação do conteúdo elaborado e publicado por seus usuários aos objetivos e regras definidos nos documentos que estabelecem os fins da plataforma e suas obrigações contratuais.

20. As plataformas dispõem de medidas de moderação cuja eficácia é independente de atos e informações de terceiros. Essa eficácia é possível porque essas medidas se aproveitam da arquitetura das plataformas, ou seja, de sua estrutura técnica e das decorrentes regras que regem seu funcionamento. Os desenvolvedores e controladores das plataformas elaboraram sua arquitetura de forma a conservar para si o poder de efetivamente impedir, de forma pontual e eficaz, a ocorrência de atos, manifestações e efeitos que consideram problemáticos.

21. O valor das medidas de moderação deve ser contrabalanceado com um inerente risco de opacidade. Como elas podem ocorrer independentemente da ação e do conhecimento de terceiros, elas podem ter efeitos restritivos à liberdade de expressão que ocorrem sem que as plataformas se coloquem em posição que viabilize o controle público ou a prestação de contas. Nascem daí demandas por maior transparência.

22. As plataformas são menos afetadas pelo desafio da taxatividade. Ainda que os impactos sobre a liberdade de expressão justifiquem certo controle sobre a atividade de moderação de conteúdo das plataformas, esse controle não precisa ser tão criterioso quanto o controle do poder de punir dos Estados. Para sua eficácia, a taxatividade dos regulamentos das plataformas é menos relevante que a taxatividade da norma penal, pois o conhecimento desses regulamentos pelos afetados não é essencial para os principais mecanismos de prevenção da moderação de conteúdo. Além disso, as plataformas são dotadas de muito mais flexibilidade para construir, alterar e atualizar seus regulamentos.

23. Para que haja controle verdadeiro e eficácia, deve haver correspondência entre os regulamentos disponíveis e a atividade de moderação na prática. As plataformas têm a oportunidade de explicar suas decisões e suas regras da forma mais transparente possível como uma forma de educação de seus usuários. Usuários em contato frequente com as regras da plataforma dispõem de mais informações sobre como participar de forma positiva de suas comunidades digitais.

24. O uso de ferramentas de detecção automática de conteúdo parece ser a única promessa eficaz de solução do desafio da escala. Isso porque é escalável enquanto houver processamento computacional disponível, diferentemente da contratação de revisores, cuja expansão é muito mais custosa. Contudo, a tecnologia é muito recente e ainda precisa passar por um longo processo de aprimoramento para que as decisões que decorrem do seu uso sejam confiáveis e sua taxa de erros seja tolerável.

25. Dois desafios devem ser superados para que as plataformas possam prosseguir com o uso de ferramentas de detecção automática de conteúdo como resposta para a questão da escala de forma responsável e eficaz: as tecnologias envolvidas devem evoluir no sentido de melhorar a qualidade e reduzir a incerteza das decisões e no sentido de viabilizar sua compreensão e controle. Não está claro, ainda, se um dia será possível automatizar completamente a moderação conteúdo. Hoje, é possível afirmar que os algoritmos cumprem o importante papel de auxiliar o trabalho dos revisores humanos.

26. É insuficiente a posição de que as plataformas serão capazes de determinar, sozinhas, o melhor caminho de sua regulação interna e buscar o aprimoramento dos defeitos da moderação, pois os avanços em sua atividade são resultado de anos de pressões econômicas e governamentais difusas. Essa ausência de intervenções formais dos Estados causa incerteza e confusão. Além disso, intervenções difusas e informais não se sujeitam aos limites do processo democrático.

27. Dentre as opções de intervenção formal, medidas de colaboração voluntárias são positivas, pois refletem um esforço verdadeiro das plataformas em alinharem seus interesses com os do poder público. Elas permitem a construção de estratégias conjuntas de combate a manifestações problemáticas e, também, o monitoramento colaborativo de metas. Sua fraqueza está no requisito de voluntariedade, já que, se não há interesse em cooperação no lado das plataformas, essa abordagem não surte os efeitos desejados.

28. Na regulação jurídica da atividade de moderação de conteúdo, as plataformas não devem ser punidas ou responsabilizadas por publicações individuais que não foram removidas em um prazo determinado ou que foram removidas inadequadamente. A regulação deve premiar esforços de melhoria constante da atividade de moderação, estabelecendo metas razoáveis de aperfeiçoamento da transparência, dos sistemas de contestação e apelação, das técnicas de identificação e redução de erros e, também, da capacidade de restrição da circulação de manifestações problemáticas. Punições devem ser utilizadas apenas se as plataformas demonstram desinteresse em aprimorar a moderação.

29. As regulações nacionais devem evitar a criação de obrigações que conflitem muito com as de outros países, principalmente ao pautarem de forma explicita que tipo de conteúdo deve ser removido e que tipo de conteúdo deve ser mantido. A existência de regulação conflitante entre diversos ordenamentos incentiva as plataformas a tratarem usuários de países diferentes de forma diferente, o que, em última instância, pode levar a um efeito de balcanização da internet, cujo principal diferencial como meio de comunicação é seu potencial globalizante.

30. Ainda que a repressão penal possa eventualmente ser utilizada de forma eficaz como forma de incentivo ao alinhamento dos interesses do Estado e das plataformas (por meio, principalmente, da criação de crimes omissivos e da atribuição da posição de garante à determinados funcionários das plataformas), essa opção deve ser rejeitada por enquanto, em respeito a um ideal de subsidiariedade e a redução dos custos sociais da regulação dos discursos de ódio.

Feita essa recapitulação, é possível opinar sobre as questões que deram razão de ser a este trabalho: conclui-se que há um déficit de eficácia considerável nas iniciativas de repressão penal dos discursos de ódio em redes sociais, déficit esse que pode ser solucionado pelo direcionamento estratégico e aprimoramento da atividade de moderação de conteúdo das próprias redes sociais. O papel do Direito nessa abordagem é o de servir como guia, monitorando e orientando o aperfeiçoamento de todos os aspectos da moderação de conteúdo, alinhando seus interesses aos interesses das plataformas e viabilizando a construção de uma internet mais segura.

É possível, também, definir pelo menos dois caminhos possíveis para pesquisas futuras que busquem dar continuidade às inquietações aqui exploradas. Em primeiro lugar, são necessários estudos mais aprofundados sobre as diferentes possibilidades de interação entre Estado e plataformas que viabilizem uma melhora consistente, coordenada e controlável da moderação de conteúdo e, consequentemente, do combate aos discursos de ódio. É necessário discutir mais a fundo os limites e oportunidades de parcerias voluntárias que já existem e acompanhar atentamente os efeitos das novas leis que surgem ao redor do mundo e que prometem direcionar a atividade das plataformas. O autor deste trabalho não vislumbra um futuro em que as medidas tradicionais de regulação da expressão voltarão a ser as mais preponderantes e eficazes.

Mesmo assim, é impossível negar que a repressão penal dos discursos de ódio em redes sociais permanece e provavelmente permanecerá como dado da realidade brasileira. Ainda que a superação total dos desafios da taxatividade, da dependência e da escala seja improvável sem a busca por alternativas à persecução penal, ainda existem muitos espaços de aprimoramento que podem ser estudados de forma a mitigar o déficit de eficácia. No campo da tipificação, é interessante explorar as possibilidades de reforma dos tipos penais de discursos de ódio no Brasil de forma a garantir mais clareza e precisão. No campo da dependência, é especialmente relevante o aprimoramento das ferramentas de cooperação internacional e do treinamento das autoridades de investigação, de forma a trazer mais celeridade para a preservação e coleta de provas necessárias para a concretização das sanções penais previstas. No campo da escala, novamente os teóricos do tema devem se voltar para como determinar quais são os discursos de ódio mais graves, que realmente merecem tratamento penal, de forma a reduzir a carga de trabalho dos órgãos de persecução penal. Por motivos que já foram expostos, o poder público brasileiro não pode simplesmente ignorar os discursos de ódio que circulam nas redes e iniciativas de descriminalização devem ser tratadas com muita cautela. Cabe à academia, também, a melhoria dessa abordagem pouco eficaz, mas que persistirá no futuro.

REFERÊNCIAS

ABREU, J. D. S. Jurisdictional battles for digital evidence, MLAT reform, and the Brazilian experience. **Revista de Informação Legislativa**, v. 55, n. 220, p. 25, 2018.

ALKIVIADOU, N. **Hate Speech on Social Media Networks: Towards a Regulatory Framework?** Rochester, NY: Social Science Research Network, 4 jul. 2018. Disponível em: <https://papers.ssrn.com/abstract=3223318>. Acesso em: 8 mar. 2019.

ARUN, C.; NAYAK, N. Preliminary Findings on Online Hate Speech and the Law in India. **Berkman Klein Center Research Publication No. 2016-19**, 2016.

BADARÓ, T. Criminalização do discurso de ódio e liberdade de expressão: uma análise do art. 20 da lei 7.716/89 sob a perspectiva da teoria do bem jurídico. **Revista Brasileira de Ciências Criminais**, v. 26, n. 145, p. 531-569, jul. 2018.

BAKALIS, C. Rethinking cyberhate laws. **Information & Communications Technology Law**, v. 27, n. 1, p. 86-110, 2 jan. 2018.

BAKER, C. E. Harm, Liberty, and Free Speech. **Southern California Law Review**, v. 70, p. 979, 1997 1996.

BAKER, C. E. Hate Speech. **Faculty Scholarship at Penn Law**, 6 mar. 2008.

BAKER, D. J.; ZHAO, L. **The Normativity of Using Prison to Control Hate Speech: The Hollowness of Waldron's Harm Theory**. Rochester, NY: Social Science Research Network, 17 out. 2013. Disponível em: <https://papers.ssrn.com/abstract=2341559>. Acesso em: 10 ago. 2020.

BALKIN, J. M. **Digital Speech and Democratic Culture: a Theory of Freedom of Expression for the Information Society**. Rochester, NY: Social Science Research Network, 3 dez. 2003. Disponível em: <https://papers.ssrn.com/abstract=470842>. Acesso em: 13 maio. 2020.

BALKIN, J. M. **Old School/New School Speech Regulation**. Rochester, NY: Social Science Research Network, 6 maio 2014. Disponível em: <https://papers.ssrn.com/abstract=2377526>. Acesso em: 2 jan. 2019.

BALKIN, J. M. Free Speech is a Triangle. **Columbia Law Review**, v. 118, n. 7, 28 maio 2018.

BANKS, J. **Regulating Hate Speech Online**. Rochester, NY: Social Science Research Network, 2010. Disponível em: <https://papers.ssrn.com/abstract=2129412>. Acesso em: 6 ago. 2018.

BARROS, P. P. DE. A criminalização do discurso de ódio: expressões, perigos e lesões. Em: SOUZA, R. C. A. F. DE (Ed.). **INTOLERÂNCIA e direito penal**. Belo Horizonte: D'Plácido, 2019. p. 99-117.

BATISTA, N. **Introdução crítica ao direito penal brasileiro**. Rio de Janeiro, RJ: Editora Revan, 1990.

BENESCH, S. **Vile Crime or Inalienable Right: Defining Incitement to Genocide**. Rochester, NY: Social Science Research Network, 18 abr. 2008. Disponível em: <https://papers.ssrn.com/abstract=1121926>. Acesso em: 2 jan. 2019.

BENESCH, S. **Countering Dangerous Speech: New Ideas for Genocide Prevention**. Rochester, NY: Social Science Research Network, 11 fev. 2014. Disponível em: <https://papers.ssrn.com/abstract=3686876>. Acesso em: 27 dez. 2021.

BOTTINI, P. C. **Crimes De Perigo Abstrato**. 1ª edição ed. São Paulo: Revista dos Tribunais, 2013.

BOYD, D. **Why Youth (Heart) Social Network Sites: The Role of Networked Publics in Teenage Social Life**. Rochester, NY: Social Science Research Network, 3 dez. 2007. Disponível em: <https://papers.ssrn.com/abstract=1518924>. Acesso em: 11 abr. 2018.

BOYLE, K. Hate Speech – The United States Versus the Rest of the World? **Maine Law Review**, v. 53, n. 2, p. 17, 2001.

BROWN, A. **Hate speech law: a philosophical examination**. New York, NY: Routledge, 2015.

BROWN, A. What is hate speech? Part 1: The Myth of Hate. **Law and Philosophy**, v. 36, n. 4, p. 419-468, ago. 2017.

BROWN, A. What is so special about online (as compared to offline) hate speech? **Ethnicities**, v. 18, n. 3, p. 297-326, jun. 2018.

BRUGGER, W. Proibição ou Proteção do Discurso do Ódio? Algumas Observações sobre o Direito Alemão e o Americano. **Direito Público**, v. 1, n. 15, 2007.

CAPLAN, R.; GILLESPIE, T. Tiered Governance and Demonetization: The Shifting Terms of Labor and Compensation in the Platform Economy. **Social Media + Society**, v. 6, n. 2, p. 2056305120936636, Abril 2020.

CEPI-FGV DIREITO SP. **Discurso de Ódio no Brasil: uma pesquisa empírica sobre leis e proposições. CEPI FGV-FEED**, 9 set. 2021. Disponível em: <https://medium.com/o-centro-de-ensino-e-pesquisa-em-inova%C3%A7%C3%A3o-

-est%C3%A1/discurso-de-%C3%B3dio-no-brasil-uma-pesquisa-emp%C3%ADrica-sobre-leis-e-proposi%C3%A7%C3%B5es-15a6d42adebc>. Acesso em: 31 dez. 2021

CITRON, D. K. **Hate crimes in cyberspace**. Cambridge, Massachusetts; London, England: Harvard University Press, 2014.

CITRON, D. K. **Extremist Speech, Compelled Conformity, and Censorship Creep**. Rochester, NY: Social Science Research Network, 2018. Disponível em: <https://papers.ssrn.com/abstract=2941880>. Acesso em: 15 out. 2018.

CITRON, D. K.; NORTON, H. L. **Intermediaries and Hate Speech: Fostering Digital Citizenship for Our Information Age**. Rochester, NY: Social Science Research Network, 2011. Disponível em: <https://papers.ssrn.com/abstract=1764004>. Acesso em: 7 ago. 2018.

COHEN-ALMAGOR, R. Taking North American White Supremacist Groups Seriously: The Scope and the Challenge of Hate Speech on the Internet. **International Journal for Crime, Justice and Social Democracy**, v. 7, n. 2, p. 38, 1 jun. 2018.

DESAI, D. R.; KROLL, J. A. **Trust But Verify: A Guide to Algorithms and the Law**. Rochester, NY: Social Science Research Network, 27 abr. 2017. Disponível em: <https://papers.ssrn.com/abstract=2959472>. Acesso em: 12 jun. 2020.

DIAS, A. **Observando o Ódio: entre uma etnografia do neonazismo e a biografia de David Lane**. Doutorado—Campinas: Unicamp, 2018.

DÍEZ RIPOLLÉS, J. L. **A Racionalidade das Leis Penais: Teoria e Prática**. 2ª ed. São Paulo: Revista dos Tribunais, 2016.

ECHIKSON, W.; KNODT, O. Germany's NetzDG: A key test for combatting online hate. **CEPS Policy Insight**, p. 28, 2018.

FAGAN, F. Systemic Social Media Regulation. **Duke Law & Technology Review**, v. 16, n. 1, p. 393-439, 8 jun. 2018.

FREDMAN, S. **Discrimination law**. 2nd ed ed. Oxford [England] ; New York: Oxford University Press, 2011.

FROSIO, G. **Regulatory Shift in State Intervention: From Intermediary Liability to Responsibility**. Rochester, NY: Social Science Research Network, 21 maio 2021. Disponível em: <https://papers.ssrn.com/abstract=3850483>. Acesso em: 27 maio. 2021.

GAGLIARDONE, I. et al. **Countering online hate speech.**: Unesco Series on Internet Freedom. [s.l.] United Nations Educational, Scientific and Cultural Organization, 2015.

GILLESPIE, T. **Custodians of the internet: platforms, content moderation, and the hidden decisions that shape social media**. New Haven: Yale University Press, 2018a.

GILLESPIE, T. Platforms are not intermediaries. **Georgetown Law Tech-**

nology Review, v. 2, n. 198, p. 19, 2018b.

GILLESPIE, T. Content moderation, AI, and the question of scale. **Big Data & Society**, v. 7, n. 2, p. 205395172094323, jul. 2020.

GOMES, F. V.; SALVADOR, J. P. F. Discurso de Ódio e Dano Moral Coletivo. Em: **Discurso de Ódio: desafios jurídicos**. 1. ed. São Paulo, SP: Almedina, 2020.

GOMES, M. G. DE M. **O princípio da proporcionalidade no direito penal**. São Paulo, SP, Brasil: Editora Revista dos Tribunais, 2003.

HASSEMER, W. A que metas pode a pena estatal visar? **Justitia**, v. 13, p. 26-31, jun. 1986.

HASSEMER, W. Por qué y con qué fin se aplican las penas?: sentido y fin de la sanción penal. **Revista de derecho penal y criminología**, n. 3, p. 317-331, jan. 1999.

HASSEMER, W. Prevención General y Aplicación de la Pena. Em: **Principales Problemas de la Prevencion General**. Montevideu: B de F Ltda., 2004.

HILDEBRANDT, M. Criminal Law and Technology in a Data-Driven Society. Em: DUBBER, M. D.; HÖRNLE, T. (Eds.). **The Oxford Handbook of Criminal Law**. [s.l.] Oxford University Press, 2014.

HÖRNLE, T. Offensive Behavior and German Penal Law. **Buffalo Criminal Law Review**, v. 5, n. 1, p. 255--278, abr. 2001.

HÖRNLE, T. La protección de sentimientos en el StGB. Em: **La Teoría del bien jurídico: ¿fundamento de legitimación del Derecho penal o juego de abalorios dogmático?** Madrid: M. Pons, 2007. p. 383-402.

HÖRNLE, T. **Dois estudos: teorias da pena e culpabilidade**. Tradução: Tatiana Stoco; Tradução: Silvio Leite Guimarães Neto. São Paulo, SP: Marcial Pons, 2020.

ISSACHAROFF, S. **Fragile Democracies: Contested Power in the Era of Constitutional Courts**. Cambridge: Cambridge University Press, 2015.

JONES, M. L. Silencing Bad Bots: Global, Legal and Political Questions for Mean Machine Communication. **Communication Law and Policy**, v. 23, n. 2, p. 159-195, 3 abr. 2018.

KATYAL, N. K. **Criminal Law in Cyberspace**. Rochester, NY: Social Science Research Network, 5 jan. 2001. Disponível em: <https://papers.ssrn.com/abstract=249030>. Acesso em: 7 abr. 2018.

KELLER, D. **Internet Platforms: Observations on Speech, Danger, and Money**. Rochester, NY: Social Science Research Network, 13 jun. 2018. Disponível em: <https://papers.ssrn.com/abstract=3262936>. Acesso em: 9 mar. 2022.

KELLER, D.; LEERSSEN, P. **Facts and Where to Find Them: Empirical Research on Internet Platforms and Content Moderation**. Rochester, NY: Social Science Research Network, 16 dez. 2019. Disponível em: <https://papers.ssrn.com/abstract=3504930>. Acesso em: 1 dez. 2021.

KLONICK, K. **The New Governors: The People, Rules, and Processes Governing Online Speech**. Rochester, NY: Social Science Research Network, 20 mar. 2017. Disponível em: <https://papers.ssrn.com/abstract=2937985>. Acesso em: 7 jun. 2020.

KOOPS, B.-J. **The Internet and its Opportunities for Cybercrime**. Rochester, NY: Social Science Research Network, 1 dez. 2010. Disponível em: <https://papers.ssrn.com/abstract=1738223>. Acesso em: 17 out. 2018.

KREIMER, S. F. **Censorship by Proxy: The First Amendment, Internet Intermediaries, and the Problem of the Weakest Link**. Rochester, NY: Social Science Research Network, 30 nov. 2006. Disponível em: <https://papers.ssrn.com/abstract=948226>. Acesso em: 2 jan. 2019.

KURTZ, L. P.; DO CARMO, P. R. R.; VIEIRA, V. B. R. **Transparência na moderação de conteúdo: tendências regulatórias nacionais**. Belo Horizonte: Instituto de Referência em Internet e Sociedade, 2021.

LEONARDI, M. **Tutela e privacidade na Internet**. São Paulo, SP: Editora Saraiva, 2012.

LESSIG, L. **Code: version 2.0**. 2. ed. New York, NY: SoHo Books, 2006.

LIDSKY, L. B. **Government Sponsored Social Media and Public Forum Doctrine Under the First Amendment: Perils and Pitfalls**. Rochester, NY: Social Science Research Network, 30 maio 2018. Disponível em: <https://papers.ssrn.com/abstract=3187086>. Acesso em: 20 ago. 2018.

LIMA, S. H. B.; AQUINO, T. M. DE. A prática da liberdade religiosa e a vedação ao discurso de ódio. Em: **Discurso de Ódio: desafios jurídicos**. 1. ed. São Paulo: Almedina, 2020.

LLANSÓ, E. J. No amount of "AI" in content moderation will solve filtering's prior-restraint problem. **Big Data & Society**, v. 7, n. 1, p. 2053951720920686, 1 jan. 2020.

LOTTENBERG, F.; VAINZOF, R. Dificuldades Técnicas e Jurídicas para Coibir o Discurso de Ódio na Internet. Em: **Discurso de Ódio: desafios jurídicos**. 1. ed. São Paulo, SP: Almedina, 2020. p. 265-301.

MACEDO JUNIOR, R. P. Freedom of Expression: what lessons should we learn from US experience? **Revista Direito GV**, v. 13, n. 1, p. 274-302, abr. 2017.

MACHADO, M. R. D. A.; LIMA, M.; NERIS, N. Racismo e Insulto Racial na Sociedade Brasileira: Dinâmicas de reconhecimento e invisibilização a partir do direito. **Novos estudos CEBRAP**, v. 35, p. 11-28, nov. 2016.

MACIOCE, F. Group Vulnerability, Asymmetrical Balance, and Multicultural Recognition: Group Vulnerability. **Ratio Juris**, v. 31, n. 4, p. 469-484, dez. 2018.

MAGLIARELLI, F. H. V. Art. 100. Ação pública e de iniciativa privada. Em: REALE JÚNIOR, M. (Ed.). **Código Penal comentado**. 1. ed. São Paulo: Saraiva, 2017.

MAÑALICH, J. P. Peligo Concreto Y Peligro Abstracto. Una Contribución a la Teoría General de La Parte Especial Del Derecho Penal. **Revista Chilena de Derecho**, v. 48, p. 22, 2021.

MARTINS, A. C. L.; MARTINS, A. C. L. Discurso de ódio em redes sociais e reconhecimento do outro: o caso M. **Revista Direito GV**, v. 15, n. 1, 2019.

MCINTYRE, T. J.; SCOTT, C. **Internet Filtering: Rhetoric, Legitimacy, Accountability and Responsibility**. Rochester, NY: Social Science Research Network, 15 abr. 2009. Disponível em: <https://papers.ssrn.com/abstract=1103030>. Acesso em: 2 jan. 2019.

MENDES, G. F.; FERNANDES, V. O. Eficácia dos direitos fundamentais nas relações privadas da internet: o dilema da moderação de conteúdo em redes sociais na perspectiva comparada Brasil-Alemanha. . **p.**, v. 31, 2022.

MEYER-PFLUG, S. R. **Liberdade de expressão e discurso do ódio: racismo, discriminação, preconceito, pornografia, financiamento público das atividades artísticas e das campanhas eleitorais**. São Paulo, SP, Brasil: Editora Revista dos Tribunais, 2009.

MYERS WEST, S. Censored, suspended, shadowbanned: User interpretations of content moderation on social media platforms. **New Media & Society**, v. 20, n. 11, p. 4366-4383, 1 nov. 2018.

NEMES, I. Regulating Hate Speech in Cyberspace: Issues of Desirability and Efficacy. **Information & Communications Technology Law**, v. 11, n. 3, p. 193-220, out. 2002.

NÓBREGA LUCCAS, V.; SALVADOR, J. P. F.; GOMES, F. V. **A Construção do Conceito Jurídico de Discurso de Ódio no Brasil**. São Paulo: CEPI-FGV DIREITO SP, Agosto 2020. Disponível em: <https://fgv.academia.edu/fgvcepi>.

NUNZIATO, D. C. **From Town Square to Twittersphere: The Public Forum Doctrine Goes Digital**. Rochester, NY: Social Science Research Network, 14 set. 2018. Disponível em: <https://papers.ssrn.com/abstract=3249489>. Acesso em: 20 ago. 2018.

OBAR, J. A.; WILDMAN, S. S. **Social Media Definition and the Governance Challenge: An Introduction to the Special Issue**. Rochester, NY: Social Science Research Network, 22 jul. 2015. Disponível em: <https://papers.ssrn.com/abstract=2647377>. Acesso em: 6 abr. 2021.

OLIVA, T. D.; ANTONIALLI, D. M. Estratégias de enfrentamento ao discurso de ódio na Internet: o caso alemão. **Revista Direitos Culturais**, v. 13, n. 30, p. 29-44, 16 set. 2018.

OLIVA, T. D.; ANTONIALLI, D. M.; GOMES, A. Fighting Hate Speech, Silencing Drag Queens? Artificial Intelligence in Content Moderation and Risks to LGBTQ Voices Online. **Sexuality & Culture**, v. 25, n. 2, p. 700-732, abr. 2021.

PALUCK, E. L. Reducing intergroup prejudice and conflict using the media: A field experiment in Rwanda. **Journal of Personality and Social Psychology**, v. 96, n. 3, p. 574-587, 2009.

PAREKH, B. Is There a Case for Banning Hate Speech? Em: HERZ, M.; MOLNAR, P. (Eds.). **The Content and Context of Hate Speech: Rethinking Regulation and Responses**. Cambridge: Cambridge University Press, 2012. p. 37-56.

PARISER, E. **The Filter Bubble: How the New Personalized Web Is Changing What We Read and How We Think**. Reprint edição ed. London: Penguin Books, 2012.

PERONI, L.; TIMMER, A. Vulnerable groups: The promise of an emerging concept in European Human Rights Convention law. **International Journal of Constitutional Law**, v. 11, n. 4, p. 1056-1085, 1 out. 2013.

PERRY, B.; OLSSON, P. Cyberhate: the globalization of hate. **Information & Communications Technology Law**, v. 18, n. 2, p. 185-199, 1 jul. 2009.

REALE JÚNIOR, M. Limites à liberdade de expressão. **Revista Brasileira de Ciências Criminais**, v. 17, n. 81, p. 61-91, nov. 2009.

RIEGER, D. et al. Assessing the Extent and Types of Hate Speech in Fringe Communities: A Case Study of Alt-Right Communities on 8chan, 4chan, and Reddit. **Social Media + Society**, v. 7, n. 4, p. 20563051211052904, Outubro 2021.

ROMEO CASABONA, C. M. Dos delitos informáticos ao crime cibernético: uma aproximação conceitual e político-criminal. **Ciências Penais: Revista da Associação Brasileira de Professores de Ciências Penais**, v. 3, n. 4, 2006.

ROSENFELD, M. **Hate Speech in Constitutional Jurisprudence: A Comparative Analysis**. Rochester, NY: Social Science Research Network, 1 abr. 2001. Disponível em: <https://papers.ssrn.com/abstract=265939>. Acesso em: 7 abr. 2018.

ROXIN, C. Sentido e Limites da Pena Estatal. Em: **Problemas fundamentais de Direito Penal**. 3ª ed. Lisboa: Vega, 2004.

ROXIN, C. **A proteção de bens jurídicos como função do direito penal. pdf.** [s.l: s.n.].

SALVADOR, J. P. F.; NÓBREGA LUCCAS, V.; SILVA, A. P. DA. Entre Algozes e Algoritmos: o Papel das Redes Sociais na Regulação do Discurso de Ódio. Em: **Discurso de Ódio: desafios jurídicos**. 1. ed. São Paulo, SP: Almedina, 2020. p. 303-345.

SANTOS, J. E. L. DOS. **A discriminação racial na internet e o direito penal: o preconceito sob a ótica criminal e a legitimidade da incriminação**. Curitiba: Juruá Editora, 2014.

SARLET, I. W. **Dignidade (da pessoa) humana e direitos fundamentais na Constituição Federal de 1988**. 10. ed. Porto Alegre: Livraria do Advogado, 2015.

SARMENTO, D. A liberdade de expressão e o problema do "hate speech". Em: **Livres e iguais: estu-**

dos de Direito Constitucional. Rio de Janeiro: Lumen Juris, 2006. p. 58.

SELLARS, A. **Defining Hate Speech**. Rochester, NY: Social Science Research Network, 1 dez. 2016. Disponível em: <https://papers.ssrn.com/abstract=2882244>. Acesso em: 7 abr. 2018.

SIEBER, U. The Limits of Criminal Law. **DIREITO GV Law Review**, v. 4, p. 269-334, 2008.

SILVA, M. S. L. DA. Um silêncio Incômodo – Crítica à Incriminação do Discurso de Ódio. **REVISTA DA FACULDADE DE DIREITO DA UFMG**, n. 52, 2008.

SILVA, R. L. DA et al. Discursos de ódio em redes sociais: jurisprudência brasileira. **Revista Direito GV**, v. 7, n. 2, p. 445-468, dez. 2011.

SILVA, J. C. C. B. Liberdade de Expressão e Expressões de Ódio. **Revista Direito GV**, v. 11, n. 1, p. 37-63, jun. 2015.

SILVA, K. E. O. D. **Papel Do Direito Penal No Enfrentamento Da Discriminação.** 1ª edição ed. Porto Alegre: Livraria do Advogado Editora, 2001.

SILVA SÁNCHEZ, J.-M. **Eficiência e direito penal**. São Paulo: Manole, 2004.

SILVEIRA, V. D. X. DA; KAROLCZAK, R. M. Discurso de Ódio e Contextos Políticos no Direito Brasileiro: uma análise dos casos Carlos Bolsonaro (2011) e Levy Fidelix (2014) a partir da Matriz de Variáveis. Em: **Discurso de ódio: desafios jurídicos**. 1. ed. São Paulo: Almedina, 2020.

SRINIVASAN, K. B. et al. Content Removal as a Moderation Strategy: Compliance and Other Outcomes in the ChangeMyView Community. **Proceedings of the ACM on Human-Computer Interaction**, v. 3, n. CSCW, p. 1-21, 7 nov. 2019.

STEIGER, M. et al. **The Psychological Well-Being of Content Moderators: The Emotional Labor of Commercial Moderation and Avenues for Improving Support**. Proceedings of the 2021 CHI Conference on Human Factors in Computing Systems. **Anais**... Em: CHI '21: CHI CONFERENCE ON HUMAN FACTORS IN COMPUTING SYSTEMS. Yokohama Japan: ACM, 6 maio 2021. Disponível em: <https://dl.acm.org/doi/10.1145/3411764.3445092>. Acesso em: 15 fev. 2022

SUZOR, N. **Digital Constitutionalism: Using the Rule of Law to Evaluate the Legitimacy of Governance by Platforms**. Rochester, NY: Social Science Research Network, 1 set. 2016. Disponível em: <https://papers.ssrn.com/abstract=2909889>. Acesso em: 2 jan. 2019.

SUZOR, N. P. **Lawless: the secret rules that govern our digital lives**. [s.l.] SocArXiv, 23 nov. 2018. Disponível em: <https://osf.io/ack26>. Acesso em: 2 set. 2019.

SUZOR, N. P. et al. What Do We Mean When We Talk About Transparency? Toward Meaningful Transparency in Commercial Content Moderation.

International Journal of Communication, v. 13, n. 0, p. 18, 27 mar. 2019.

TRIMBLE, M. Geoblocking, Technical Standards and the Law. Em: **Geoblocking and global video culture**. [s.l: s.n.]. p. 11.

TSESIS, A. Hate in Cyberspace: Regulating Hate Speech on the Internet. **San Diego Law Review**, v. 38, p. 817-874, 2001.

WALDRON, J. **The harm in hate speech**. First Harvard University Press paperback edition ed. Cambridge, Massachusetts London, England: Harvard University Press, 2014.

WALL, D. S. **The Internet as a Conduit for Criminal Activity**. Rochester, NY: Social Science Research Network, 21 out. 2015. Disponível em: <https://papers.ssrn.com/abstract=740626>. Acesso em: 7 abr. 2018.